내가 만난 민주주의, 우리가 만들 민주주의

Contents

머리말
일하는 시민도 정치철학 읽는 민주 사회를 위해 　　　006
박상훈

1장
내가 아는 민주주의는 진짜 민주주의일까 　　　017
박상훈

2장
밥보다 법 　　　049
고병국

3장
민주주의의 기틀은 정당과 이해관계자가 함께 만드는 정책 　　　089
박선민

4장
대의제, 직선제, 노동조합의 리더십은
어떻게 적용돼야 하는가 　　　139
김명환

5장
일터민주주의: 참여와 혁신의 공간 179
이문호

6장
노동과 정치의 만남 215
김주영

7장
지속가능광산의 주인은 시민 255
박병규

8장
내가 만난 민주주의, 우리가 만들 민주주의 285
집담회

맺음말 320
우리가 만들 민주주의:
어떻게 노동할 것인가? 어떻게 살아갈 것인가?
박송호

머리말

일하는 시민도 정치철학 읽는 민주 사회를 위해

박상훈 정치학자

<빌리 엘리어트>(Billy Elliot, 2000)라는 영화가 있다. 영화는 1980년대 영국 광산노동자의 아들이자 가난한 탄광촌에 사는 11살 소년 빌리가 침대 위에서 힘껏 날아오르는 장면으로 시작한다.

당시 영국에선 석탄산업 구조조정으로 광부들이 대규모 실직을 눈앞에 둔 상황이었다. 탄광에서 일하는 빌리의 아빠와 형은 일자리를 지키기 위해 파업을 시작했다. 거친 현실, 힘든 일상이 이어졌다. 그 속에서 치매를 앓는 할머니를 돌보며 하루하루를 보내던 빌리는 권투를 배우던 마을회관에서 처음 발레라는 것을 접한다.

아버지와 형처럼, 크면 광부가 되는 게 당연시되던 동네에서 빌리는 몰래 발레를 배운다. 특별한 목적이 있어서가 아니었다. 그저 이끌리는 대로 발레의 춤 동작을 따라 하는 게 빌리는 좋았다. 언제 실직할지 모르는 가난한 광부의 아들이 고급 예술을 대표하는 발레를 하겠다고 몰래 연습하고 발레 선생님의 권유를 받아 왕립 발레학교에 지원하려는 순간, 이를 알게 된 가족과 이웃들은 충격에 빠진다.

갈등이 터졌지만, 결국엔 빌리의 타고난 재능과 열정을 받아들일 수밖에 없음을 모두가 알게 된다. 문제는 발레학교에 입학할 아들의 학비였다. 고민에 빠진 아빠는 파업을 포기할 결심을 한다. 노동조합 활동에 열심히 참여했던 형은 그런 아빠를 막아선다. 하지만 끝내는 더 깊은 가족애를 확인하고 빌리를 런던으로 떠나보낸다.

마지막 장면이 인상적이다. 어느덧 다 성장한 발레리노 빌리, 그가 무대에 나설 차례다. 객석에 가족이 와 있다는 전갈을 말없이 듣는다. 그리고는 자신의 꿈을 이룬 듯 아버지와 형 그리고 어린 시절 친구가 지켜보는 가운데 빌리가 힘차게 무대로 달려가 날아오른다. 아름다운 도약이다. 늙은 노동자 아버지의 글썽한 눈물, 감탄과 자랑스러움으로 벌어진 입, 대사 없이 사람들의 표정을 느리게 잡아주는 장면으로 영화는 끝을 맺는다.

<빌리 엘리어트>의 각본을 쓴 시나리오 작가는 리 홀(Lee Hall)이다. <광부 화가들>(The Pitmen Painters, 2008)이라는 연극의 각본도 썼다. 이 작품 또한 탄광노조 조합원들의 이야기를 다룬다. 한 기자가 그에게 왜 발레리노 혹은 화가로 성장하는 탄광 노동자 이야기를 주제로 삼았냐고 질문한 적이 있다. 리 홀은 "어린 시절 탄광 지역에서 살았기 때문"에 무엇보다도 익숙한 소재라고 답했다. 그는 자신이 경험한 탄광 노동자들이 "슬

픈 감성(pathos)을 표현할 때조차, 자신들이 가진 예민한 감각(sensibility)을 유머(humor)로 표현할 줄 알았다"고 했다.

이렇게 표현하기도 했다. "내가 만난 노동자들은 감정적으로 풍부했다(emotional). 시적인 느낌을 줄 때도 있었다(poetic). 그러면서도 유쾌했다(funny). 또 강인했다(robust)." 그러면서 노동운동의 목표 가운데 하나는 평범한 조합원과 그 가족들도 "고급 예술(high art)의 아름다움을 평등하게 향유하는 사회"였으면 한다고 말했다. 리 홀이 어떤 생각으로 글을 썼는지 알면서, 그때 나는 아름다움을 사치로 여겼던 편협한 노동운동의 낡은 관점에서 자유로워지는 느낌이 들었다.

어떤 노동을 하는가가 그 사람의 문화나 예술적 열정을 제약할 이유는 될 수 없을 것이다. 노동자이고 또 인간이기에 아름다움에 대한 지향을 막는다고 막을 수 있는 것도 아닐 것이다. 노동자의 아이들이 발레도 하고 시도 쓰고 그림도 그리는 예술가가 되는 것, 그것이 자연스러운 사회를 나는 바란다. 다양한 형태의 아름다움을 모두가 접할 수 있는 사회를 원한다.

노동자도 노동자이기만 한 것이 아니라 시민이고 예술가이고 철학자일 수 있다는 자각이 있었으면 한다. 노동자 가운데 신망이 있고 재능이 있는 사람이 정치가의 길에도 나서고, 정치가로서 존경받는 일도 있었으면 한다. 노동과 정치 사이를 민주주의라는 다리가 더 단단하게 이어줬으면 한다.

우리는 우리 삶의 저자(author)다. 남에 의해 작성된 삶이 아니라, 자유롭게 자기 삶을 만들어 가야 할 존재들이다. 노동자도 아름다움에 대한 감각은 물론이고, 정치철학의 재미를 즐길 수 있는 민주주의를 상상하는 것이야말로 최고의 노동운동이 아닌가 한다. 아름다운 노동운동을 바란다.

노동자가 사회적 약자 또는 특별한 관심을 받아야 할 대상으로 정의되거나, 아니면 시혜와 온정이 요구되는 존재로 여겨지기보다는, 우리 사회에서 가장 중요한 생산자 집단으로서 당당한 존재로 여겨졌으면 한다. 힘없는 약자가 아니라 가장 중요한 사회집단으로 이해됐으면 한다. 노동운동은 더 힘을 가져야 하고, 그 힘을 사회적으로나 정치적으로 선용할 수 있어야 하고, 당당하게 책임을 다해야 한다고 본다.

회사와 공장, 거리에서만이 아니라 정당과 국회 등 정치와 민주주의의 모든 현장에서 필요한 역할을 해야 한다고 본다. 세상을 좀 더 건강하고 안전하고 평화롭게 만드는 데 노동운동의 역할이 꼭 필요하고 또 중요하다는 것을 실증할 수 있었으면 한다. 그런 길을 내고 또 넓히기를 바란다. 이런 생각으로 2024년 <일하는 사람들을 위한 민주주의학교>를 시작하게 됐다. 그리고 이 책은 강의 내용을 묶은 것이다.

1장, "내가 아는 민주주의는 진짜 민주주의일까"는 민주주의에 대한 이해와 오해를 다룬다. 고대 아테네에서 했던, 이른바 직접민주주의를 '이상적인 민주주의'로 잘못 알고 있는 사람들이 많다. 반면에 현대 대의 민주주의를 대중이 배제된 엘리트들을 위한 민주주의로 보는 사람들도 적지 않다. 고대 아테네의 직접 민주주의는 여성과 노동자의 희생에 바탕을 둔 민주주의였다. 전체 사회구성원의 6분의 1 남짓만이 참정권을 가졌다는 점에서, 오늘날의 기준으로는 민주주의가 아니다. 반면 현대 대의 민주주의는 노동자와 여성이 만든 민주주의였다. 대표의 범위에서 배제됐던 사람들, 재산이 없거나 여성이라는 이유에서 참정권이 배제됐던 이들이 자신들도 대표를 파견할 권리를 가져야겠다는 정치 운동의 결과가 민주주의였다. 민주주의를 직접이냐 간접이냐의 문제로 나누는 것은 허상일 때가 많다.

2장, "밥보다 법"은 법의 중요성을 다룬다. 우리는 누군가의 정직함과 올바름을 평가할 때 보통 '법 없이도 살 사람'이라고 말한다. 그러나 현실은 법과 멀리 살 수 없는 세상이다. 법은 우리의 사소한 일상까지 지배하고 있다. 휴일, 노동조건, 세금, 복지, 안전 등 모든 일상을 법에서 규정한다. 그렇다고 법은 완전무결한 것이 아니다. 우리 주변의 각종 사건·사고를 계기로 끊임없이 수정·보완되기도 한다. 이를 뒤집어 생각해 보면, 법이란 우리의 주장이나 나의 요구를 담아낼 수 있는 그릇이 될 수 있다는 뜻이다. 법을 통해 부당하고 불합리한 현실을 바꾸어 갈 수 있다. 그렇게 하기 위해서는 법과 친해져야 한다. 법이 기획되고 만들어지는 과정을 잘 알고, 시민의 자격으로 입법 과정에 참여할 수 있는 방법을 찾아야 한다. 밥 먹는 것보다 더 익숙해져야 하는 것이 '법'이다.

3장, "민주주의의 기틀은 정당과 이해관계자가 함께 만드는 정책"은 입법 과정을 다룬다. 입법은 준비, 발의, 심사, 통과, 공포, 시행 전 과정을 말한다. 입법은 다양한 얼굴을 가지고 있다. 모든 법안이 유익한 것도 아니고, 모든 법안이 쓸모 있는 것도 아니다. 법안의 제·개정은 이익과 불이익이 교차하므로 매우 신중해야 한다. 우리가 '정책 정당'을 중요하게 이야기하는 것은 정책을 만드는 과정이 정당의 기반이 되기 때문이다. 정책은 이해당사자와 함께 만들고, 입법은 그 결과가 돼야 한다. 입법은 사회적 갈등을 국회 안에서 해결하는 유력한 수단이자 방법이다. 정치적 갈등은 사회적 갈등을 약화한다. 정치가 제 역할을 하지 못할 때, 정치를 통해 갈등을 해결하지 못할 때, 정치에 대한 기대는 줄어들고 갈등은 증폭된다. 입법이 힘을 발휘할 때 갈등은 평화적으로 해결될 수 있다.

4장, "대의제, 직선제, 노동조합의 리더십은 어떻게 적용돼야 하는가"는 한국의 노동운동과 노동조합 민주주의가 하루아침에 이루어지지 않았다는 점을 강조한다. 이는 일제 강점과 식민지, 분단과 전쟁, 독재와 민주화, 경제위기의 100여 년 역사 속에서 정치·경제·사회·문화적 영향을 주고받으며 이뤄져 왔다. 이 과정에서 수많은 노동운동가와 노동조합원들의 헌신이 2024년을 경과하고 있는 '노동조합 민주주의'를 만들었고 이는 지금도 현재진행형이다. 자주적이고 민주적이며 연대의 정신이 충만한 노동조합 운동에서 의사결정과 집행의 목표는 명확하다. 2,000만 노동자, 일하는 사람들 모두의 '인간다운 삶'을 실현하는 것이다. 그것을 위해 노동조합의 대의제, 조합원의 직접 참여, 그리고 지도부의 리더십이 어떻게 융합돼야 할지 함께 고민해 보자는 것이 4장의 문제의식이다.

5장, "일터민주주의: 참여와 혁신의 공간"은 일터의 이야기를 다룬다. 일터는 우리 삶의 가장 중요한 부분을 차지하지만 우리는 일터에서 행복하지 않다. 왜 그럴까? 5장은 이러한 문제 제기 속에서 행복한 일터를 만들기 위한 방법으로 일터민주주의의 정당성과 필요성에 대해 논의한다. 그동안 국내에서 일터민주주의에 대한 논의는 주로 노동자 참여를 위한 법·제도적 개선과 직장 내 갑질, 부당대우 등 일터 내 적폐를 청산하는 데 집중됐다. 이는 일터민주주의를 위해 반드시 풀어야 할 문제이긴 하지만, 행복한 일터를 만들려면 궁극적으로는 노동자들이 일 자체에 대한 즐거움과 성취감을 느낄 수 있도록 해야 한다. 이러한 관점에서 일터민주주의를 기업의 인적자원개발(HRD) 전략과 연계해 일의 내재적 동기를 유발하는 새로운 일터혁신을 추진해야 한다는 점을 강조한다.

6장, "노동과 정치의 만남"은 노동운동가 출신 정치인인 김주영 더불어민주당 국회의원의 이야기다. 1987년 노동자 대투쟁 이전에 노동조합은 권위주의적인 부분이 있었다. 김주영 의원은 그런 노동조합이 민주적인 노동조합으로 거듭나기까지의 역사, 노동조합을 통해 노동자의 목소리를 모아 사회적 변화로 이끌어 낸 과정을 소개한다. 나아가 노동조합 활동이 정치로 이어졌을 때 노동자들은 정책에 관여하고 법과 제도를 바꿔 더 큰 변화를 이끌어 낼 수 있다. 이런 관점에서 6장은 노동자들이 정치로 진출하기 위한 준비에 관해 소개하며 정치적 연대의 중요성을 강조한다. 노동운동은 정치와 떼려야 뗄 수 없는 관계를 맺고 있다.

7장, "지속가능광산의 주인은 시민"은 현재 민선8기 광주광역시 광산구의 사례를 통해 민주주의와 행정, 시민의 관계를 다룬다. 박병규 광산구 구청장은 '광산구의 주인은 주권자인 시민'이라는 기본 철학을 가지고, 우리 사회가 마주한 복합 위기를 극복하고 지속가능한 미래를 확보하기 위한 해법이 민주주의라고 믿는다. 이 때문에 광산구는 '시민에게 묻고, 시민에게 듣고, 시민과 더불어' 구정을 운영해 가고 있다. 이는 광산구가 펼치고 있는 시민 중심의 의전과 자치분권 정책, 좋은 일자리 확보를 통한 경제민주주의 실현 정책의 가장 중요한 동기가 된다. 현재 광산구는 경제민주주의 회복을 위해 시민 중심으로 사회적 대화를 실시해 좋은 일자리를 만들기 위한 좋은 질문들을 축적하고 있다.

민주주의는 불완전한 인간의 작품이다. 완전한 민주주의, 진정한 민주주의 같은 것은 없다. 민주주의는 늘 하나가 아니라 복수의 이해를 동반한다. 자신의 한계를 인정하고 서로에게 배울 수 있음을 존중해야 민주주의다. 하나의 옳은 생각이 있다는 접근은 민주주의를 위협한다. 우리에게 토론이 필요하고, 교섭과 협상, 조정과 타협이 필요한 것은 진리란 나의 판단에 있기보다 나와 다른 사람의 이견 사이에 있기 때문이다.

우리는 옳기 때문이 아니라 서로 다르기 때문에 민주주의를 한다. 옳음을 서로 나눠서 갖고 있다는 생각을 받아들여야 민주주의를 할 수 있다. 협동의 힘을 믿는 사람, 차이 속에서도 더 크게 힘을 조직할 수 있는 사람이 민주주의자다. 그렇기에 서로 배우고 가르칠 수 있는 민주주의를 바란다. 고대 아테네의 정치 지도자 페리클레스가 말했듯, 아테네 민주주의는 '헬라스(그리스)의 학교'였다. 그렇듯 현대 우리 사회가 채택하고 있는 민주주의 역시, 다양한 직업과 소득, 성별, 지역별 차이를 가로질러 함께 일하는 사람들의 학교여야 한다.

내가 아는 민주주의는
진짜 민주주의일까

박상훈

서울대학교 경영학과를 졸업하고, 고려대학교에서 '한국 지역 정당 체제의 합리적 기초에 관한 연구'로 정치학 박사 학위를 받았다. 사회과학 전문 출판사 후마니타스를 설립했고, 사단법인 정치발전소를 만들어 학교장을 역임했다. 현재 국회미래연구원 초빙연구위원을 끝으로 집필과 강연을 진행 중이다. 주요 저서로는 《정치적 말의 힘》, 《청와대 정부》, 《민주주의의 시간》, 《정치가 우리를 구원할 수 있을까》, 《정당의 발견》, 《만들어진 현실》, 《정치의 발견》, 《혐오하는 민주주의》 등이 있다. 옮긴 책으로는 《소명으로서의 정치》, 《경제 이론으로 본 민주주의》(공역), 《미국 헌법과 민주주의》(공역) 등이 있다.

내가 아는 민주주의는
진짜 민주주의일까

민주주의는 발언자가 내려가는 정치체제

요즘은 강의를 하든 뭘 하든 자꾸 실실 웃게 된다. 사람들이 왜 그렇게 웃냐고 그러는데, 도통 결연한 의지나 확신 같은 것이 잘 들지 않는다. 무엇이 옳은지 잘 모르겠다는 생각도 많이 든다. 정치학으로 박사 학위를 했고, 책도 많이 썼지만, 그래도 늘 충분히 알지 못한다는 자각을 한다. 여러 이유가 있겠지만, 지금 우리가 민주주의를 하고 있기 때문이 아닌가 한다. 민주주의는 무엇이 옳은지 확신할 수 없는 인간들의, 인간적인 정치체제다.

민주주의는 말하는 사람이 아래로 내려가는 체제다. 민주주의 국가들의 의회를 보면 잘 알 수 있다. 대부분의 의회는 반원형으로 돼 있고, 이 대화의 공간에서 발언하는 사람은 맨 아래로 내려가야 한다. 듣는 사람들은 정당에 따라 무지개처럼 배열돼 있다. 의견의 다양성을 전제로 대화해야 민주주의다. 위로부터의 권력을 일방적으로 행사하는 일은 물론, 그와 반대로 발언의 기회를 일방적 주장과 선동으로 악용하는 일은 모두 민주주의의 적이다.

조롱조로 만들어진 용어, 민주주의

조금 재미있는 이야기를 해볼까 한다. 맨 처음 '민주주의'라는 말을 누가 만들었을까? 민주주의자가 만든 말이 아니다. 민주주의를 조롱하려고 했던 사람들이 만든 말이 민주주의다. 민주주의를 먼저 했고, 그 정치체제를 나중에 민주주의라고 부르게 됐다는 뜻이다. 조롱한 사람들은 당시 귀족정 지지자들이었다. "저 정치체제는 이상하다. '데모스'라고 부르는 평범한 보통 사람들이 '크라티아', 즉 통치하고 권력을 행사해야 한다고 믿고 있다니 말이다." 많은 지식인이 데모크라티아를 데모스와 크라티아의 합성적 의미 그대로 '민중 지배', '민중 권력'이라고 정의하곤 하는데, 사실 이는 민주주의를 조롱하는 정의를 그대로 받아들이는 것이라는 점도 생각해 볼 일이다.

오늘날의 사례도 하나 생각해봄직하다. 오늘날 전 세계에서 민주주의라는 말을 가장 싫어하는 나라가 어디일까? 프랑스다. 프랑스라는 나라는 민주주의라는 말을 별로 좋아하지 않는다. 프랑스에서는 민주라는 용어를 정당 이름에 잘 쓰지 않는다. 대신 공화나 사회주의라는 용어를 사용한다. 프랑스가 아닌 다른 유럽 국가들의 사례도 흥미롭다. '민주당'이라는 이름을 가진 정당은 대개 극우 정당이거나 보수적인 정당이다. '민중당', '인민당', '국민당' 같은 이름도 마찬가지다. 진보하고는 거리가 먼 정당들이다.

우리는 어떨까? '민주'나 '국민'이라는 표현이 들어간 정당이 대부분이다. '국가'라는 용어도 많았다. 신한국당, 자유한국당 같은 정당이 대표적이다. 쉽게 말해 독일에 신독일당이 있거나 일본에 자유일본당 같은 이름의 정당이 있는 것이다. 민주주의를 앞세우거나, 국민과 인민을 위한다고 해서 다 민주적이진 않다.

민주주의의 두 거대한 수수께끼

이제 역사적인 관점에서 이야기를 해보자. 민주주의를 다루는 정치학자들에게는 두 가지 해결하지 못한 수수께끼가 있다. 첫 번째 수수께끼는 처음 민주주의를 했던 2,500년 전의 아테네나 그리스에서 민주주의를 옹호하는 기록을 남긴 사람이 없다는 점이다. 당시에는 플라톤, 아리스토텔레스 등 수많은 정치철학자들이 있었다. 그리고 그들은 정말 많은 책을 썼다. 그런데 그들은 민주주의의 비판자들이었다. 이상하게도 민주주의자들의 기록은 보기 어렵다. 민주주의를 옹호했던 사람은 왜 책을 쓰지 않았을까? 이게 첫 번째 수수께끼다.

도대체 왜 민주주의자들은 기록을 남기지 않았을까? 플라톤이나 아리스토텔레스는 민주주의가 최선의 정치체제라고 생각하지 않았던 사람들이다. 민주주의를 좀 비판적으로 봤던 사람들의 기록은 남아 있는데 민주주의자들은 기록을 남기지 않았다. 왜 민주주의를 옹호했던 당시의 지식인들은 기록을 남기지 않았을까. 아직 풀리지 않은 수수께끼이니 여러분들도 기회가 되면 연구도 해보고 다양한 상상력을 발휘해 보시라.

두 번째 수수께끼는 현대 민주주의와 관련된 수수께끼다. 민주주의는 기원전 6세기 초에 처음 만들어진 다음 200년 정도 유지되다가 무너졌다. 그러고 나서는 아예 민주주의라는 말 자체가 인류의 역사에서 완전히 사라졌다. 그 민주주의라는 말이 다시 인류에게 알려진 때는 1,500년 정도 지난 뒤다. 민주주의가 무너진 다음에 민주주의에 대한 기억도 오랫동안 사라졌다는 뜻이다. 민주주의라는 말이 서양 사람들에게 다시 주목된 것은 13세기다. 아테네 민주주의가 무너진 건 기원전 3세기였으니 인류는 최소한 1,000년 이상을 그런 게 있었는지조차 기억 못했다.

13세기를 전후로 아리스토텔레스 책이 라틴어로 번역되면서 민주주의에 대한 역사와 이론이 조금씩 알려졌고, 그 뒤 영어로

'데모크라시'라는 말이 처음 만들어진 것은 16세기 말에서 17세기 초였다. 그러니까 옛날에 민주주의라는 것을 했고, 그것을 '데모크라시'라고 불렀다는 사실이 알려진 다음에도, 한동안은 철학자들이나 지식인들 사이에서나 이야기됐을 뿐 보통의 일상어는 아니었다는 뜻이다. 게다가 오래전 인류가 민주주의를 했다는 사실을 알게 된 철학자들이나 지식인들도 이를 결코 긍정적인 의미로 이해하지 않았다. 한마디로 근대에 들어서도 민주주의를 옹호한 철학자나 지식인은 없었다.

그런데 결국 인류는 다시 민주주의를 부여잡았다. 근대 시민혁명을 거치고 헌법도 만들고 의회정치와 정당정치가 자리를 잡으면서 지금은 전 세계 국가들 가운데 절반 이상이 민주주의를 바람직한 정치체제로 받아들였다. 대부분 시간의 인류 역사를 지배한 정치체제는 군주정이나 소수에 의한 과두정이었다. 이 점을 생각한다면 누구나 평등하고 자유로워야 한다는 민주정의 시대가 됐다는 것은 놀라운 일이 아닐 수 없다. 지식인이나 철학자들이 기획하거나 앞장선 일이 아니었다. 그들의 회의적 반응에도 불구하고 어떻게 된 일인지 민주주의가 실현되고 만 것이다.

민주주의의 선진국이라고 불리는 영국이나 프랑스, 미국의 사례를 보자. 이들이 왕의 목을 치고 혁명을 하고 헌법을 만들면서 민주주의를 주창했던 것은 아니다. 당시 그들은 공화정을 하자고 했을지언정 민주정을 해야 한다고 하지는 않았다. 철학자와 지식인들 대부분은 로마 공화정이나 스파르타의 정치체제를 권장했을 뿐, 당시 아테네 민주주의를 대안으로 고려하지 않았다. 이들 나라에서 민주주의를 바람직한 정치체제로 이해하고 현실화한 것은 전간기였다. 1차 대전부터 2차 대전 사이, 그러니까 1920년대를 전후한 일이었다. 학자들은 이 시기를 민주주의의 첫 번째 폭발기라고 부른다.

'민주주의'라는 영어 용어가 만들어진 16세기 말~17세기 초에서 이 말이 긍정적인 의미로 자리 잡은 20세기 초에 이르기까지 그 긴 시간 동안 무슨 일이 있었을까? 누가 민주주의를 정당화하고 그에 맞는 정치제도를 설계하고 실제로 민주화를 해냈을까? 이 역시 수수께끼다. 아직도 충분히 실증되지 않았다는 뜻이다. 분명 지식인들이나 철학자들이 한 일은 아니었다. 당시 그들은 입헌주의나 법의 지배를 옹호했다. 공화주의의 교리를 복원하고 현대화한 철학자도 있었다. 시민의 권리와 인민 주권을 옹호한 사람도 있었다. 그런데 그들은 이를 민주주의라고 여기지 않았다. 적어도 19세기 중엽, 구체적으로는 1848년 2월 혁명 이전까지의 시대를 시민 혁명기 혹은 공화주의나 자유주의 혁명기라고 부를 수는 있어도 민주 혁명의 시대라고 부르기는 어렵다.

이렇게 생각해 보자. 앞서 고대 민주주의의 경험이 오랫동안 잊혔다가 다시 알려진 것은 13세기 정도였다고 했다. 영어로 '데모크라시'라는 번역어가 처음 등장한 것은 16세기 말에서 17세기 초라고 했다. 그 뒤 영국에서 시민혁명이 시작됐고, 1787년 미국에서 처음으로 세습 군주나 귀족이 없는 공화정 헌법이 만들어졌

으며, 1789년 프랑스에서는 대혁명이 시작됐다. 그런데 이 과정에서 민주주의를 하자고 말한 철학자나 지식인은 없었다. 아테네 민주주의를 모델이나 대안으로 여기는 지식인도 집단도 세력도 없었다. 근데 어느 순간 민주주의를 하게 된 것, 민주주의 이론 없이 민주주의를 하게 된 것, 이게 두 번째 수수께끼다.

당시 사람들이 지향했던 변화나 목표는 두 가지였다. 하나는 '부드러운 군주정', 다시 말해 전제 군주정을 대신해 의회에서 법률을 제정하고 예산을 승인하는 입헌 군주정이었다. 오늘날에도 영국, 스웨덴, 덴마크 등을 포함해 많은 민주주의 국가들이 입헌 군주정의 형태를 유지하고 있다. 다른 하나는 공화정이었다. 군주정을 폐지하고 선출된 시민 대표들이 국가를 운영하는 체제를 당시는 공화정이라 이해했다. 군주정이 아닌 공화정의 경우 왕은 없으나 대통령은 있다. 독일이나 과거 우리나라 2공화국에서처럼 대통령을 의회에서 뽑으면 보통은 의회중심제 또는 내각제라고 부르고 미국이나 프랑스, 지금 우리처럼 대통령을 시민이 뽑으면 보통은 대통령제라고 한다.

오늘날과 같은 민주주의에 이르기까지의 긴 시간을 다시 돌려보자. 첫 번째 변화는 왕의 목을 치는 사건이었다. 그걸 보통 시민혁명이라고 부른다. 시민혁명으로 왕의 목을 치는 첫 번째 사건은 1649년 영국에서 시작됐다. 역사책에서는 청교도 혁명이라고 부른다. 그때 등장한 크롬웰 정권 시기는 영국 역사에서 왕이 없던 유일한 시대였다. 이를 주도한 것은 의회파였고, 의회를 주도한 것은 왕과 싸웠던 귀족들이었다. 그리고 그 귀족들은 종교나 왕위 계승에 관한 입장에 따라, 상업화의 영향으로 분화된 이해 관계에 따라 나뉘었다. 전통적 세습 귀족과 구분해 '젠트리'라고 불리는 지방 소귀족들이 등장했고, 이후 '부르주아'라고 불리는 사람들이 등장해 변화를 주도해 갔다.

그런데 어느 순간 그 변화는 사회 전체로 확대됐었는데 그때 등장한 것이 노동운동과 여성운동이었다. 1830년대 선거법 개혁이 중요한 전기가 됐다. 이때 이후 노동자와 여성들의 참정권 주장, 자신들만의 대표를 갖고 싶다는 열망이 결국은 공화정과 입헌 군주정을 민주정으로 바꾸는 힘으로 작용했다. 선거법은 1867년과 1884년에 다시 개혁됐고 1918년과 1929년에 여성 참정권이 받아들여지면서 영국은 입헌 군주정이면서 민주주의 국가가 됐다.

요점은 이렇다. 영국은 처음부터 민주주의를 목표로 왕의 목을 치고 의회 주권을 확립하고 시민권을 확대해 간 것이 아니었다. 공화주의 대신 민주주의를 주창하거나, 입헌 군주정에 대한 안티테제로 민주정을 요구한 것도 아니었다. 민주주의를 내세우지 않았던 앞선 긴 변화의 끝에서 노동자들과 여성들도 정치적 권리를 주장한 결과가 영국의 민주화다. 민주주의와 무관한 정치 변화가 사후적으로 민주주의로 정의된 것, 이 점이 흥미롭다.

프랑스 사례도 마찬가지다. 1789년 대혁명은 민주주의자들의 작품이 아니었다. 공화주의자들의 작품이었다. 공화파 혁명가들은 민주주의를 알고 있었으나 민주주의를 혐오했다. 정당을 만드는 것도, 정당들이 시민을 나눠서 대표하는 것도 싫어했다. 세습 전제군주정과 귀족제의 잔재를 쓸어버리고 나서 국민이 곧 국가인 국민의회에 모든 것을 맡겨야 한다고 생각했다. 하지만 혼란은 종결되지 않았다. 혁명은 적대를 낳고 적대는 반혁명을 낳고 다시 혁명과 반혁명을 낳았다. 이 과정에서 참여와 대표의 권리를 어디까지 인정할 수 있는가의 논쟁이 제기됐는데, 그 과정에서 민주주의라는 용어가 조금씩 수용되기 시작했다.

분명 프랑스 혁명은 공화주의의 정신이 지배했다. 지금도 프랑스의 정치 문화는 공화주의적 열정이 지배한다. 그런데 그 공화정에 이른바 '제3신분' 외에 노동자나 여성도 참여하고, 대표돼야 하지 않겠느냐고 주장하는 사람들이 공화주의와 함께 민주주의라는 용어를 병용하기 시작했다. 민주주의가 공화주의와 같은지 다른지와 같은 이론적 논쟁은 없었다. 공화주의라는 공통의 대의 안에서 참여와 대표의 범위를 확대하기를 바라는 것을 민주주의라고 표현했을 뿐이다. 따라서 노동자와 여성의 참정권이 받아들여진 이후 프랑스 정치에서 민주주의라는 말은 크게 의미가 없어졌다. 그들은 여전히 공화주의의 이념과 정신을 말한다.

미국 혁명을 이끈 사람들도 크게 다르지 않았다. 1787년 연방헌법을 만든 헌법 제정자들은 고대 아테네 민주주의에 부정적이었다. 그들 역시 공화정을 지향했고 로마와 스파르타 그리고 중세 르네상스 공화주의 사상을 참조해 헌법을 만들었다. 그들이 보기에 민주주의는 선동에 취약한 체제였다. 정당의 출현은 불가피하겠지만 사회를 분열시키는 부작용을 낳을 것이라 걱정했다.

헌법이 만들어진 뒤 미국에서 처음 등장한 정파는 연방파와 공화파였다. 연방파는 곧 사라졌고 공화파는 분화됐다. 뒤이어 민주당과 휘그당이 출현했다. 미국도 결국 '민주'를 수용하게 됐다는 뜻이다. 미국에서 민주당의 출현은 1830년 정도이니 미국 역시 공화주의 전통 위에서 독립혁명을 하고 헌법을 만든 뒤 사후적으로 민주주의를 받아들인 셈이다.

어떻게 보든 민주주의는 수수께끼투성이다. 아무도 고대 아테네 같은 민주주의를 하려 하지 않았다. 그런데 오늘날 우리가 채택하고 있는 정치체제를 우리는 민주주의라 부른다. 더구나 오늘날 우리는 정당이나 관료제도 없고 선거로 뽑힌 시민대표들의 의회도 없었던 고대 민주주의와 너무나 다른 정치체제를 운영하고 있는데도 이를 민주주의라 부른다.

고대에는 민주주의는 민주주의일 뿐 다른 관형어나 수식어가 필요 없었다. 그런데 우리는 이를 민주 공화정, 자유민주주의, 입헌민주주의, 다원민주주의, 사회민주주의, 의회민주주의, 풀뿌리 민주주의 등 복합 명사로 만들어 부른다. 또 민주주의와 비민주주의 사이 갈등보다 이제는 같은 민주주의 옹호자 사이 갈등과 적대가 더 커졌다. 이처럼 쉽게 풀 수 없는 수수께끼 앞에 있는 것이 민주주의다.

고대 민주주의는 어떻게 작동했나

이제 여러분과 함께 타임머신을 타야 할 시간이다. 과거로 돌아가서 도대체 옛날 사람들이 민주주의를 할 때 도대체 무엇을 민주주의라고 했는지 보자. 민주주의라는 체제 안에서 그들이 어떤 일상을 보냈는지를 한번 보는 거다. 고대 그리스 지역에서 민주주의를 한 도시국가는 많았지만, 남아 있는 기록은 주로 아테네다. 1만 명 미만의 도시국가도 많았던 시절이었는데, 그중에 아테네가 가장 컸다.

먼저 어디로 가야 할까? 시민 총회가 열리는 민회부터 가기로 하자. 민회는 시민들이 따르고 지킬 법을 만드는 곳이다. 서양 도시에서 가장 높은 곳은 신을 경배하는 곳과 통치 기구가 있는 곳이다. 아테네에서도 시민총회장은 언덕 위에 있었다. 프닉스라고 불린 언덕 위에 타임머신을 세우자. 저기 사람들이 몰려온다. 도착한 시민들에게는 망토가 지급된다. 왜 그랬을까? 그들이 바로 법을 제정하는 통치자이고 권력자이기 때문이다. 일종의 의전에서부터 총회는 시작한다. 적법한 결정권자라는 표식을 받는 셈이다. 그들이 입장을 한다. 입장할 수 있는 자만이 시민이다.

언제 총회가 시작되나? 정족수가 차야 한다. 그 수는 6,000명이다. 회의가 시작된다. 먼저 무엇을 할까? 의장을 뽑는다. 임기는 하루다. 모든 시민 모임은 비상임 의장을 뽑는 것으로 시작하고, 회의가 끝나면 의장의 권한은 종결된다. 의장이 선출됐으므로 총회가 본격적으로 시작된다. 몇 시간을 할까? 반나절 이상을 하는 건 어렵다. 점심 먹고 계속하자고 하면 대다수가 반대할 것이다. 총회가 끝나면 참여자들에게 돈이 지급된다.

민주주의는 공적 역할을 하는 일에 돈이 지급되는 체제다. 안 그러면 돈의 여유가 있는 시민만 참여할 것이다. 참여의 비용을 제공하지 않는 체제는 귀족정이다. 귀족정은 참여의 특권을 갖는 대신 참여의 비용은 가문이 알아서 제공하는 체제다. 민주정은 다르다. 세비 없는 귀족정과는 달리 세비를 받아야 민주정이다. 가족을 건사할 소득을 희생하는 대가는 공적으로 보상돼야 평등한 참여, 평등한 대표를 실현할 수 있다. 당시 지급된 돈은 총회 시간에 따른 반나절 일당 정도였다.

그렇다면 이 시민총회를 얼마나 자주 열어야 할까? 얼마나 자주 열어야 시민이 만든 법에 시민이 복종하는 시민 자치의 이상을 대충 실현한다고 할 수 있을까? 아테네 민주주의의 전성기에는 1년에 40번 정도 시민총회가 열렸다. 대충 9일이나 10일 정도에 1번 정도 열렸다고 볼 수 있다. 10일 안팎에 1번 정도 총회를 열어 뭘 해야 할지를 결정하는 게 당시의 민주주의였다.

시민총회를 마쳤다. 그러면 어디로 가야 할까? 총회의 결정은 누가 집행할까? 오늘날로 하면 행정이 이뤄지는 곳이다. 행정관은 직업 공무원이 아니다. 그들은 선출직이다. 보통 1,000명 정도를 뽑아서 그 해 집행할 행정의 일을 맡긴다. 이 1,000명을 어떻게 뽑을까? 추첨이다. 추첨은 추첨이되, 오늘날처럼 배심원 뽑는 것과는 다르다. 추첨으로 뽑히고 싶으면 자원해야 한다. 누가 뽑을까? 기계가 뽑는다. 추첨 기계가 있다. 행정관을 하고 싶은 사람이 자기 이름을 돌에다가 새겨서 기계에다 넣어야 한다.

추첨 기계로 행정관에 선택되면 일정 기간 그 일을 해야 하는데 임기가 아주 짧다. 연임은 대개 허용하지 않는다. 추첨을 하되 임기도 짧고 연임은 못한다. 누구에게나 공직의 기회를 골고루 줄 수 있는 확률을 최대로 하기 위해서다. 연임하는 사람이 늘수록 그 확률은 줄어든다. 그래서 이 시기에 총회에 가는 거 빼고 추첨으로 공직자가 될 확률은 죽을 때까지 1번 이상은 됐다. 행정관의 일은 그리 복잡하지 않다.

당시 시민의 전체 규모는 크지 않았다. 아주 많았을 때가 5만 명 안팎이었다. 보통은 3만 명 안팎이었다고 보면 된다. 이들이 시민총회를 하고, 축제나 스포츠 행사를 한다. 이를 준비하는 것이 행정관의 주요 일이다. 당시는 축제가 매우 많았다. 가장 중요한 축제는 비극 상연이다. 비극을 같이 보는 것이 중요했다. 그래서 대규모 야외 극장이 필요했다. 마이크도 없이 연극을 하고, 2만 명 정도가 그 연극을 본다. 그 시대 사람들은 공간 운영 능력이 대단했다.

왜 이런 행사를 했을까? 그 시대는 매년 전쟁이 있었다. 매년 전쟁이 있다는 건 다친 사람들이 많다는 뜻이다. 죽음은 일상이었다. 당시 평균 수명은 서른 살이 안 됐다. 전쟁으로 죽고, 전염

병으로 죽고, 여성들의 경우 출산 중 불운한 운명을 맞을 때가 많았다. 어떤 상황에서든 죽음이 늘 옆에 있었다.

많은 축제와 비극 상연은 그 시대가 민주주의였기 때문이다. 비극을 보면서 우리는 무슨 삶을 살아야 하는지, 공동체 안에서 시민들의 생활이 어떠해야 하는지 등이 더 깊이 고려됐다. 결국 삶에 대한 깊은 성찰 속에서 우리는 왜 하나의 정치 공동체를 만들었고, 무엇이 우리에게 슬픔과 고통을 주는지 돌아보게 된다. 그것이 아테네 민주주의의 원동력이었다. 아테네인들은 시민총회를 하고 비극을 같이 보고 체력 단련을 통해 비극 속에서도 인간이 얼마나 대단한 성취를 이룰 수 있는가를 공감했다. 정말 특별했던 시대의 삶이었다.

반대로 민주주의가 나빠지면 사람들은 냉소적이 된다. 희극이 성행하면 민주주의가 나빠졌다는 뜻이다. 여담이지만, 요즘처럼 이곳저곳 티브이를 틀어도 같은 사람이 자기들끼리 낄낄대고 웃는 통에 방송을 보고 싶지가 않은데, 이것이야말로 한국 민주주의의 자화상이다.

법을 적용하는 법정 역시 시민이 번갈아 운영했다. 일종의 배심원이라 할 수 있는데, 1년에 6,000명 정도를 추첨으로 뽑는다. 판사나 검사 같은 직업 법률가는 없다. 스스로 원고와 피고로서 직접 변론해야 한다. 가장 큰 법정인 반역죄나 살인죄 관련 법정은 501명의 배심원이 필요하고, 간단한 절도죄는 51명의 배심원이 결정을 한다. 왜 홀수로 배심원을 채웠을까? 당연히 가부 동

수가 안 나와야 하기 때문인데, 더 중요한 것은 늦어도 하루 안에 결정이 나야 하기 때문이다. 안 그러면 도심에서 먼 거리에 있는 배심원들은 다음 날 또 법정에 나와야 한다.

전문 법률가가 없이 직접 해야 하는 변론은 효과적으로 이뤄져야 한다. 안 그러면 시간 제약이 큰 배심원들에게 폐를 끼치게 된다. 그래서 변론하는 법을 배워야 했고, 이를 가르치는 학원이 있었다. 피타고라스는 당시 고액의 변론 강사였고, 이런 직업을 가진 사람을 소피스트라 불렀다. 이처럼 당시 시민들은 시민총회에서부터 법정 운영과 행정 운영, 군사훈련, 축제 준비, 비극 관람 등을 모두 해내는 전인적 인간이어야 했다. 시민 노릇하기 힘든 민주주의였다. 다음 시민총회를 어떻게 준비하는지 살펴보자. 그러려면 6,000명이 반나절 동안 무슨 재주로 회의를 할까를 생각해 봐야 한다. 6,000명이 회의를 한다. 한 사람이 1분씩 발언을 한다. 그러면 몇 시간이 걸릴까? 반나절을 4시간으로 보고 6,000명이 1분씩 발언하면 26일의 시간이 필요하다. 5분씩 발언하면 4달이 소요될 것이다. 그런데도 시민 총회가 이뤄질 수 있으려면, 사전에 총회를 준비하는 별도의 팀이 있어야 했다. 그들이 의제도 미리 정제해 와야 한다. 모든 것을 두고 모두가 발언하는 시민총회는 불가능하다.

시민 전체 총회의 의제를 준비하는 회의체는 따로 있었다. 불레(boule)로 불리던 500인 평의회가 그것이었는데, 그렇다면 이 500인은 어떻게 뽑을까? 역시 자원한 시민 가운데 추첨을 한다.

추첨은 지역을 단위로 나눠서 한다. 10개 광역과 140개 안팎의 지역구가 있었는데, 이 지역구를 데메라 불렀고 이곳의 시민을 데모스라 불렀다. 엄밀히 말해 데모크라시는 이 데모스들이 자신의 지역구에서 선출돼 500인 평의회를 운영하는 것에 그 핵심이 있었다. 500인 평의회 역시 비상임이었다. 회의가 열리면 맨 먼저 의장을 뽑았다. 임기는 역시 하루였다. 상임의장이 있으면 다음번 회의 의제에 영향력을 발휘하고, 이를 활용해 권력을 행사할 것이다. 당시 아테네인들은 평등한 발언권을 너무 중요시했다.

그나저나 이 500인 평의회의 회의는 잘 될까? 어렵다. 따라서 500인 평의회를 10개 모둠으로 나눴다. 그렇게 나뉜 50인이 1년을 10개 시기로 나눠서 평의회를 운영했다. 사실상 아테네의 실질적 최고 통치체는 바로 이곳에 있었다. 시민 총회를 준비해서 운영했고, 시민 총회가 열리지 않는 대부분의 시간 동안 아테네 도시국가를 운영한 것이 평의회 의원들이었다. 다른 도시국가에서 사절단이 오면 이들이 만나야 했다. 전쟁과 동맹, 평화의 문제도 이들의 주 업무였다. 10일의 한번 시민총회를 한다면 나머지 9일의 업무는 이들이 맡아야 했다.

다시 시민총회장에 가보자. 사전에 500인 평의회가 준비한 의제대로 총회가 진행된다. 전쟁과 관련된 의제는 격렬한 토론이 이뤄진다. 하지만 축제나 스포츠 행사 같은 의제는 그리 복잡하지 않다. 이번 비극 공모에서는 당선작은 무엇이고, 비극 상연은 어디서 몇 시에 하는지, 축제 때 사용할 돈은 각자에게 얼마가 어디서 지급되는지 등의 의제는 박수나 환호로 마무리된다. 찬반 논쟁이 심해지면 거수도 하고 비공개 투표도 한다. 선동가도 있었고 야유도 있었기 때문에 심각한 분열과 부정의한 결과도 피할 수 없었다. 규모가 작은 도시 국가였고 오늘날처럼 복잡한 갈등이 있었던 것은 아니었기에 작동할 수 있었지만, 어떻게 보든 시민총회를 통해 체제를 운영한 놀라운 사례가 아닐 수 없다.

총회에 참여하는 시민은 누구였을까? 오늘날처럼 일정 연령 이상의 모든 사회구성원이었을까? 그건 아니다. 아테네 인구는 많았을 때 30만 정도였고, 그 가운데 시민은 많았을 때 5만 명 정도였으니 전체 인구의 6분의 1정도가 총회에 참여하고, 행정관이 되고, 평의원이 될 수 있는 시민이었다. 나머지 6분의 5는 시민이 아니었다는 뜻이다. 우선 이주민은 배제됐다. 부모 가운데 한 명이라도 아테네에서 태어나지 않으면 시민이 될 수 없었다. 미성년자도 시민에서 배제됐다. 군사훈련을 받아야 시민이 될 수 있었고 그러려면 일정 연령 이상이 돼야 했다.

은광에서 일하는 노예도 시민이 아니었다. 그 밖에도 노예는 가사노동을 돕고 문서수발을 하고 자녀 교육은 물론 필요한 물품을 만드는 등 광범한 역할을 했다. 가장의 지배하는 가정에서 출산과 자녀 양육을 전담하는 여성도 시민이 될 수 없었다. 오늘날로 하면 생산의 역할을 맡는 노동자의 상당수는 물론 절반의 구성원인 여성도 시민이 될 수 없었다는 뜻이다. 요컨대 이들이 모든 인간 사회가 필요로 하는 생산과 재생산의 기능을 전담해 주었기에, 시민이라고 불리던 남성 가부장들이 공직을 전담할 수 있었다. 남성 가부장이기만 해서도 안 된다. 재산이 있어야 한다. 전쟁에 나가려면 무기가 있어야 했고 중무장 보병에 맞는 장비를 갖춰야 하기 때문이다. 요즘 말로 하면 중산층 정도 돼야 시민이 될 수 있었다는 뜻이다.

이들 13% 안팎의 사회구성원에게만 시민권이 주어지는 이 체제를 민주주의라고 할 수 있을까? 오늘날의 기준으로 보면, 결코 민주주의가 아니다. 게다가 시민됨의 권리를 가졌다고 해도 다 열심히 참여했던 것도 아니다. 추첨은 자원자에 한해 대상이 될 수 있었다고 했는데, 간단히 말해 참여를 자원한 시민도 절반이 되지 않았다. 예나 지금이나 사생활에서 삶의 보람을 찾는 사람이 많았지, 그 힘든 공직에 다 참여하려 하지 않았다는 뜻이다.

왜 선거라는 방법을 사용하지 않았을까? 당시 아테네인들은 선거는 엘리트를 뽑는 방법이라 생각했다. 동료 시민들의 평판이나 신망도 권력의 원천이 될 수 있다고 보았다. 따라서 평등을 강조했던 그들은 선거를 지극히 제한해서 사용했다. 예를 들어 전쟁을 지휘할 장군은 특별한 재능을 가진 군사 엘리트여야 했다. 재정 담당자 역할도 특별한 전문 능력이 필요했다. 이런 자리만 선거로 뽑았다. 그밖에 다른 공직은 누구에게도 동일한 확률이 돌아갈 추첨으로 뽑았다.

추첨으로 뽑힌 공직자도 제아무리 시민이 번갈아 하는 것이라

해도 현직에 있는 동안은 사실상 권력자다. 따라서 참여에는 책임이 따랐다. 공직에 있는 동안 재산이 늘면 엄격한 조사를 받았다. 공직에 있는 동안 공익을 위배한 정황이 있으면 탄핵의 대상이 됐다. 늘 소송과 공격을 감수해야 하는 것이 당시의 시민 역할이었다. 사정이 그러하니 점점 참여하는 시민이 줄었다. 시민 가운데 실제 참여자는 6분의 1 정도밖에 되지 않았다. 그래서 시민 총회를 지속할 수가 없었다. 선동 정치는 늘고 참여 의사를 가진 시민이 줄다 보니 나중에는 1,000명 정도로 정족수가 줄었다.

아테네 민주주의는 대단한 실험이었지만, 지나치게 이상화하거나 낭만적으로만 이해하면 안 된다. 민주주의가 오래 지속되려면 어떤 보완이 필요한지도 따져야 한다. 시민이 모두 모여 정치를 직접 운영한다는 것은 그 대단했던 고대 아테네 시민들도 할 수 없었다. 번갈아 공무를 담당한다는 것 역시 오늘날처럼 여야라는 집단이 번갈아 하지 않는 한 지속할 수 없다. 공무의 기능이 복잡해지고 전문화되면 직업 공직자의 역할도 필요하다. 설령 정치 참여의 기회나 가능성이 평등해진다 해도 재산이나 소득, 직업 등의 차이가 영향을 미친다.

이런 압박을 피하지 못하고 아테네 민주주의는 전성기를 지나자마자 빠르게 퇴락했다. 스파르타와의 전쟁에서 패하고, 마케도니아의 위협 앞에 도시국가는 분열됐으며 결국 로마에 복속된 다음 아테네 민주주의는 역사에서 사라졌다. 이들이 남긴 영향은 헬레니즘이라는 이름으로 지중해와 아랍 문화로 옮겨졌는데, 흥미롭게도 민주주의자들의 사상이 아니라 민주주의에 비판적이었던 사람들의 사상이 그 정수를 이루게 됐다. 로마 공화정 역시 민주주의자들의 생각이 아니라 그 비판자들의 철학을 이어갔다.

진정으로 더 흥미로운 것은 현대 민주주의다. 아테네 민주주의가 무너진 다음 아주 다른 방식과 제도를 통해 민주주의를 복원해 냈기 때문이다. 분명 고대 민주주의와 현대 민주주의는 제도도 다르고 원리도 다르다. 하지만 그 이전까지 어떤 철학자나 지식인도 민주주의를 복원할 수 있다 여기지 않았음에도, 또한 과거 아테네 민주주의에서는 시민권이 주어지지 않았던 노동자와 여성이 중심이 돼 오늘날의 민주주의를 개척했다. 게다가 이제는 지구인의 절대다수가 바람직한 정치체제로 민주주의를 받아들이게 됐으니 이 얼마나 대단한 일인가. 이제 현대 대의 민주주의를 살펴볼 차례다. 다시 타임머신을 타보자.

현대 민주주의의 규범과 작동원리

현대 민주주의는 시민이라면 자유롭고 평등하게 공적 결정 과정에 참여할 수 있어야 한다는 이상을 복원시켰다. 하지만 단순히 복원시킨 것이 아니었다. 그때와 달리 '시민'에 노동자와 여성도 포함하고 있기에 대단했다. 고대 민주주의가 노동자 없는 민주주의, 여성 없는 민주주의였던 데 반해 현대 민주주의는 노동

자나 여성이 배제된 민주주의는 민주주의일 수 없음을 보여줬다. 다른 누군가의 도움이 아니라 스스로의 노력으로 스스로의 시민권을 실현했다.

과거 고대 민주주의는 노예제 덕분에 가능했다. 노예제는 인류의 원죄이지만, 현대 민주주의는 역사상 처음으로 노예 없는 민주주의의 길을 열었다. 현대 민주주의에도 어려움은 있다. 대표적인 것이 자본주의다. 자본주의는 1원 1표의 원리에 기초를 둔 경제 원리이고 그 점에서 민주주의 1인 1표 원리와 충돌한다. 그럼에도 우리는 민주주의를 하고 있다. 과거 민주주의가 노예제 '덕분에' 가능했다면 현대 민주주의는 자본주의'에도 불구하고' 하고 있다는 사실이 중요하다. 나아가 민주주의의 실질적 내용을 심화시키면 자본주의도 수정할 수 있다. 정부 정책을 통해 불평등을 완화하는 노력을 하고, 복지국가의 전망을 발전시킬 수도 있음을 보여주기도 했다. 현대 민주주의가 어디까지 확장될 수 있는가의 실험은 아직 계속되고 있다.

고대 민주주의가 소규모 도시 공동체에서의 민주주의였다면 현대 민주주의는 기본적으로 대규모 국민 국가 단위에서 실천되는 민주주의다. 국가는 거대한 조직과 예산을 가진 독립된 관료 기구를 통해 작동한다. 국가 그 자체는 위계적 통치 기구이고 민주주의를 위협할 수 있다. 따라서 현대 민주주의는 바로 이 국가를 민주화하는 긴 프로젝트의 산물이었다. 국가 없는 무국가 식민상태보다 국가를 민주화하고 선용할 수 있는 길을 찾고자 한 시민 사업이 민주주의였다. 무정부 상태보다 우리가 동의할 만한 정부를 선택할 자유를 통해 인간의 자유와 생명, 재산을 더 안전하게 지킬 수 있다고 믿었기에 가능했던 것이 민주주의다.

과거 국가를 신의 선물처럼 여겼던 시절이 있었다. 하지만 현대 민주주의에서는 국가를 시민들의 합의의 산물로 이해한다. 흔히 사회계약론이라고 불리는 이론에서 국가는 시민이 안전하고 자유로운 삶을 실현하고자 하는 목적으로 만든 인위적 산물이다. 당연히 그 목적에 합당하지 않으면 의심하고 거부할 수 있다. 이를 기본권이라 부르며, 어느 나라 헌법이든 이 기본권을 보호한다. 제아무리 합법적으로 세워진 국가나 정부라 하더라도 시민 개개인이 가진 기본권 앞에 멈춰야 한다는 것 혹은 시민의 기본권을 침해하는 입법은 할 수 없다는 것이 현대 민주주의의 기초 원리가 됐다.

고대 민주주의는 개인과 개성 같은 관념이 없었다. 특정 신분 집단이나 인종에 속한 집합적 존재로만 스스로를 생각했다. 현대 민주주의는 달랐다. 자신의 삶은 스스로 책임지는 독립된 개인으로서의 인간은 현대 민주주의에서 꽃폈다. 각자의 개성과 취향이 존중되는 자유의지를 가진 인간이라는 관념은 아직도 자신의 길을 가고 있는 중이다. 이주민과 난민의 권리, 성의 다양성 문제를 안전하게 토론할 수 있는 체제는 현대 민주주의가 유일하다.

종교 선택의 자유나 집회 및 결사의 권리도 현대 민주주의에서 비로소 실현됐다. 소크라테스의 사형에서 보듯, 과거 아테네 민주주의에서 아테네의 종교를 부정하는 것은 죽음을 감수할 일이었다. 근대 종교 전쟁이 가진 잔혹성 역시 각자의 신을 경배할 자유가 안정되지 않았을 때 인간이 서로에게 어떤 일을 벌일 수 있는지를 보여줬다. 집회나 결사의 자유도 현대 민주주의의 놀라운 성취였다. 고대 아테네인이 주민총회장 밖에서 시위를 하거나 정당을 결성해 시민총회에서 자신들의 주장을 조직적으로 주장했더라면 반란으로 처벌받았을 것이다.

과거에는 시민들이 통치자와 피치자의 역할을 번갈아 한다면 오늘날은 시민들이 여당과 야당으로 나뉘어 각자의 요구를 실현하고, 오늘의 여당이 내일의 야당이 되고 오늘의 야당이 내일의 여당을 번갈아 하는 방법으로 정부를 책임진다. 과거에는 추첨기계가 공직자를 결정했다면 오늘날은 동료 시민의 평가에 의해 공직이 결정된다. 과거에는 엘리트나 전문가가 없는 민주주의를 했다면 오늘날에는 시민 대중이 어떤 엘리트나 전문가가 일을 맡아야 하는지를 결정하는 민주주의를 한다. 엘리트나 전문가 없는 민주주의가 과거의 민주주의라면 오늘의 민주주의는 시민 대중과 엘리트, 전문가가 협력하는 방법으로 작동한다.

이제 이야기를 마무리해 보자. 과거와 달리 현대 민주주의자의 믿음 내지 원칙을 말하라면 다음과 같이 요약할 수 있다. 첫째, 민주주의자는 무정부보다 좋은 정부에서 인간의 자유가 더 커진다는 믿음으로, 자신의 일을 국가·정부를 통해 실현하기로 마음먹은 사람들이다. 민주주의자는 주권을 위임받은 국가·정부가 그 목적을 상실하지 않도록 책임성의 고리에 묶어 둬야 한다고 믿는다.

둘째, 민주주의자는 시민이 어떤 경우에도 자유롭게 비판하고 반대할 권리를 기본권으로 가져야 한다고 믿는 사람들이다. 정부가 정당한 절차를 통해 시민주권을 위임받았다 해도 기본권은 제한될 수 없어야 한다고 믿는 사람들이다. 거기에는 법의 테두리를 넘어 시민 불복종과 저항권을 행사할 수 있는 권리가 포함된다고 믿는다.

셋째, 민주주의자는 정부가 목적을 상실하지 않도록 권력 기관을 분립시켜 상호 견제하게 해야 한다는 것을 원칙으로 삼는다. 입법부, 행정부, 사법부 사이의 삼권분립 원리가 대표적이지만, 이때에도 입법부가 중심이 돼야 한다고 믿어야 민주주의자다.

넷째, 민주주의자는 정부가 제 기능과 역할을 못하면 정부의 운영을 책임지고 있는 정권은 교체돼야 한다는 것을 원칙으로 삼는다. 시민이 저항과 비판, 반대만 할 수 있고 통치 권력의 향방에 체계적인 영향을 미치지 못한다면 민주주의라고 하기 어렵다.

다섯째, 그럴 수 있으려면 좋은 정당 대안이 있어야 한다고 민주주의자는 생각한다. 정당이 책임 정치의 보루가 되지 못하면 민주주의에서 시민의 의지는 실현되기 어렵다. 정당 간 평화적 정권 교체를 통해 정부에 책임성을 반복적으로 부과하지 못한다면, 민주주의는 그 이상과 가치에 맞게 실천될 수 없다.

여섯째, 민주주의자는 시민이 동질적인 존재가 아니라 다양한 이익과 요구를 갖는 다원적 집단으로 존재한다고 생각한다. 그런 이익과 요구를 조직할 수 있는 결사의 권리는 민주적 참여의 핵심이다. 개인은 집단으로도 목소리를 내고, 다양한 집합행위를 할 수 있어야 하며 그들 사이에 이익의 표출과 집약, 조정이 가능해야 평등한 참여의 기반이 만들어질 수 있다.

일곱째, 민주주의자는 헌법을 통해 시민의 권리와 자유가 정부에 의해 침해되지 않도록 하는 원리인 입헌주의를 중요하다고 생각한다. 하지만 그것이 정부의 적극적 역할을 가로막거나, 공적 결정을 이끄는 민주적 원리를 제한하는 일로 이어질 수는 없다. 정치에 대한 헌법의 개입은 최대한 소극적으로 이뤄져야 한다.

불완전하지만, 현대 민주주의는 이런 방법으로 작동하고, 때로 실패하지만 그런 원리 위에서 학습하고 발전하는 일을 반복하는, 인간적이고 사회적인 동시에 정치적인 체제다.

현대 민주주의는 오래 갈 것이다. 고대 아테네 민주주의처럼 잠깐 하다가 사라질 민주주의가 아닐 것이다. 100년 전만 해도 민주주의자는 전 세계에서 1%도 안 됐다. 지금은 어느 나라든지 민주주의를 하겠다는 사람이 다수다. 물론 인간이 만든 것이기 때문에 언젠가는 현대 민주주의도 끝이 나겠지만 아마도 이런 민주주의 원리가 충분히 성숙된 다음에 민주주의 이후 체제가 등장할 것이다.

'밥' 보다 '법'

고병국

고려대학교 영어영문학과를 졸업하고, 고려대학교 대학원에서 정치외교학 석사 과정을 마쳤다. 2001년 당시 정세균 국회의원 비서로 국회 일을 시작했다. 이후 정세균 국회의원과 함께 계속 일을 한다. 2011년 말부터 2016년 6월까지 당시 정세균 국회의원 보좌관을 지내고, 2016년 6월부터 2018년 3월까지 정세균 국회의장(20대 전반기) 정무비서관을 역임했다. 2018년 7월에는 서울시의원(종로구 제1선거구)으로 당선돼 2022년 4월까지 의원직을 맡았다. 현재는 재단법인 국민시대 사무총장으로 있다.

'밥' 보다 '법'

✶ 법 없이도 살 사람

 "그 사람은 법 없이도 살 사람이야." 이 말은 누군가를 칭찬하거나 덕담을 할 때 주로 쓰는 말이다. 정직한 사람, 성인군자 같은 사람을 보통 법 없이도 살 사람이라 한다. 남들에게 조금이라도 피해를 주지 않으려고 노력하는 사람, 감시와 통제를 받지 않아도 스스로 알아서 법규를 잘 지키는 사람을 이렇게 부른다. 그런데 왜 누군가를 칭찬하고 덕담하는 말로 '법 없이도 살 사람'이라고 할까? 그 이유는 법에 대한 우리의 막연하고 일반적인 인식 때문이다. 많은 사람들이 법을 '어떤 잘못을 했을 때 처벌하는 기준 또는 그 수단'이라고 생각하기 때문에 법 없이도 살 사람이라는 말이 칭찬이 된다. 그런데, 정말로 '법 없이 사는 것'이 가능할까? 당연히 불가능하다.

 법은 우리의 사소한 일상까지 지배한다. 예를 들면, 우리나라의 5대 국경일은 3·1절, 제헌절, 광복절, 개천절, 한글날이다. 이는 관습에 따라 정하는 것도, 누군가의 재량으로 정하는 것도 아니다. 「국경일에 관한 법률」이라는 법에서 5대 국경일을 정하고 있다. 그런데 특이한 것은 '제헌절'만 공휴일이 아니다. 왜일까? 이 역시 법으로 정한 것이다. 「공휴일에 관한 법률」에서 5대 국경일 중 제헌절은 공휴일에서 제외했다. 2003년에 주5일제가 도입되면서 전체 노동시간, 국가경제, 사용자 입장 등을 종합적으로 고려해 그렇게 한 것이다. 이렇듯 법은 우리의 아주 사소한 일상까지 세세하게 지배하고 있다. 그래도 법 없이 살 수 있을까?

 「담배사업법」의 사례는 흥미롭다. 법과 우리 일상의 관계를 좀 더 생생하게 보여준다. 국어사전에서는 담배를 '담뱃잎을 말려서 가공한 기호품' 정도로 정의한다. 그러나 「담배사업법」에서 정의하는 '담배'는 조금 다르다. 이 법률에서 정의하는 담배는 '연초의 잎을 원료의 전부 또는 일부로 해 피우거나 빨거나 증기로 흡입하거나 씹거나 냄새 맡기에 적합한 상태로 제조한 것'이다. 이렇게 연초의 잎을 원료로 만든 것을 담배로 규정하는데, 그렇다면 연초의 잎이 아니라 뿌리나 줄기로 만든 것은 담배일까? 법적으

법을
밥 먹는 것보다
더 당연하고
친근하게
생각해야 한다.

로는 담배가 아니다. 나아가 요즘 전자담배의 원료로 많이 사용되는 '합성 니코틴'의 경우는 어떨까? 합성 니코틴은 탄소, 질소, 수소를 인공적으로 반응시켜 만든 화학물질이다. 연초의 잎에서 추출한 니코틴과 같은 성분임에도 불구하고 「담배사업법」에서는 이를 담배의 원료로 규정하고 있지 않다. 따라서 합성 니코틴으로 만든 전자담배는 담배가 아니다. 그래서 담배에 붙는 세금도 부과할 수 없고 규제도 불가능하다. 우리의 일반상식을 기준으로 보면 참 이해하기 어려운 일이지만 '법'이 그렇다. 담배가 무엇이냐를 정하는 것은 우리의 상식이나 지식이 아니라 바로 법이다. 그래도 법 없이 살 수 있을까?

법은 어떻게 만들어질까?

우리 일상의 아주 사소한 부분까지도 규정하고 지배하는 법이 만들어지는 과정은 크게 법률안(개정안·제정안)이 발의되기 전과 후로 나뉜다. 법안 발의 후의 과정은 「국회법」에 상세하게 규정돼 있고 뉴스 등을 통해 수시로 접할 수 있기 때문에 비교적 익숙한 편이다. 대부분 아는 것처럼 법안은 상임위원회(이하 상임위), 법제사법위원회(이하 법사위), 본회의를 순서대로 거치며 심의·의결된다.

① **법안 발의 후**

우선 법안이 발의되면 소관 상임위원회에 회부·상정돼 위원회 전문위원의 검토보고를 청취한 뒤 대체토론(안건 전체에 대한 문제점과 당부 등 일반적 토론)을 거친다. 실질적으로 법안에 대한 구체적인 심사는 위원회의 법안심사 소위원회에서 이루어지는데, 여기에서는 상정된 법안의 조항을 하나하나 검토하며 쟁점사항에 대해 논의한다. 이를 '축조심사'라고 한다. 이렇게 소위원회에서 의결된 법안은 다시 상임위 전체회의 의결을 거쳐 법사위로 보내진다.

법사위의 기능 중에 '체계자구 심사'가 있는데 이는 상임위에서 의결된 법안에 대해 법률 용어는 제대로 사용하고 있는지, 또는 혹시 다른 법과 충돌되지는 않는지 등을 점검하는 과정이다. 이를 위해 법사위는 1소위와 2소위를 두고 있는데, 1소위는 법원 검찰 등 법사위 자체 소관의 법안을 심사하고, 2소위는 법사위가 아닌 다른 위원회에서 통과된 법안(이하 타위법)을 다룬다. 여담이지만, 2소위는 '타위법의 무덤'이라는 별명이 있다. 상임위에서 어렵게 처리된 법안도 막상 법사위에서 쟁점이 생기면 본회의 절차로 넘어갈 수가 없다. 역대 국회의 사례를 보면, 상임위 의결 법안 중 법사위 문턱을 넘지 못해 국회 임기 만료와 함께 폐기된 법안이 허다하다. 이 글의 뒷부분에서 다룰 「변리사법」 개정안이 대표적인 사례다. 이러한 법사위의 처리 지연 행태를 견제하기 위해 국회법에서 '안건 신속 처리 제도'나 '본회의 직접부의 요구' 제도를 두고 있는데, 간단히 말하면 법안 심사 중 어떤 단계에서 법안심사가 이유 없이 지연될 경우 강제로 다음 심사 단계로 밀어내는 것이다. 이 글은 입법과정을 다룰 목적이 아니기 때문에 자세한 설명은 생략하도록 한다.

법사위를 거쳐 본회의에 회부된 법안은 동일하게 상정·의결의 절차를 거치고, 최종적으로 본회의 의결 법안은 정부로 이송돼 공포·시행된다. 그런데, 많은 사람들이 법이 만들어지는 절차 중 법안 발의 이전의 과정에 대해서는 잘 모르거나 크게 관심을 두지 않는다. 그러나 법을 통해서 우리가 생각하는 어떤 정책을 추진해 보고자 한다면 법안 발의 이전 단계에서 법이 어떻게 구상되고 기획되는지 충분히 알아둘 필요가 있다.

② **법안 발의 전**

법안이 조문의 형태로 발의되기까지는 크게 구상·기획 단계, 검토 단계, 조문화 단계의 세 단계를 거친다. 이는 국회법 등에 정해져 있는 것은 아니고, 필자의 경험에 근거한 구분이다. 구상·기획 단계는 어떤 법을 한번 만들어 볼까 또는 현재의 법을 어떻게 고쳐 볼까 등을 궁리해서 설계해 보는 과정이다. 대략적인 구상·기획이 마무리되면 국회 입법조사나 예산정책처에 검토를 의뢰할 수 있다. 이를 검토 단계라고 한다. 국회 입법조사처는 법률의 제정 또는 개정 필요성, 타당성 등을 전문적으로 검토하고, 외국의 사례나 예상되는 부작용 등에 대해서도 분석 의견을 제시해준다. 국회 예산정책처에서는 어떤 법안이 통과됐을 때 소요되는 예산이나 사회적 비용에 대한 추계를 제공한다. 이 과정을 통해 법률 제·개정 추진을 결정하면 국회 법제실의 지원을 받아 조문을 만들 수 있다. 조문을 만들 때는 다른 법과 충돌되지 않는지, 위헌 소지는 없는지 등을 종합적으로 따진다. 이렇게 조문화 단계를 거친 뒤에야 발의가 된다.

법안 구상·기획 과정의 경로

법안 발의 전 세 단계 중 '검토 단계'와 '조문화 단계'는 사실상 기능적이고 절차적인 과정이다. 가장 중요한 부분은 '구상·기획 단계'인데, 여기에도 일정한 패턴이 있다. 대략 6가지 정도의 유형으로 구분된다.

① 국회의원 관심사

우선 국회의원 각자가 대체로 자기만의 관심 분야를 가지고 있다. 예를 들면 「소상공인 보호 및 지원 법률」 개정안이 발의됐는데, 이 법안의 내용은 소상공인들의 전기 및 도시가스 등의 요금을 지원해주는 것이다. 이 법안은 오세희 의원이 발의했다. 오세희 의원은 국회의원이 되기 전에 소상공인연합회 회장을 역임했는데, 그로 인해 소상공인 분야의 관심사, 전문성, 경험 등이 자연스럽게 발의 법안에 투영된다. 장애인의 스포츠 시청에 관한 권리 향상을 내용으로 하는 「국민체육진흥법」 개정안은 김예지 의원이 발의했다. 본인이 시각장애인이다. 이처럼 국회의원마다 경험과 전문성이 다르기 때문에 대체로 발의하는 법안은 본인들의 관심사 안에서 출발하는 경우가 많다. 따라서 어떤 정책을 입법화하고자 할 경우, 정책의 내용과 성격에 따라 어떤 국회의원과 협업할지를 판단하는 것이 중요하다.

② 이해집단의 제안

이해관계 집단의 제안이나 요청에서 출발하는 법안도 상당히 많다. 지난 8월 말에 국회 본회의를 통과한 「간호법」이 이런 사례에 해당된다. 간호법의 내용은 기존의 「의료법」에 담겨 있는 간호 부문의 내용과 큰 차이는 없다. 그러나 간호사의 독립성을 상징적으로 구현하는 간호법 제정은 간호협회의 오랜 숙원이었다. 새로 제정된 간호법에는 간호 업무와 특성을 독자적인 법률로 규정하고 있다.

또 하나의 사례로 '톤 세제'의 일몰기한을 연장하는 「조세특례

제한법」(이하 조특법) 개정안도 같은 맥락이다. 일반적으로 법인세는 영업이익에 근거해 부과하는데, 글로벌 경기 영향에 민감한 해운업의 경우 법인세 부과 기준을 선택할 수 있다. 영업이익 기준 외에 선박의 운항 일수 및 톤수를 기준으로 법인세를 부과하는 제도가 '톤 세제'다. 한편 조특법은 말 그대로 조세 특례를 인정해주는 법이다. 특례란 곧 특혜로도 볼 수 있다. 세금은 누구에게나 다 공평하게 부과하는 것이 맞지만, 어떤 산업 또는 계층의 보호나 진흥을 위해 세금 감면이나 면제 등의 정책을 시행하고자 할 때 이 '조특법'에 근거한다. 다만 말 그대로 특혜이기 때문에 3년, 5년 등의 적용 기간을 두고 이 기간이 끝나면 연장 여부를 다시 결정한다. '톤 세제'의 경우 조특법에 근거해 5년 단위로 갱신하고 있는데, 2024년 말로 종료가 예정된 톤 세제 적용기간을 다시 연장하는 조특법 개정안이 발의돼 있다. 이는 당연히 해운업계의 요구를 수용해 법안이 발의된 것으로 볼 수 있다.

③ 정당의 전략

정당이 전략적인 차원에서 발의하는 법안도 있다. 정당은 각자의 고유한 정책을 통해 상대 당과의 차별화에 나서거나, 자신들의 지지기반을 강화 또는 외연 확장에 나서는데 그러한 정책 추진을 위해서는 대부분 법적인 근거가 필요하다. 소위 '전국민 25만원 지원법'이라고 부르는 「민생회복지원금 지원을 위한 특별조치법」이 대표적인 사례다. 민주당 이재명 대표가 1호 법안으로 발의한 법안인데, 본회의에서 의결됐지만 대통령의 재의요구(거부권 행사)에 따라 국회에서 재표결에 부쳐졌고 그 결과 부결됐다.

금융투자소득세를 시행하느냐, 유예하느냐, 아예 폐지하느냐를 둘러싸고 정치권에서 논란이 치열한데, 여당인 국민의힘은 '폐지 법안'을 당론으로 확정한 반면, 민주당은 아직 입장을 정리하지 못하고 있다.(강의 후 2024년 11월 4일 민주당은 금융투자소득세 폐지를 표명했다.) 민주당의 전략과 정책이 정해지면 법안을 발의할 것이다. '지역화폐법'으로 불리는 「지역사랑상품권 이용 활성화에 관한 법률」 개정안은 국가에서 지역화폐에 대한 재정적 지원을 의무화하는 내용이다. 이 법안도 민주당이 전략적 차원에서 제안한 법안인데, 결과적으로는 '25만원 지원법'과 같은 경로를 거쳐 폐기됐다.

④ 청부입법

국회의원이 발의하는 법안의 구상·기획 단계에서 상당히 자주 등장하는 용어가 '청부입법'이다. 청부입법은 법률 용어는 아니다. 우리나라는 법안을 제안할 수 있는 권한이 국회의원에게만 있는 것이 아니라 정부에게도 있다. 굳이 용어를 구분하자면 국회의원이 법안을 내는 것을 '발의'라 하고, 정부가 내는 것을 '제출'이라고 한다. 정부가 제출해야 마땅한 법안을 국회의원에게 요청해 대신 발의하게 하는 행위를 청부입법이라고 부른다. 국회의원이 발의하는 법률 개정안 중 상당수가 청부입법으로 추정된다. 추정된다고 하는 이유는 청부입법인지 아닌지를 구분 할 수 있는 방법이 없기 때문이다. 법안 청부는 비공식적인 영역에서 은밀하게 진행된다. 정부 측 의뢰인도, 의뢰를 받아 법안을 발의하는 국회의원도 '청부입법'임을 스스로 밝히는 경우는 절대로 없다.

예를 들면, 2023년에 배현진 의원은 국회의장이 수여하는 의정 분야 입법대상을 수상했다. 국회의장 입법대상은 공신력 있는 큰 상인데, 배현진 의원이 그 상을 받은 이유는 「국가 문화유산 기본법안」 등 13개의 법안에 대한 입법 실적을 높이 평가받았기 때문이다. 그러나 「국가 문화유산 기본법」 제정은 문화재청이 2005년부터 연구와 준비를 시작해 2022년 윤석열 정부 출범 당시 '국정과제'로 채택한 바 있다. 그렇다면 당연히 이 법안을 정부에서 제출해 국회의 심의를 거쳐야 하는데, 이를 배현진 의원으로 하여금 발의토록 한 것이다. 청부입법에 해당된다.

왜 정부는 청부입법을 선택할까? 우선 정부가 법안을 제출하려면 시간이 너무 많이 걸린다. 법안을 입안한 뒤에 관계기관 협의, 입법예고, 규제심사, 차관회의, 국무회의 등 거쳐야 할 절차가 첩첩산중이다. 보통 이 절차만 거치는데도 6개월 이상 걸린다. 특히 규제심사를 통과하기가 쉽지 않다. 반면, 국회의원이 법안을 발의하는 절차는 간단하고 빠르다. 10명 이상의 공동발의 또는 찬성의원 서명만 받으면 즉시 발의할 수 있다. 정부 입장에서는 귀찮은 온갖 절차를 생략하고 빠르게 법안을 내기 위해 청부입법의 유혹에 빠진다.

국회의원 입장에서는 어떨까? 국회의원의 의정활동을 평가하는 기준 중 하나가 법안의 발의 건수다. 바람직한 기준이 아니지만, 법안을 많이 발의한 의원은 열심히 일한 의원, 그렇지 않은 의원은 일하지 않는 의원으로 평가하는 문화가 상당히 뿌리 깊게 자리잡고 있다. 발의 건수를 기준으로 하는 평가의 문제점이 지적되면서, 법안 처리 건수도 의정활동 평가의 지표로 활용된다. 결과적으로 내용과 질에 관계없이 법안을 많이 발의하고, 많이 처리한 국회의원이 높은 평가를 받는 구조다. 이런 평가는 언론, 시민단체는 물론 정당 내부의 의원평가에도 적용된다.

이런 분위기 속에서 청부입법은 정부와 국회의원의 이해관계가 딱 맞아떨어지는 지점에 있다. 정부는 자기들이 원하는 법안을 손쉽게 제출할 수 있고, 국회의원은 정부가 가져오는 법안을 대신 발의해서 법안 발의 건수를 거저 늘릴 수 있다. 더구나 정부가 준비한 법안은 통과율이 상당히 높다. 사실 국회의원이 스스로 발의한 법안의 경우 국회 위원회 심의 과정에서 정부가 이런저런 이유를 들어 반대하면 통과되기가 매우 어렵다. 사실상 우리나라의 입법 주도권은 국회가 아니라 정부가 가지고 있다고 해도 과언이 아닐 정도다. 그런데 정부가 기획하고 정부가 적극 찬성하는 법안이라면? 당연히 국회 통과가 매우 수월한 편이다. 결과적으로 국회의원은 청부입법을 통해 발의 건수는 물론 처리 건수도 차곡차곡 늘려갈 수 있다.

한편, 국회의원들이 입법을 통해 너무나 많은 규제를 만들어 낸다는 지적을 많이 받는다. 특히 한경협(구 전경련) 등 경제단체들은 국회가 규제를 너무 많이 양산해서 '기업하기' 어렵다는 불만이 많다. 짐작이지만, 이런 규제법안의 원인이 국회의원보다는 '청부입법'에 있을 가능성도 있다. 국회의원은 결국 표를 먹고 사는 사람들이다. 이런 국회의원들이 규제 입법을 통해 누군가의 원성을 사고 결국 표를 잃는 행위를 앞장서서 할 가능성이 별로 없다. 오히려 크고 작은 규제들은 정부가 기획하고 입안했지만, 정부 법안이 당연히 거쳐야 할 규제심사를 우회해 발의된 '청부법안'에 숨어있을 가능성이 큰 것이다. 다만 어디까지나 이것은 짐작에 불과하다. 앞서 말했듯이 어떤 법안이 청부입법인지 아닌지를 구분할 수 없기 때문에 당장 과학적인 분석은 불가능하다. 이 부분에 대해서는 전문 연구자들의 추가적인 연구가 필요해 보인다.

⑤ 헌법불합치 등에 따른 시정

사례가 많지는 않지만, 헌법재판소에서 헌법불합치 등을 결정한 결과 불가피하게 법을 개정해야 하는 경우도 있다. 현행 「의료법」 제20조는 의사가 32주 이내에는 태아의 성(性)을 알려줄 수 없도록 하고 있다. 이에 대해 헌법재판소는 2024년 2월에 위헌 결정을 내렸다. 헌재는 이 조항의 취지가 성별을 이유로 한 낙태를 방지하고자 한 것이었으나, 현재 우리나라는 양성 평등의식이 자리를 잡아 남아 선호 사상이 확연히 쇠퇴하고 있기 때문에 더 이상 성별 고지를 제한하는 것은 타당하지 않다고 보았다. 이렇게 되면 의료법 제20조를 삭제하거나 개정하는 입법행위가 뒤따라야 한다.

「집회 및 시위에 관한 법률」(이하, 집시법) 제10조의 야간 옥외집회 금지 규정도 헌법불합치 결정에 따라 현재 효력이 상실(실효)된 상태다. 야간 옥외집회 금지 시간을 일몰 전, 일몰 후라는 식으로 모호하게 규정하는 것은 국민 기본권을 침해할 소지가 있다는 이유에서다. 집시법 역시 헌재의 결정을 반영한 여러 법률 개정안이 발의돼 있다.

⑥ 사회적 이슈

법안이 구상·기획되는 경로 중 마지막 유형이 '사회적 이슈'다. 이 글의 큰 주제가 "나의 주장, 우리의 요구는 어떻게 정책이 될까?"인데, 이 문제에 대한 힌트를 얻기 위해서는 다양한 사회적 이슈가 법과 정책으로 연결되는 흐름에 대해 이해할 필요가 있다. 학문적으로 또는 이론적으로 설명할 부분이 아니므로 최대한

다양한 사례를 통해 이해를 돕고자 한다.

최근 뉴스를 장식했던 몇 가지 사회적 이슈의 키워드를 생각해 보자. 딥페이크 성범죄, 전기차 화재, 시청 앞 역주행, 놀이터 골프 연습, 술타기, 일장기 게양, 간첩죄 등이 떠오른다. 이런 이슈들의 공통점은 어느 순간 부상했다가 시간이 지나면서 차츰 소멸한다는 것이다. 그렇게 없어지는 것처럼 보이지만, 사실 이런 이슈들은 뉴스 라인에서 사라진 뒤에도 다양한 법률 개정안에 반영돼 논의된다. 사회적 이슈가 어떻게 법안에 반영되는지의 사례는 다음 장에서 자세히 살펴보기로 한다.

사회적 이슈의 입법화 사례 분석

딥페이크(Deep Fake)는 AI의 학습을 뜻하는 딥러닝(Deep learning)과 가짜를 뜻하는 페이크(Fake)의 합성어다. AI 기술을 이용해 진짜인지 가짜인지 구별하기 어렵게 만든 가짜 콘텐츠다. 최근 특정 인물의 얼굴 사진을 음란물에 합성해서 성범죄물을 제작해 유포하는 성범죄가 급속도로 번지고, 특히 초중고 학생들의 대규모 피해가 알려지면서 국회도 분주해졌다.

딥페이크 성범죄 확산을 차단하기 위해 「성폭력 범죄의 처벌 등에 관한 특례법」(이하, 성폭력 특례법), 「정보통신망 이용촉진 및 정보보호 등에 관한 법률」, 「아동·청소년의 성보호에 관한 법률」, 「성폭력 방지 및 피해자의 보호 등에 관한 법률」, 「형법」 개정안 등 40여 건의 법안이 발의됐다. 현행 '성폭력 특례법'은 딥페이크 음란물을 유포하는 행위에 대해서만 처벌할 수 있도록 돼있는데, 개정안에서는 유포는 물론이고 이를 소지, 구입, 저장 심지어 시청만 해도 처벌하도록 했다. 이 법안은 지난 9월, 국회 본회의에서 의결돼 공포됐다.

「정보통신망 이용촉진 및 정보보호 등에 관한 법률」 개정안은 정보통신망 서비스 사업자로 하여금 정보통신망에 딥페이크 음란물이 올라오지 못하게 하거나 또는 유포 시 즉각 필요한 조치를 하도록 하는 내용이다. 「아동·청소년의 성보호에 관한 법률」 개정안은 아동을 대상으로 한 딥페이크 성범죄에 대한 가중처벌을 하자는 내용이고, 「형법」 개정안은 딥페이크 성범죄에 대해서 아예 형법에 별도 조항을 두자는 것이다. 「성폭력 방지 및 피해자의 보호 등에 관한 법률」 개정안은 디지털 성범죄 피해자 지원센터의 법제화를 위한 법안이다. 이렇듯 딥페이크 음란물이 전방위적으로 확산돼 심각한 사회문제로 대두되자 이를 제어하고 피해자를 보호하기 위한 다양한 아이디어가 법안의 형태로 만들어져 논의되고 있다.

지난 7월 1일 시청역 인근에서 발생한 자동차 역주행으로 10여 명의 사상자가 발생하는 끔찍한 사건이 있었다. 이후 운전자에 대한 수사 과정에서 급발진이 아니라 운전자의 오조작에 따른 사고임이 밝혀졌지만, 사고 당시의 여러 정황은 '급발진'을 의심할 수밖에 없는 상황이었다. 이 사건으로 국회에서는 자동차 급발진과 관련된 다양한 법안들이 발의됐다. 「제조물 책임법」, 「자동차 관리법」, 「자동차 손해배상 보장법」, 「교통안전법」 개정안 등이다.

　「제조물 책임법」에서는 급발진 사고 등에 있어서 자동차 결함의 입증 책임이 누구한테 있느냐를 규정하고 있다. 아직까지는 그 책임이 상당 부분 피해자에게 있다. 최초의 '제조물 책임법'에서는 입증책임의 100%를 피해자가 져야 했다. 그러나 피해자의 일방적인 입증책임이 현실적으로 불가능한 경우가 많아 2017년 법 개정을 통해 피해자의 입증 부담을 일부 완화했다. 그러다가 시청역 역주행 사건을 계기로 사실상 제조회사가 입증 책임을 지도록 하는 법안이 발의된 것이다. 만약 이 법안이 통과된다면, 피해자가 자동차 결함이 의심되는 영상 등을 제시할 경우 제조회사가 '이 현상은 자동차 결함이 아니다'는 것을 입증해야 한다.

　「자동차 관리법」 개정안은 주로 자동차에 급발진 관련 검증 장치나 안전장치 장착을 의무화하자는 법안이다. 급발진으로 의심되는 사고가 발생했을 경우, 이게 급발진인지 아닌지는 실제로 급가속이 됐을 당시에 '가속 페달을 밟았느냐 밟지 않았느냐'로 명확하게 판단할 수 있다. 급발진 의심 사고 대부분의 원인 규명이 어려운 이유는 이 부분이 불분명하기 때문이다. 따라서 현재 보편적으로 사용하는 자동차 블랙박스 카메라처럼 페달 블랙박스 설치를 의무화하자는 것이다. 한편, 아예 자동차 급가속을 강제적으로 제어할 수 있는 안전장치를 의무적으로 설치하자는 내용도 있다. 운전자가 급가속을 하더라도 차량 전방의 상황이 위험할 경우 자동차가 자동적으로 제어하게 하는 것이다. 일본의 경우 이런 장치가 상당히 대중화돼 있다고 한다.

「자동차 손해배상 보장법」 개정안은 지난 9월 본회의에서 의결까지 됐는데, 이는 위와 같은 안전장치를 설치한 차량 운전자에 대해 보험료를 할인해 주는 법률적 근거를 담은 것이다. 급발진 사고가 주로 고령 운전자에게 많이 발생하는 현실에 착안해 고령 운전자가 페달 블랙박스 또는 제어장치를 설치할 경우 일부 비용을 지원해 주자는 「교통안전법」 개정안도 발의됐다. 이처럼 지금은 뉴스에서 사라진 시청역 역주행 사건도 수많은 법안에 그 흔적이 남아 논의되고 있다.

주로 사건 사고에서 촉발된 사회적 이슈가 다양한 법률에 반영되는 사례를 예시하는 이유는 우선 '법'이라는 것이 우리의 일상생활과 아주 밀접하게 연결돼 있다는 점을 보여주기 위해서다. 또한 '법'은 아무런 결함이 없는 완전무결한 그 어떤 것이 아니라, 현실에 맞게 지속적으로 고치고 보완해야 하는 대상임을 말하고 싶기 때문이다. 나아가 우리의 삶에 필요하고 도움이 되는 다양한 아이디어가 언제든지 법률을 통해 반영될 수 있다는 점을 강조하기 위해서다.

'전기차 포비아'라는 말을 유행시킬 정도로 충격적인 전기차 화재 사건이 있었다. 지난 8월 인천의 아파트 주차장에서 발생한

화재인데, 피해가 크기도 했지만 전기차 화재에 대처할 방법이 마땅히 없다는 현실이 드러나면서 전기차가 공포의 대상이 됐다. 이 사건을 계기로 일부 아파트에서는 지하 주차장에 전기차 출입을 금지시켰고, 차도선(차량 선적 선박)을 운항하는 선사들은 선적 차량의 배터리 충전율을 50%로 제한하거나, 아예 선적을 금지시키기도 했다.

전기차 화재 사건을 계기로 국회에서는 두 가지 유형의 법안이 여러 건 발의됐다. 우선 전기차 화재가 발생할 경우를 대비해 화재를 진압할 수 있는 설비나 장치를 의무적으로 설치하도록 하는 법안이다. 「주차장법」, 「환경친화적 자동차의 개발 및 보급 촉진에 관한 법률」, 「전기안전관리법」, 「소방시설 설치 및 관리에 관한 법률」 개정안 등이 이러한 내용을 담고 있다. 다음은 화재의 원인이 되는 배터리와 관련된 법안인데, 「자동차 관리법」 개정을 통해 배터리의 재원, 제조사, 용량, 전압 등을 '자동차 등록원부'에 기재하도록 하는 것이다. 등록원부에 배터리 모델을 표기한다고 해서 화재를 예방할 수 있는 것은 아니지만, 소비자의 선택권을 보장하고 전기차의 신뢰성을 높이자는 취지로 보인다.

이 외에도 크고 작은 사건 사고들이 거의 대부분 법안을 통해 정책으로 만들어지도록 시도된다. '술타기'라는 말이 있는데, 음주운전을 하다가 사고를 낸 뒤 음주측정에 따른 처벌을 피하기 위해 고의로 술을 더 먹는 행위를 말한다. 이렇게 하면 사고 당시

의 혈중 알코올 농도 측정이 어려워져 결과적으로 처벌하기가 어려운 허점이 있다. 이런 사례를 방지하기 위해 음주 사고를 낸 뒤에 술이나 약물을 먹으면 처벌하도록 하는 「도로교통법」 개정안이 발의됐다.

일 년에 한두 번씩은 꾸준히 벌어지는 사건이 있다. 소위 일본도 살인사건이다. 2024년 7월에도 은평구의 아파트 단지에서 일본도를 이용한 끔찍한 살인사건이 발생했다. 현행 「총포·도검·화약류 등의 안전관리에 관한 법률」에서 총포 소지자의 경우 3년 주기 갱신을 통해 정신질환 여부 등을 검증한다. 반면 도검 소지자에게는 별도로 이러한 갱신 규정이 없어, 일단 도검 소지를 허가받은 사람은 차후 정신질환 등의 문제가 생겨도 도검 소지를 막을 방법이 없다. 이에 도검 소지자도 총포와 마찬가지로 주기적 갱신 절차를 의무화하는 법안이 발의됐다.

어린이 놀이터에서 골프 연습을 하는 사람들로 인해 시민의 공분이 확산되자 이런 행위를 처벌하도록 하는 「도시공원 및 녹지 등에 관한 법률」 개정안이 발의됐고, 국경일에 욱일기나 일장기를 걸어 사회적 논란이 되자 이를 금지하는 「대한민국 국기법」 개정안이 발의되기도 했다. 최근 독립기념관장 인사를 두고 논란이 많았는데, 일제와 식민지 전쟁을 정당화하거나 찬양 고무하는 사람, 헌법을 왜곡 날조하는 사람은 정무직 공무원과 공공기관장에 임명하지 못하게 하는 「국가공무원법」 개정안이 발의됐다.

법안으로 사회적 이슈와 정책을 만든다

이쯤 되면 한 가지 의문이 들 수 있다. '도대체 무슨 일이 터져야만 법을 바꾸는 거야?' 아니다. 다양한 사회적 이슈가 법안으로 반영되는 사례를 보여준 이유는 우리의 일상과 법의 관계를 최대한 이해하기 쉽게 설명하고자 함이다. 특별한 사회적 논란이 없더라도 일상의 불편함이나 부당함을 법을 통해 개선해 나갈 수 있다. 거꾸로 법안을 통해 우리 사회에 필요한 의제를 제기해 갑론을박을 유도해 새로운 사회적 공감대를 만들어 갈 수도 있다. 우리 사회가 좀 더 나은 방향으로 나갈 수 있도록 시민의 합의와 새로운 룰을 만드는 것도 법을 통해 가능하다. 미래에 대비하기 위한 중장기적인 정책도 법에 근거를 두어야만 추진할 수 있다. 이 또한 몇 가지 사례로 설명해 보기로 한다.

'플럼북'이라는 것이 있다. 정식 명칭은 '미국 정부 정책 및 직책 (The United States Government Policy and Supporting Positions)'이다. 책자 표지가 자두색이라 플럼북이라고 부른다. 플럼북은 미국 대통령 선거에 맞추어 4년마다 발행하는 인사지침서로, 대통령이 지명하는 직책 약 9,000개의 임명방식과 조건 등을 규정하고 있다. 미국 상·하원이 인사관리처(OPM) 지원을 받아 발간한다. 근무지, 직책, 현직자, 임명방식, 급여시스템, 급여, 재임기간, 임기만료일 등을 기재해 새 정부의 인사에 활용한다. 새 정부가 출범할 때마다 겪는 '인사 난맥상'을 방지하기 위해 우리도 '플럼북'을 만들자는 취지로 「국가공무원법」 개정안이 발의됐다. 인사혁신처장으로 하여금 대통령이 임명권을 가지는 직위에 관해 현직자 성명, 직무, 자격조건, 임명 방식·절차, 임기, 보수 등을 명시한 주요직위 명부록을 작성해 대통령 당선인에게 보고하고, 이후 국회에도 보고하도록 하는 내용이다.

「변리사법」 개정안의 경우 17대 국회부터 21대 국회까지 다섯 번 발의됐다가 폐기됐고, 22대 국회에서 여섯 번째로 발의됐다. 5전 6기다. 이 법안은 특허 침해 민사소송을 변리사와 변호사가 공동대리할 수 있도록 하자는 내용이다. 특허 업무는 변리사의 전문영역으로 사실상 특허소송의 주 업무는 변리사들이 감당하고 있으나, 변리사는 법정에서 소송 대리를 할 수 없다. 변호사만 가능하기 때문이다. 그러다 보니 특허 민사소송의 경우 일반 소송에 비해 시간과 비용이 훨씬 더 많이 소요된다. 특히 산업계의 경우 특허나 지식재산권 분쟁이 글로벌 전쟁처럼 벌어지고 있는 상황에서, 변리사의 소송대리를 오래전부터 요구해 왔다. 일본이 변호사와 공동으로 변리사의 소송대리를 허용하고 있고, 중국이나 영국에서는 변리사 단독으로도 소송대리가 가능하다. 아무튼 오랜 논의를 거쳐 21대 국회에서는 소관위원회인 산업자원위원회에서 이 법안이 의결됐는데, 변호사 출신 국회의원이 다수 포진한 법사위 문턱을 넘지 못하고 폐기됐다. 이 사안은 우리 사회가 기득권의 함정에 빠지지 않고 좀 더 정상적이고 합리적으로 나아가기 위한 입법 시도 사례라고 생각한다.

마지막으로 '요일제 공휴일'이라는 것이 있는데, 우리에게는 생소하지만, 외국에서는 이 제도를 적용해 운영하는 나라들이 많다고 한다. 공휴일을 특정 날짜가 아니라 특정 요일, 예를 들면 월요일로 정하자는 것이데, 토요일부터 월요일까지 3일간의 연휴를 보장해 쉴 권리를 증진하고 경제적 연관효과도 도모하자는 취지다. 모든 공휴일에 다 적용하기는 어렵고, 날짜와 특별히 관계가 없는, 예를 들자면 어린이날이나 현충일, 한글날을 '몇 월 몇 주 월요일' 이런 방식으로 정하자는 법안이다.

이런 사례들은 크게 사회적 이슈로 부각된 적은 없지만, 우리 사회가 좀 더 나은 방향으로 나아가도록 하기 위한 고민과 연구의 결과로 볼 수 있다. 이제 다양한 아이디어가 어떻게 법으로 만들어지고 정책으로 구현되는지를 구체적으로 살펴볼 차례다. 이 과정을 들여다보기 쉬운 두 가지 사례가 있다.

필자는 2012년부터 서울 종로구 지역의 국회의원 보좌관으로 일했다. 종로는 경복궁, 창경궁 등 문화재가 밀집한 지역이다. 문화유산에 대한 지역주민의 자부심도 크지만, 재산상 손실이나 생활의 불편도 매우 큰 지역이다. 문화재 및 경관 보호 때문에 재개발·재건축은 꿈도 꾸기 어렵고, 개인 주택도 일정 높이 이상 지을 수 없도록 규제받고 있다. 경우에 따라서는 온갖 규제 때문에 마음대로 고쳐 쓰지도 못한다. 관련해 당시 정세균 국회의원이 지역 주민들의 다양한 애로를 청취하는 과정에서 어느 주민이 이런 말을 했다. "궁궐이 뭐라고, 우리가 이렇게 맨날 피해만 감수하면서 살아야 하느냐? 집 옆에 궁궐이 있으면 뭐하는데? 저기에 산책이라도 가려면 우리도 다 입장료 내고 들어가야 한다." 바로 이 대목에서 착안해 「문화재 보호법」을 개정하게 됐다.

문화재 주변에서 살아가는 주민들은 재산상 피해뿐만 아니라 관광객으로 인한 교통체증과 주차 문제 등이 일상화돼 있다. 오버투어리즘에 의한 사생활 침해도 상당히 심각한 상황이다. 문화재로 인한 고충이야 어쩔 수 없다 하더라도, 피해를 감수하며 살아가는 주민들에게 뭔가 조그마한 혜택이라도 주는 게 옳다고 고민하던 중 "입장료"라는 말이 실마리를 주었다. 문화재 주변 주민들이라면 아무래도 그 문화재를 이용할 기회가 자주 있을 텐데, 입장료라도 감면해 주는 것이 좋지 않을까?

이 아이디어는 여러 검토를 거친 후 '문화재 보호법' 개정안으로 발의됐다. 국가나 지자체가 해당 지역의 문화재가 소재하는 동네 주민에 대해서는 입장료를 감면할 수 있도록 한 것이다. 이 법의 개정을 통해 문화재 지역 주민들은 50% 정도의 할인을 받는 것으로 알고 있다. 사실 이것은 '돈'만의 문제는 아니다. 할인액으로 따지면 아주 소액에 불과하다. 돈보다는 지역주민에 대한 예우에 훨씬 더 중요한 가치가 있다. 문화재 인근 거주 주민들에게 "내가 좀 대우를 받는구나"라는 느낌을 받게 한다는 것, 그래서 문화재와 지역 주민이 공존할 수 있는 분위기를 만들어 간다는 의미에서 이 법률 개정은 매우 성공적인 사례로 볼 수 있다.

또 하나의 사례는 도심 주차장 건립 사례다. 종로구뿐만 아니라 대도시의 공통적인 문제가 하나 있는데, 바로 주차난이다. 어느 정도의 주차공간을 확보하는 것은 지방자치단체의 공통된 과제다. 문제는 주차장은 예산만 있다고 만들 수 있는 것이 아니다. 땅이 더 문제다. 예산이 있어도 적절한 부지를 찾지 못하는 경우가 허다하다.

종로구 삼청동은 구도심에 한옥 보존구역이 밀집된 지역이다. 관광객 등 외부인의 유입이 매우 많아 주차난이 심각한 지역으로, 비교적 큰 규모의 주차장 부지확보가 반드시 필요한 상황이었다. 그렇게 부지를 물색하던 중 국군 서울병원 운동장 지하공간을 활용하면 좋겠다는 잠정 결론을 내렸다. 지하 주차장이기 때문에 병원 측에 별다른 피해를 주지 않으면서도 상당 규모의 주차공간을 확보할 수 있었다. 즉시 국방부 등 관계부처와 협의에 착수했다.

그런데, 법이 문제였다. 당시 「국유재산법」에 따르면 "국유재산에는 영구 축조물을 설치할 수 없도록" 돼 있었던 것이다. 법으로 안 된다는데 더 이상의 협의가 무의미한 상황이었다. 고민 끝에 법을 개정하기로 했다. 국유재산이라 하더라도 지자체가 공공의 목적을 위해서 추진할 경우 공공 주차장과 같은 영구 축조물을 설치할 수 있도록 한 것이다. 시민의 이익을 위해 그렇게 하는 것이 합리적이며 바람직하다고 생각했다. '국유재산법'을 개정하기까지 많은 논란이 있었고 상당히 오랜 시간이 걸렸다. 하지만 결국 이 자리에는 약 200면 정도의 주차장이 곧 완공될 예정이다. 법이란 고정불변의 것이 아니라 시대적 상황에 맞게 개선해 나가는 것임을 보여주는 사례. '문화재 보호법'과 '국유재산법' 개정 사례는 우리가 어떤 아이디어가 있고, 의지만 있다면 언제든지 입법이라는 과정을 통해 목표로 한 성과를 낼 수 있음을 증명했다.

'시민입법'을 제안한다

법을 통해서 불편을 해소하고 불합리한 현상을 바로잡기 위해서는 '법 없이도 살 사람' 같은 인식과 태도로는 곤란하다. 법을 밥 먹는 것보다 더 당연하고 친근하게 생각해야 한다. 시민의 입장에서 우리의 주장이나 요구가 법을 통해서 관철될 수 있도록, 또한 법이 시민의 권리를 제약하고 불편을 초래하지 않도록, 법이 사회의 변화를 촉진하고 중장기적으로 미래를 대비하기 위한 밑거름이 될 수 있도록, 시민이 할 수 있는 일을 해야 한다. 나는 이것을 '시민입법'이라는 개념과 행동지침으로 제안하고 싶다.

시민입법의 활동은 크게 네 가지 정도로 생각할 수 있다. 감시, 견제, 촉구, 제안이다. 시민입법이라고 해서 시민이 직접 법을 만들자는 말은 아니다. 법을 만들거나 고치는 것은 국회의원에게 주어진 권한이고 책임이다. 첫 번째로 시민입법에 있어 '감시'는 국회의원의 입법활동에 대해 지속적인 모니터링이 필요하다는 뜻이다.

국회의원 임기 4년 동안 얼마나 많은 법안이 발의될까? 지난 2020년 6월부터 2024년 5월까지 21대 국회에서 국회의원이 발의한 법안이 2만 3,655건이다. 1년에 거의 6,000건의 법안이 발의된다. 현재 22대 국회가 개원한 후 5개월째인데 지금까지 국회의원이 발의한 법안이 4,412건이다. 한 달에 평균 100건의 법안이 발의되고 있는 셈이다. 이 법안들 중에는 무슨 내용, 어떤 독소조항이 들어가 있을지 알 수 없다. 우리는 뉴스를 통해 어떤 법률이 통과됐다는 소식을 듣고, 그때서야 '아이고 큰일났네'라며 걱정하고 고민하는 경우가 많다. 앞서 설명한 것처럼 모든 법안은 구상·기획을 거쳐 발의부터 시작한다. 따라서 어떤 내용의 법안이 발의되는지 그 첫 단계부터 잘 감시해야 한다.

한편, 발의된 법안이 모두 통과되는 것이 아니다. 오히려 처리되지 못하고 폐기되는 법안이 훨씬 많다. 21대 국회에서 국회의원이 발의한 법안 2만 3,655건 중 어떤 형태라도 통과된 법안은 7,220건에 불과하다. 약 70%의 법안은 21대 국회 임기만료와 함께 폐기됐다. 우리가 희망하는 어떤 법안이 발의됐을 때, 그 자체로 뭔가 성공한 것처럼 생각하는 경우가 제법 많다. 국회의원들도 주로 어떤 법안을 발의한 것에 대해 홍보하기 때문에 그런 착시현상이 자주 일어난다. 그러나 발의는 시작일 뿐이다. 이 법안이 언제 상임위원회에 상정되는지, 법안심사 소위원회에서 누가 어떤 이유로 이 법안에 대해 찬성하는지 또는 반대하는지 지속적으로 살펴야 한다. 그런 의미에서 시민입법의 첫 번째 활동 목표로 '감시'를 제안한 것이다.

또 이런 의문이 들 수 있다. 왜 이렇게나 많은 법안이 발의되고, 처리되지 않는 법안은 또 왜 이렇게나 많은 것일까? 사실 이 문제는 반드시 개선이 필요한 심각한 문제다. 국회의원들이 앞다투어 법안을 많이 발의하는 이유는 언론, 시민단체, 정당 등의 의정활동 평가에 대한 나쁜 기준과 관행에서 기인한다. 법안을 많이 발의한 의원이 마치 열심히 일한 의원처럼 평가받는 문화다. 법안 발의 건수라는 기계적인 잣대를 들이대 많이 발의한 의원을 칭송하고 적게 발의한 의원에 대해서는 일하지 않는다며 비난한다. 비난에 그치지 않는다. 법안 발의 건수가 공천 기준의 일부로 작용하기도 한다. 그러니 죽기살기로 발의 건수를 늘릴 수밖에 없다.

그러다 보니 발의 건수를 채우기 위한 무의미한 법안 발의가 난무한다. 남들이 발의한 법안을 표절해서 숫자나 용어 또는 표현만 살짝 바꾸어 다시 발의하기도 하고, 굳이 법으로 발의하지 않아도 될 사안도 법안으로 낸다. 지난 21대 국회에서 발의했다가 폐기된 법안을 그대로 또는 살짝만 수정해서 다시 내기도 한다. 2024년 9월, 국회에서 「남녀고용평등과 일·가정 양립지원에 관한 법률」 개정안이 의결됐다. 이 법률의 개정을 통해 ▲배우자 출산휴가 확대(10일→20일), ▲부모 각각 3개월 이상 육아휴직을 하는 경우 육아휴직 기간 확대(1년→1년6개월), ▲육아기 근로시간 단축 가능 대상 자녀 연령 상향(8세→12세), ▲난임치료 휴가 기간 확대(3일→6일) 등이 이루어졌다. 그런데, 이 법률의 개정 과정에서 무려 34건의 유사 법안이 발의됐는데, 사실 그 내용은 별 차이가 없다. 국회의원들이 이런 방식으로 법안 발의 건수 늘리기에만 몰두한다.

국회의원들의 과도한 법안 발의는 국회의 생산성을 떨어트리는 주요인이다. 법안이 소관 위원회에 상정될 때 붙어야 하는 검토보고서 작성 등에 국회의 행정력이 낭비되고, 정작 시급히 심의·의결해야 할 법안들의 처리 순서가 밀리기도 한다. 우리 지역의 국회의원이 이런 무의미한 법안 발의로 그저 건수 올리기에만 열중하고 있는지 아닌지도 잘 '감시'해야 한다.

둘째는 '견제'다. 최근 논란이 된 '지구당' 부활 문제를 한번 따져보겠다. 보도에 따르면 민주당 이재명 대표와 국민의힘 한동훈 대표는 사실상 지구당 부활에 합의했다. 관련해 「정당법」과 「정치자금법」 개정안이 각각 8건 이상 발의돼 있다. 참고로 정당의 지구당 제도는 2002년 대선에서 불법 선거자금 문제가 발단이 돼 폐지됐다. 당시 지구당에 대해서 고비용 저효율 구조이며, 이로 인해 부정부패의 온상이 되고 있다는 공감대가 있었다. 그래서 폐지된 것이다. 그러나 지금 지구당 부활을 주장하는 정치인들은 지구당 부활이 정치 개혁이고 이를 통해 지역 정치를 활성화할 수 있다고 주장한다.

이는 전형적인 공급자 입장이다. 지구당 부활이 시민들에게 어떤 장점이 있고, 어떤 이득을 주는지에 대해서는 아무도 이야기하지 않는다. 상당수의 법안이 수요자인 시민을 대변하기보다는 공급자인 정치인 중심으로만 만들어진다. 이런 문제에 대해 시민들이 입장을 내야 한다. 시민의 입장에서 지구당이 필요하다 또는 필요 없다는 입장을 밝혀야 하는 것이다. 그래야만 정치권이 지구당 부활 문제를 시민과 무관하게 자신들의 편리에 따라서만 취급하는 것을 제어할 수 있다. 시민이 정치권을 '견제'해야 한다.

현재 국회에는 서로 완전히 상반된 입장의 「최저임금법」 개정안 두 건이 발의돼 있다. 진보진영과 보수진영의 색채를 대비적으로 드러내는 법안인데, 최저임금 구분 적용과 관련해 정반대 입장을 주장하고 있다. 현행 최저임금법 제4조 최저임금의 결정 기준 조항에서는 "최저임금을 업종별로 구분할 수 있다"고 돼 있지만, 1989년 이후 한 번도 예외 없이 단일 최저임금으로 고시하고 있다. 민주당 소속 의원이 발의한 최저임금법 개정안은 "구분할 수 있다"는 이 단서 자체를 삭제하자는 내용이다. 최저임금법에서 업종별 구분 적용이라는 말 자체를 없애서 더 이상 이 문제에 대한 논란의 여지를 남겨두지 말자는 취지다.

반면, 국민의힘 소속 의원이 발의한 「최저임금법」 개정안은 "구분해야 한다."로 의무화 하자는 내용이다. 고임금 노동자와 저임금 노동자의 최저임금을 의무적으로 구분하자는 것인데, 단일 최저임금 적용에 따라 영세 소상공인들 부담이 너무 늘고 있다는 논리다. 이에 대해 진보진영에서는 최저임금을 구분하면 일부 업종에 대한 낙인효과가 불가피하고 이로 인해 사회적 갈등이 커질 수 있다는 이유로 반대한다. 이런 문제에 대해 시민들이 수요자의 입장에서 고민하고, 판단해서 정리된 입장을 정치권에 제시하는 것이 일종의 '견제'다.

세 번째 시민입법 활동의 유형은 '촉구'다. 이 문제는 법안을 발의만 해놓고 처리는 뒷전인 국회의 관행과 관련성이 크다. 지금 22대 국회에는 「생명안전 업무 종사자의 직접고용 등에 관한 법률안」이 발의돼 있다. 5선 의원인 이인영 의원이 발의한 법안이다. 생명이나 건강에 유해하거나 이를 위협하는 업종을 '생명안전 업무'로 정하고, 그 업무에 종사하는 사람은 직접 고용해야 한다는 내용이다. 산업현장의 안전관리 수준을 높여서 산재를 줄이자는 취지에서 발의한 제정법안이다. 22대 국회 이인영 국회의원의 '1호 법안'이기도 하다.

문제는 이 법안이 4년 전인 21대 국회에서도 이인영 의원의 '1호 법안'이었다는 것이다. 8년 전인 20대 국회에서도 같은 법안을 발의했다. 이인영 의원이 이 법안을 최초로 발의한 때는 지금부터 10년 전인 19대 국회에서였다. 10년 전에 처음 발의한 법안을 처리하려고 끝까지 포기하지 않고 끈질기게 노력한다고 생각할 수도 있다. 그런데 다른 한편으로는 10년 전에 발의한 법을 아직도 처리하지 못하고 있는 것이다. 시민의 입장에서는 이인영 의원이 지난 10년 동안 이 법안의 처리를 위해 어떤 노력을 했는지 따져 물어야 한다. 이 법안이 노동자들을 위해서 꼭 필요한 법안이라면 22대 국회에서는 도대체 어떻게 처리할 계획인지에 대해 질문해야 하고, 반드시 처리할 수 있도록 '촉구'해야 하는 것이다.

최근 김태선 국회의원이 「폐기물 관리법」, 「순환경제사회 전환 촉진법」 개정안 등 3건의 법안을 발의했다. 소위 '재고의류 폐기 금지법'이다. 패션 대기업들이 자사 의류의 브랜드 가치를 유지하기 위해 한번 입지도 않은 재고의류를 대량으로 폐기한다는 것은 공공연한 사실이다. 여기서 '대량'이라는 것은 상상을 초월한 어마어마한 양인데, 문제는 도대체 얼마나 폐기하는지 알 방법이 없다. 현황조차 알 수 없으니 어떤 대책을 세우기도 어려운 것이 현실이다. 새 옷을 태워서 버리는 행위에 관여하고 제재할 수 있는 '법'이 없다.

이에 대해 김태선 의원은 의류기업이 폐기하는 재고의류의 종류와 양을 신고하고, 패션기업이 제품의 순환이용 촉진 책무를 준수하도록 하는 내용으로 법률 개정안을 발의했다. 상식과 윤리, 환경을 생각한다면 마땅히 처리돼야 할 법안이지만, 과연 이 법안이 국회를 통과할 수 있을까? 순조롭지 않을 것이다. 패션기업들은 과잉규제라며 거세게 반발할 것이고, 정부는 산업진흥을 운운하며 뒷짐 지고 있을 가능성이 크다. 만약 시민의 입장에서 이 법안이 통과될 필요가 있다고 생각한다면 국회를 향해 처리를 '촉구'해야 한다. 국회의원은 선출된 사람들이기 때문에 사회적 공감대가 형성된다면 대체로 이에 따라가는 경향이 있다.

시민입법 활동의 마지막 유형은 '제안'이다. 제안은 앞서 이야기한 감시, 견제, 촉구와 연결된 활동이다. 국회에서 발의된 법안을 꼼꼼하게 감시하면서, 문제가 있는 법안에 대해서는 시민의 입장에서 견제하고, 반드시 통과시켜야 할 법안에 대해서는 처리를 촉구하고, 그 과정에서 새로운 의견이나 대안을 입법권자에게 제안하는 것이다. 이렇게 법에 대한 감시, 견제, 촉구, 제안이 끊임없이 순환돼야 한다.

'밥' 보다 '법'이다

짧은 글에서 수십 건의 법안을 사례로 든 이유는 법이 '남의 일'이 아니라는 점을 이야기하고 싶어서다. 법은 우리의 일상과 아주 밀접하게 연결돼 있는 '나의 일'이다. 그렇게 어려운 영역도 아니다. 우리 주변의 다양한 사건·사고들, 그에 따른 사회적 이슈들이 법안으로 만들어지는 사례에서 보았듯이, 법은 우리의 주장이나 나의 요구를 편리하게 담아낼 수 있는 그릇에 불과하다고 생각해도 좋다. 반드시 구체적이고 정교하게 담을 필요도 없다. 취지와 목표만 분명하면 된다. 세부적으로 법 조문을 만들고 정해진 절차를 거쳐 최종적인 법으로 통과시키는 것은 우리가 선출한 입법자들의 책임이고 의무다.

다만, 입법자들에게 모든 것을 맡겨 둬서는 안 된다. 잘못된 관행이기는 하지만 국회의원은 법안의 발의에만 몰두할 뿐 실제적인 처리에는 뒷전인 경우가 많다. 또한 수요자인 시민보다는 공급자인 정치인 입장에서 법안을 기획하고 추진하는 경향도 있다. 시민들은 국회에서 법안이 발의되고 처리되는 과정을 감시하고, 견제하고, 필요하면 촉구하고, 새로운 대안을 제시해야 한다. 이를 '시민입법'이라고 정의했다.

법에 대한 시민의 책무를 실천하고, 법을 통해 시민의 권리를 온전히 행사하기 위해서는 무엇보다 법과 친해져야 한다. 하루 세끼 밥 먹는 것보다 더 익숙해져야 한다. 국회에서 발의되는 법안을 신문 보듯 살피고, 국회의원의 법안이 일상적인 대화와 토론의 대상이 돼야 한다. 법안에 대해 찬성 또는 반대 의견이 있으면 가장 편리한 방법으로 입법자에게 전달할 수 있어야 한다. 우리의 주장 나의 요구를 입법자도 알도록 해야 한다. '법 없이도 사는 사람'이 돼서는 안 된다. 우리는 모두 법과 더불어 살아야 하는 사람들이다.

민주주의의 기틀은 정당과 이해관계자가 함께 만드는 정책

박선민

2004년 제17대 국회에서 민주노동당 현애자 의원 보좌관으로 국회 일을 시작했다. 지금은 조국혁신당 신장식 의원실 보좌관으로 있다. 2012년부터는 저술 활동도 꾸준히 해오고 있다. 주요 저서로는 <스웨덴을 가다>, <불편할 준비>, <국회라는 가능성의 공간>, <내 손으로 만드는 내 삶을 위한 정치>가 있다.

민주주의의 기틀은 정당과 이해관계자가 함께 만드는 정책

기억에 남는 법안

「교통약자의 이동편의 증진법」: 갈등을 국회 안으로

2001년 1월 22일, 설 연휴가 시작되는 날이었다. 3급 장애인이었던 할머니와 이동을 돕던 할아버지는 오이도역에 도착해 2층 역사로 올라가기 위해 휠체어 리프트에 탑승했다. 2층 역사에 도착 직전, 리프트를 지탱하던 철심이 끊어졌다. 노부부는 7미터 아래로 추락했고, 할아버지는 중상을 입고 할머니는 사망했다.

좋은 법안은
사회가 얼마나
안정됐는지,

미래에 대한 불안이
얼마나 사라졌는지,

실패에 대한 두려움이
얼마나 줄어들었는지를
기준으로 평가돼야 한다.

자식들을 만나러 가던 길에 발생한 청천벽력 같은 사고였다. 오이도역은 2000년에 개통한 역으로 리프트도 채 1년이 되지 않은 신형이었다. 리프트가 낡아서 난 사고가 아니었다. 사방이 뚫린 리프트는 구조 자체가 위험하다. 리프트는 수평이 맞지 않으면 멈추는데 가파른 경사를 오르내리다 갑자기 멈추면 추락 위험이 컸다. 이날의 사고처럼 철심이 끊어지기도 한다. 당시 역사 내 이동시설 86.3%는 리프트였다.[1]

분노한 장애인들은 '오이도역 장애인 수직 리프트 추락 참사 대책위원회'를 구성했다. 장애인 이동권 보장 투쟁의 시작이었다. 이들의 투쟁은 2004년 진보정당인 민주노동당이 원내에 진출하면서 법안 발의로 이어졌다. 내가 처음 일했던 17대 국회 의원실에서 발의한 첫 법안이 바로「장애인·노인·임산부등의 교통수단 이용 및 이동보장에 관한 법률안」이었다. 이 법은 정부가 제출한「교통약자의 이동편의 증진법」과 병합 심의해 2004년 12월 29일 본회의에서 재적 182명, 찬성 182명으로 만장일치 통과했다.[2] 민주노동당이 통과시킨 '첫 번째' 법안이었다.

이 법은 장애인 이동권에 대한 명시와 저상버스 도입이 핵심

---

[1] "오늘도 혜화역에선 시혜를 권리로 이동시키는 중", 한겨레 2024-09-23
[2] 출처 : 국회 의안정보시스템 https://likms.assembly.go.kr/bill/billDetail.do?billId=028215, 검색일 2024.10.23

이다. 이동권은 '인간으로서의 존엄과 가치 및 행복을 추구할 권리를 보장받기 위해 교통약자가 아닌 사람들이 이용하는 모든 교통수단, 여객시설 및 도로를 차별 없이 안전하고 편리하게 이용해 이동할 수 있는 권리'를 말한다.[3]

차체 바닥이 낮고 출입구에 계단 대신 경사판을 설치한 저상버스는 요즘은 우리나라에서도 종종 볼 수 있지만, 당시만 해도 낯설었다. 저상버스는 1976년 독일에서 개발된 이래 선진국 대도시에서는 보편적으로 보급됐는데, 우리는 2003년 서울시에서 최초로 도입한 뒤 확대되지 못하고 있었다. 이와 같은 상황에서 제출된 정부의 법안은 장애인 이동권에 대한 개념이 없었고, 저상버스 도입도 지방자치단체에 권고하는 수준에 머물렀다. 장애계는 실효성이 없는 법안이라며 크게 반발했다.

당시 민주노동당 의원은 10명이었다. 10석의 한계를 뛰어넘기 위해 '장애인이동보장법 제정 추진 국회의원 모임'을 구성했다. 이 모임에는 여야를 막론하고 50명이 넘는 의원들이 참여했고, 법안 통과를 위해 한마음으로 움직였다. 장애인 이동권 보장이 필요하다고 생각해 모임을 결성한 의원들이 '의제'를 중심으로 활동한 것이다. 진보와 보수가 따로 없었다.

국회 밖에서는 '장애인이동권연대'와 '장애인·노인·임산부등

---

3 「교통약자의이동편의증진법」제3조

의 교통수단 이용 및 이동보장에 관한 법률 입법 추진 공동대책위원회'가 구성됐다. 장애인단체와 시민사회단체, 정당과 의원모임이 국회 안과 밖에서 협력했다. 저상버스를 생산하는 기업과 함께 국회 안에서 시승 행사도 진행했다. 우리의 첫 번째 법안은 의원실 혼자 만든 것이 아니었다. 정책 당사자의 요구를 받아 법안을 만들고, 함께 통과시켰다. 의원실은 입법의 주체적 대리인이었고, 입법의 과정에서 사회적 기반은 탄탄해졌다. 첫 법안을 통해 '입법의 원칙'을 세울 수 있었다.

입법은 사회적 갈등을 국회 안에서 해결하는 유력한 수단이자 방법이다. 정치적 갈등은 사회적 갈등을 약화한다. 정치는 갈등을 통해 최선의 대안을 찾고 문제를 해결한다. 정치가 제 역할을 하지 못할 때, 정치를 통해 갈등을 해결하지 못할 때, 정치에 대한 기대는 줄어들고, 갈등은 증폭된다. 입법이 힘을 발휘할 때 갈등은 평화적으로 해결될 수 있다.

입법이란 무엇인가

1) 입법은 어떻게 이뤄지는 것일까

입법은 어떻게 이뤄질까? 국회의 역할과 중요성에 대한 관심이 커지면서 입법의 필요성에 대해서도 인식이 높아졌다. 하지만 좋은 법은 어떤 법이며, 바람직한 입법 과정은 어때야 하는지에 대한 논의는 부족하다.

어떤 법안은 '큰 의미가 없음에도' 통과되고, 어떤 법안은 정책적 완성도가 높고 사회적 요구가 강한데도 논의조차 되지 못한다. 법안이 통과되려면 어떤 동력이 필요하고 통과를 막기 위해서는 어느 정도의 저지력이 있어야 할까? 국회에서 일하면서 내가 품게 된 의문이었다.

무엇보다 우리가 낸 법안이 통과되기 어려운 이유를 알고 싶었다. 다른 의원들의 법안은 저렇게 많이, 저렇게 쉽게 통과되는데, 대체 왜 우리가 낸 법안은 끝없는 허들을 넘고 넘어 만신창이가 돼서야 겨우겨우 통과될 수 있는 것일까? 처음에는 나의 실력이 부족해서, 의원실의 역량이 모자라서, 내가 속한 정당의 힘이 약해서인 줄로만 알았다. 그럴수록 더 노력했다. 현장의 사례를 생생히 전하고, 동료 의원과 행정부를 설득하기 위한 논리를 구성하고, 여론과 단체를 동원해 영향력을 키워 더 큰 압력을 행사하려고 했다. 압박의 강도를 높이기 위해 다양한 방법을 사용했다. 서명운동, 기자회견, 토론회는 물론 집회와 농성, 점거도 다반사였다. 이상하게도 압력정치의 힘은 자주 사용할수록, 방식이 격렬할수록 약해졌다.

날이 갈수록 점점 더 많은 법안이 발의되고 통과됐다. 쏟아지는 법안들을 보면서 의문도 커졌다. 이 많은 법안은 어떻게 만들어진 것일까? 이렇게 많은 법안을 제대로 심사할 수 있을까? 이 법안 중 어떤 법안이 통과되고, 어떤 법안은 통과되지 못하는가? 통과 여부는 누가 어떻게 정하는가? 입법부는 지금 제 역할을 하고 있나? 대한민국 국회, 이대로 괜찮은 건가?

이런 의문에 접근하기 위해 먼저 입법 과정, 입법 현황과 문제점에 대해 살펴보겠다. 그 후 입법이 가진 힘에 대해 사례를 통해 살펴보고, 마지막으로 더 나은 정치를 위해 필요한 것은 무엇인지 말하고자 한다. 물론 모든 의문에 대한 명쾌한 답이 될 수는 없다. 하지만 더 좋은 입법, 더 나은 정치에 대해 함께 고민을 나누는 시작이 될 수는 있을 것이다.

먼저 입법 과정을 살펴보자. 입법은 준비, 발의, 심사, 통과, 공포, 시행 전 과정을 말한다. 입법은 다양한 얼굴을 가지고 있다. 모든 법안이 유익한 것도 아니고, 많은 법안이 쓸모 있는 것도 아니다. 법안의 제·개정은 이익과 불이익이 교차하므로 매우 신중해야 한다. 누군가에게는 꼭 필요한 법이지만, 다른 누군가에게는 손해와 희생을 감수하도록 하는 법이 될 수 있다. 다수의 이익을 위해 소수가 양보해야 할 수도 있고 반대가 될 수도 있다. 그런가 하면 사회적 상황에 따라 과거에는 이익이었던 것이 현재에는 손해가 될 때도 있다. 당시에는 최선이라고 생각했지만, 뒤늦게 생각지 못한 문제가 발생하기도 한다. 그래서 준비가 중요하다. 시간을 들여 입법이 미칠 다양한 영향을 살펴봐야 한다. 발의 전 준비 과정을 소홀히 하면 문제점을 검토할 수 없을 뿐만 아니라 정작 법안의 이해 당사자와 협의하는 과정을 거치지 않은 뿌리 없는 법안이 될 수 있다. 우리가 '정책 정당'을 중요하게 이야기하는 것은 정책을 만드는 과정이 정당의 기반이 되기 때문이다. 정책은 이해당사자와 함께 만들고, 입법은 그 결과가 돼야 한다.

발의, 심사, 통과를 일반적으로 '의안심사과정'이라 한다. 국회 안에서 이뤄지는 공식적인 절차다. 법안 발의는 국회의원, 정부, 위원회가 가능하다. 위원회는 국회의원들로 구성되므로 크게 의원과 행정부가 가능하다고 볼 수 있다. 의원 발의는 10명의 찬성자를 요건으로 한다. 본인 외에 9명의 국회의원 동의가 필요하다. 대표발의자는 1인이었는데 최근 공동 대표 발의 제도가 생겨서 서로 다른 정당 소속 3인이 함께 대표 발의를 할 수 있게 됐다. 행정부는 법안을 국회에 제출하기 전 법제처 심사, 국무회의 보고 절차를 거쳐야 한다. 다소 시간이 걸린다. 행정부 입법 계획은 연초에 국회에 제출된다. 여기에 포함되지 않았는데 행정부가 신속히 추진해야 할 법안이 있는 경우 여당 의원을 통해 발의하기도 한다. 의도적으로 절차를 생략하고 의원을 통해 발의하는 경우도 있다.

법안이 발의되면 소관 상임위원회(이하 상임위)에 회부하고 전체회의에 안건으로 상정한 후 제안설명, 대체토론을 마치면 법안심사소위원회(이하 법안소위)로 회부한다. 법안에 대한 본격적 심사는 법안소위에서 이뤄진다. 소위에서 안건 상정, 축조 심사, 의결하는 과정을 거치면 다시 상임위 전체회의에 보고하고 찬반 토론을 거쳐 의결한다. 상임위에서 의결한 법안은 법제사법위원회로 회부해 체계자구 심사를 마친 후(쟁점이 있는 경우 소위원회로 회부해 심사) 본회의에 상정한다. 본회의에서 찬반 토론 후 의결을 마치면 국회 심사가 완료되는 것이다. 이 과정에서 전원위원회 소집 요구, 무제한 토론을 요청할 수 있다.

국회에서 통과된 법안은 행정부로 이송돼 15일 이내에 대통령이 공포함으로써 입법이 완료된다. 기존에는 입법에서 국회의 심사 과정이 가장 중요했다. 그런데 윤석열 정부 이후 '공포'가 중요한 과정으로 대두됐다. 국회에서 의결한 법안에 대해 대통령이 재의를 요구할 수 있는 권한이 헌법으로 보장돼 있는데, 이를 재의요구권, 이른바 '대통령 거부권'이라고 한다. 윤석열 대통령은 2024년 10월 23일 기준 열다섯 번 거부권을 행사했다. 앞으로도 거부권은 계속 행사될 것으로 보인다. 정부 초기인 이승만 전 대통령(45회)을 제외하면 역대 대통령이 거부권을 행사한 각 횟수보다 많다. (박정희 대통령 5회, 노태우 대통령 7회, 노무현 대통령 4회, 고건 권한대행 2회, 이명박 대통령 1회, 박근혜 대통령 2회) 심지어 전두환, 김영삼, 김대중, 문재인 정부에서는 한 번도 없었다. 재의요구권은 헌법상 대통령의 권한으로 명시돼 있지만, 매우 제한적으로 행사된 권한이다.

대통령이 재의를 요구한 법안은 본회의 의결 요건이 강화된다. 통상 재적의원 과반수 출석, 출석의원 과반수 찬성으로 통과되는데(300명 재적, 법안 통과에 전체 출석 시 151명 이상, 과반

수 출석 시 76명 이상 필요) 재의 법안은 찬반 토론 없이 재적의원 과반수 출석, 출석의원 3분의2 찬성이 필요하다.(300명 전원 출석 시 200명 필요)

대통령 거부권 행사의 문제점은 국회의 법안 심사가 형해화된다는 것이다. 정치의 본디 의미가 '협상'을 통한 갈등의 해결이라면 법안은 그 결과물이자 집합체로써 '타협의 산물'이다. 법은 혼자 만드는 것이 아니다. 입법이 필요한 집단이 있고, 논의해야 할 상대 정당이 있고, 입법 후 법의 이행에 강제적으로 따라야 하는 시민들이 있다. 그런데 거부권 행사가 고착화되면 이 모든 과정이 무의미하게 된다. 여당은 야당과 협의할 필요를 못 느끼고, 거대 야당은 소수 여당을 무시하게 된다. 가장 큰 문제는 입법의 힘이 약화한다는 것이다.

왜냐하면, 입법은 법의 통과가 아니라 시민들의 복종으로 완수되기 때문이다. 모든 법의 시행에는 저항이 뒤따르는데 입법 과정이 원활하지 않으면 저항도 거세진다. 모든 정치 활동은 비용이 수반되고, 법안도 마찬가지다. 갈등이 심할수록 비용이 많이 든다. 잘 준비해서 제대로 만든 법안을 발의하고, 충분한 논의를 거쳐 다수의 합의를 이끌어내야 법안이 사회 속에 제대로 안착할 수 있다. 특별한 경우 법안 통과를 위해 민주주의의 일반 원칙인 다수의 힘을 사용할 수도 있다. 하지만 이 경우에도 '반작용'이라는 후과를 각오해야 한다. 타협의 과정을 건너뛰고 '힘'으로 통과시킨 법은 상대가 동의하지 않았기에 따라야 할 의

무감도 갖지 않는다. 타협은 사회적 수용성을 높이기 위한 것이다. 의회민주주의의 기본 절차를 무시한 법은 설사 만들어졌다 하더라도 힘을 갖기 어렵다. 시간이 걸려도 더 넓은 합의를 이뤄내야 한다. 합의의 범위가 좁을수록, 빨리 처리하려 할수록 부정적 결과 나올 가능성이 커진다. 좋은 법은 좋은 입법 과정을 통해 만들어진다.

2) 입법 현황 및 문제점

① 너무 많은 법안 발의

법은 많이 만드는 것보다 잘 만드는 것이 중요하고, 빨리 만드는 것보다 제대로 만드는 게 중요하다. 또, 법을 바꾸고 만드는 것만큼 바꾸지 않고 만들지 않는 것도 중요하다. 그런데 최근 추세를 보면 너무 많은 법안이 제·개정되고 있다.

역대 법안 발의 현황을 보면 민주화 이후인 13대 국회(1988년~)부터 법안 발의가 늘어나는 경향을 보인다. 15대 국회(1996년~) 들어 1,000건을 훌쩍 넘긴 1,951건이 발의되더니 17대 국회(2004~)를 기점으로 폭발적으로 증가했다. 17대 7,489건, 18대 1만 3,913건, 19대 1만 7,822건으로 증가했고, 20대에는 2만 4,141건으로 17대의 3배가 넘었으며 21대 국회는 2만 5,858건에 이르렀다. 13대 국회가 938건이었던 것과 비교하면 35여 년 만에 약

26배 증가한 것이다. 22대 국회 역시 임기 시작과 더불어 법안이 와르르 발의됐다. 임기가 시작한지 두 달이 조금 지난 2024년 8월 초 기준 2,500건 이상이 발의돼 21대 국회 전체 법안 건수의 10%를 넘어섰다.

표1 역대 국회 법률안 제안 건수 (단위 : 건/ 24.8.7 현재)

1대	2대	3대	4대	5대	재건	6대	7대	8대	비상	9대	10대
246	416	324	409	297	1,156	658	534	49	270	633	129
국보위	11대	12대	13대	14대	15대	16대	17대	18대	19대	20대	21대	22대
189	491	378	938	902	1,951	2,507	7,489	13,913	17,822	24,141	25,858	2,573

*법안 건수는 의원 발의, 정부 제출 건수를 더한 것*법안 건수는 의원 발의, 정부 제출 건수를 더한 것
*출처 : 국회 의안정보시스템 (재구성 : 박선민)

표2 역대 국회 법안 발의 현황 (단위 : 건)

대수	접수	반영	처리율
14대(1992~1996)	902	728	80.7%
15대(1996~2000)	1,951	1,424	73.0%
16대(2000~2004)	2,507	1,579	63.0%
17대(2004~2008)	7,489	3,766	50.3%
18대(2008~2012)	13,913	6,178	44.4%
19대(2012~2016)	17,822	7,429	41.7%
20대(2016~2020)	24,141	8,799	36.4%
21대(2020~2024)	25,858	9,063	35.9%

*출처 : 국회 의안정보시스템 (재구성 : 박선민)

많은 법안은 왜 문제가 될까? 첫째, 법안에 대해 꼼꼼히 검토하기 어렵다. 준비 과정에서부터 문제가 발생한다. 많은 법안을 발의하려다 보면 의견 조율을 통한 성숙 시간을 충분히 갖기 어렵다. 또, 다른 의원의 법안을 사전에 검토할 기회도 사라진다. 이전에는 공동발의 과정에서 다른 의원실 법안에 대해 꼼꼼히 살펴보았는데 지금은 쏟아지는 법안의 목록을 읽기도 어렵다. 이러다 보니 어떤 법안이 발의되는지 상정되기 전까지 전혀 모른다.

둘째, 부실한 심사가 불가피하다. 사실상 심사는 법안소위에서 이뤄진다. 심사의 효율성을 위해서 소수로 구성하는데, 소수에게 큰 권한이 주어진다는 점은 양날의 칼이 될 수 있다. 너무 많은 법안은 부실한 심사를 야기하고, 거부권 행사자의 권한을 과도하게 강화한다.

셋째, 쟁점 법안 심사를 기피하게 된다. 사회적으로 중요한 법안은 갈등이 첨예하고 복잡한 사안일 때가 많다. 쟁점이 있는 법안은 논의에 시간이 오래 걸리고 타협하기도 어렵다. 그래도 그간에는 상임위 논의를 통해 최선의 대안을 찾으려 노력했다. 그런데 최근 들어 쟁점 법안은 상임위에서 아예 심사를 하지 않거나 정반대로 일방적으로 통과시키는 상황이 발생하고 있다. 쟁점 법안의 통과 여부를 당 지도부가 결정하는 것이다. 물론 기존에도 당 지도부 간에 전격적으로 합의하는 경우가 있었다. 하지만 일상적인 형태는 아니었다. 모든 것을 지도부가 결정하면 상임위 논의는 유명무실해질뿐더러 협상의 공간도 좁아진다.

넷째, 쟁점과 비쟁점은 누가 정할까? 행정부 또는 상임위 소속 전문위원이 쟁점이라고 분류하면 쟁점 법안이 된다. 입법은 국회가 가진 권한인데 비쟁점 법안 위주로 심사하면 결국 쟁점에 대한 결정권을 가진 행정부의 권한이 강화된다. 나아가 의원들이 통과가 쉬운 비쟁점 법안 위주로 발의하게 된다는 문제도 생긴다. 사회적으로 중요한 법안보다 통과 가능성이 높은 법안을 선호하게 되는 것이다.

많은 법안은 심사를 어렵게 만들고, 책임을 회피할 수 있게 한다. 국회와 정당, 정치가가 일을 열심히 했느냐 안 했느냐에 대한 판단기준은 법안 발의 개수나 처리율이 아니라 시민들의 삶을 얼마나 나아지게 만들었냐가 돼야 한다. 좋은 법안은 사회가 얼마나 안정됐는지, 미래에 대한 불안이 얼마나 사라졌는지, 실패에 대한 두려움이 얼마나 줄어들었는지를 기준으로 평가돼야 한다. 그렇지 않다면 아무리 많은 법안이 발의되고 통과돼도 그 법은 시민의 삶과 무관하거나 오히려 위태롭게 만드는 도구가 될 뿐이다.

② **임기 첫날부터 쏟아진 법안**

2020년 6월 1일 월요일, 21대 국회의 법안 접수가 시작된 날이다. 임기를 시작한 5월 30일이 주말이라 법안 접수는 이날부터 가능했는데, 이날 하루에만 55건이 접수됐다. (규칙을 포함하면 56건) 한 달 만에 1,175건, 서 달 만에 3,274건이 발의됐다. 이런 속도에 힘입어 21대 국회는 8개월 만에 17대 국회 4년 동안 발의한 법안 전체 건수를 돌파했다. 22대 국회도 크게 다르지 않다. 첫날 48건, 한 달 만에 1,208건이 발의됐다.

표3 21대 국회 기간별 제안 건수 (단위: 건)

	20' 6월	7월	8월	9월	10월	11월	12월	21.1월	2월	3월	4월	5월
기간	1개월	2개월	3개월	4개월	5개월	6개월	7개월	8개월	9개월	10개월	11개월	12개월
21대	1,175	1,351	748	973	406	1,150	1,199	658	628	799	604	623
	21' 6월	7월	8월	9월	10월	11월	12월	22.1월	2월	3월	4월	5월
기간	13개월	14개월	15개월	16개월	17개월	18개월	19개월	20개월	21개월	22개월	23개월	24개월
21대	747	591	485	378	274	565	616	395	194	202	408	297
	22' 6월	7월	8월	9월	10월	11월	12월	23.1월	2월	3월	4월	5월
기간	25개월	26개월	27개월	28개월	29개월	30개월	31개월	32개월	33개월	34개월	35개월	36개월
21대	436	462	414	543	282	577	711	432	622	713	660	687
	23' 6월	7월	8월	9월								
기간	37개월	38개월	39개월	40개월								
21대	613	547	557	478								

*출처: 국회 의정분석서비스 (재구성: 박선민)

 법안은 원칙적으로 「헌법」 제51조에 따라 회기 중에 의결하지 못해도 임기 중에는 폐기되지 않는다. 국회의원의 임기가 만료된 때에만 자동 폐기된다. 즉, 4년의 임기가 끝나면 심사를 마치지 못한 모든 법안이 '임기 만료 폐기'되고, 다음 대수 국회는 0건에서 새롭게 시작한다. 전 임기에 통과되지 않은 법안을 다시 발의하는 데 아무런 제약이 없어 '괜찮아 보이는 법'을 다른 사람보다 빨리 발의하려는 경쟁이 발생하게 된다. 임기 초 법안 발의가 많은 것은 이런 상황이 반영된 것이다.

임기만료 폐기된 법안은 ❶상임위 상정 후 법안소위로 회부했으나 소위 안건에 올라가지 못한 경우 ❷법안소위 심사를 마치지 못한 경우 ❸소위 심사는 마쳤으나 상임위에서 의결하지 못한 경우 ❹소관 상임위 심사를 마치고 법사위로 회부했으나 법사위에서 심사를 마치지 못한 경우 등이다.

임기만료 폐기된 법안 대부분은 ❷상임위 법안소위 심사 단계를 넘지 못한 것이다. 원인 분석이 필요하다. 단순히 안건의 순위에서 밀린 것인지(외부적 요인), 반대 의견이 있었는지(갈등적 요인), 발의만 해놓고 통과를 위한 노력을 하지 않은 것인지(내부적 요인) 검토해야 같은 상황의 반복을 피할 수 있다.

임기 초 무더기로 쏟아지는 법안 중 상당수는 '복사하기-붙여넣기' 법안이다. 베끼기 법안이라고도 하는데, 기존에 발의된 법안을 그대로 다시 내는 경우를 말한다.

다시 내는 법안이라고 해서 다 문제가 있는 것은 아니다. 재선된 의원이 전대에 본인이 대표 발의했던 법안을 다시 발의하는 경우가 있고(의원 본인 법안), 보좌진이 전대에 본인이 입안한 법안을 새로운 의원실에서 다시 발의하는 경우(입안자 본인 법안), 마지막으로 재선 또는 새로 당선된 의원(실)이 낙선자의 법안을 그대로 발의하는 경우가 있다(타인 법안). 의원 본인 법안과 입안자 법안은 문제 될 것은 없다. 둘 다 본인이 작성하고, 발의했던 법안이기 때문이다. 다만 새로 발의하고 통과를 위한 노력을 얼마나 기울이느냐에 달렸다.

문제는 타인 법안을 그대로 내는 경우이다. 다른 의원실이 냈던 법안을 다시 내려면 준수해야 할 규범이 있다. 준비 과정을 제대로 거쳐야 한다. 단체와 함께 만든 법안은 해당 단체와 다시 협의해야 하고, 행정부와 조율했던 법안은 행정부와 다시 협의해야 한다. 의원실 고유의 정책의제도 마찬가지다. 통과하지 못한 이유를 검토하고 수정하거나 재구성해야 한다. 토론회나 정책간담회, 세미나 등을 통해 논리를 풍부화할 필요도 있다. 이런 과정은 다른 의원의 정책을 자신의 책임 아래 이어가기 위한 최소한의 노력이다. 하지만 오로지 성과만을 위해 발의하는 법안은 이 모든 과정을 생략한다.

베끼기 법안의 두 번째 유형은, 이미 발의해 있는 법안과 동일한 내용의 법안을 발의하는 경우다. 일명 '숟가락 얹기' 법안이다. 똑같은 법안을 왜 내나 싶겠지만, 법안 발의 건수를 늘리기 수월하고, 법안이 통과되지 않거나 법안에 반대하는 의견이 있는 경우 유사 법안을 낸 다른 의원들과 책임을 나눠 질 수도 있다. 또한 통과될 경우 오롯이 자신의 성과로 홍보할 수 있다는 점에서 달콤한 유혹이다. 적극적으로 다른 사람이 낸 법안을 찾아다니는 '하이에나형' 의원도 있다.

법안이 중복 발의되는 것은 효율적 심사를 위해 여러 건의 개정안을 한꺼번에 심사하는 병합심사 관행 때문이다. '대안'은 원래 발의한 의안과 취지는 같으나 그 내용을 전면적으로 수정하거나 체계를 다르게 해 원안을 대신할 만한 내용으로 제출하는 것이다.[4] 대안 반영은 법안을 심사한 뒤 법안의 내용을 일부 또는 전부 반영한 위원회 대안을 제안하는 대신, 본회의에 부의하지 않기로 한 법안을 말한다. 병합 심사한 법안들은 한 건의 대안으로 만들어져 통과되고 '대안 반영'이라는 성과로 남는다. 법안을 먼저 발의했든 통과 직전에 발의했든 상관없다. 얼마나 오래 준비했는지, 얼마나 깊이 논의했는지도 중요하지 않다. 의견이 다른 사람과 대화하고, 흩어져 있는 사람들을 하나로 모으고, 협력하고 설득하고 조직해 공동의 결과물을 만드는 노력을 기울였는지 여부도 알 수 없다.

[사례] 2023년 7월 「가족관계의 등록 등에 관한 법률」 개정안의 통과로 '출생통보제'가 도입됐다. 의료기관이 출생 정보를 공적 기관에 통보해 아동의 출생을 확인할 수 있도록 하는 제도다. 기존 법은 자녀의 출생신고 의무를 부모에게 부여하지만, 신고하지 않더라도 정부가 이를 확인할 수 있는 근거가 없었다. 이 법안은 13건의 개정안을 병합해 하나의 대안으로 만든 것이다. 법안들이 발

---

[4] 출처 : 국회 의안정보시스템 https://assembly.go.kr/portal/main/contents.do?menuNo=600011

의된 시기는 크게 2020년, 2021년, 2023년으로 나눌 수 있다.

2020년 7월 16일에 신동근 의원이 발의한 개정안이 21대 국회 첫 번째 개정안이다. 신 의원 안은 2020년 9월 21일 법제사법위원회에 상정된다. 그 뒤 심사는 진행되지 않았고, 2021년 초 8건의 개정안이 무더기로 발의된다. (1월부터 3월까지 7건, 5월에 1건) 짧은 기간에 여러 건의 법안이 발의된 것은 출생 미신고 아동 사망 사건이 연이어 발생했기 때문이다. 2020년 11월, 전남 여수에서 출생신고가 되지 않은 2세 아이가 냉장고 안에서 숨진 채 발견됐고, 2021년 1월 인천에서 8세 아이가, 2월 경북 구미에서는 3세 아이가 숨진 지 수개월이 지난 뒤에 발견됐다. 이로 인해 여론이 들끓자 경쟁적으로 법안을 발의한 것이다. 하지만 실제 통과는 한참 뒤에야 이뤄진다. 정부안은 그로부터 1년 뒤인 2022년 3월에 제출됐고, 2023년 의원안 2건이 더 발의된다. 법안의 내용은 처음 발의한 신 의원 안과 대동소이하다. 2023년 6월 경기도에서 또다시 2명의 아이 시신이 냉장고 안에서 발견되면서 법 통과 요구가 높아졌고, 2023년 6월 28일 마침내 법사위 법안심사 제1소위원회에서 본격적 심사가 이뤄진다.

일련의 과정을 보자. 개정안이 꼭 13건이나 필요했을까? 만약 신동근 의원이 법안을 발의한 2020년 정기국회에서 심사가 완료됐더라면 나머지 법안은 발의할 이유가 없었다. 설사 그 법이 통과되지 않은 상황이라 하더라도 이미 발의된 법안과 유사한 법안을 꼭 자신의 이름으로 추가로 내야만 했을까? 행정부도 마찬가지다. 행정부는 심사과정에서 의견을 제출하면 된다. 의원 안과 유사한 법안을 별도로 제출할 이유가 없다. '사라진 아이'에 대한 관심이 법 개정으로 이어진 것은 바람직한 일이다. 하지만 그 사안이 아무리 중요한 것이라도 300명의 의원이 300개의 법안을 발의할 필요는 없다. 발의 건수가 많은 것과 법안이 제대로 논의되는 것은 전혀 다른 일이다.

유사한 법안이 여러 건 발의되는 것은 의원들이 여론에 따라 움직이기 때문이다. 일단 발의해서 여론의 관심을 끌고 나면 '나 몰라라' 하는 특성도 지니고 있다. 정치는 책임성과 반응성의 조화가 중요한데 이런 법안들은 반응만 있고 책임은 찾아보기 어렵다. 남보다 빨리 발의하려는 속도경쟁과 다른 사람이 먼저 발의한 법안을 무시하고 유사한 법안을 또 내는 양적 경쟁은 달라 보이지만 실은 같은 축에 놓인 두 개의 바퀴다. 두 바퀴가 폭주하면 입법부는 위기에 처한다. 입법 과정은 부실해지고 입법의 효능감은 낮아진다.

입법권의 남용을 막기 위해서는 '정치적 도덕률'이 필요하다. 규범은 강제력이 없어 약해 보이지만 사실 다른 어떤 제도보다 강하다. 막스 베버는 정치 영역의 치명적 죄악으로 객관성의 결여와 책임성의 결여를 꼽았다. 허영심은 두 가지 죄악을 범하도록 유혹하는 강력한 힘이라고 했다. 또, 객관성의 결여는 진정한 권력이 아니라 권력의 화려한 외관만을 추구하게 한다고 했다. 정치가의 무책임성은 실질적 목적 없이 단지 권력 그 자체를 즐기게 만든다는 점을 지적했다.[5] 부끄러움이 허영심을 누를 수 있도록 해야 한다. 다른 사람의 법안을 그대로 베껴서 발의하는 의원, 대외적 명분을 위해 발의만 해놓고 방치하는 의원, 여론에 즉각적으로 반응해 부실한 법안을 양산하는 의원은 부정적 평가를 받아야 한다. 의원들이 규범을 지키지 않는다면 법안 발의는 개인의 성과를 향한 끝없는 욕심의 아귀다툼이 될 뿐이다. 누구를 위한 법안 발의인지, 시민을 위한 것인지 자기 자신을 위한 것인지 스스로 돌아봐야 한다.

③ 누구를 위한 첫 번째 법안인가

21대 국회에 첫 번째로 접수된 의안번호 2100001은 박광온 의원이 대표발의한 '공공기관의 사회적 가치 실현에 관한 기본법안'이다. 1호로 접수하기 위해 보좌진을 5일간 의안과 문 앞에 대기시켜 거센 비판을 받았다.[7][8] 이 법은 문재인 전 대통령이 19대 국회의원이었던 2014년 발의한 법과 거의 동일하며 공공기관이

---

[5] 인용은 막스 베버, "소명으로서의 정치", 후마니타스(2021), p95.
[6] 정치 영역에서는 궁극적으로 두 종류의 치명적 죄악이 있을 뿐이기 때문이다. 객관성의 결여와 책임성의 결여가 그것이다. 허영심, 즉 가능한 한 자기 자신을 전면에 내세우려는 욕구는 정치가를 이 두 죄악 가운데 하나 또는 둘 다를 범하도록 유혹하는 아주 강력한 힘이다. 막스 베버, "소명으로서의 정치", 후마니타스(2021), p95.

정책을 수립하고 시행하는 과정에서 사회적 가치를 고려하도록 하는 내용을 담고 있다. 사회적 가치란 인권, 노동권, 안전, 사회적 약자 배려, 양질의 일자리, 상생 협력 등 공공의 이익과 공동체 발전에 기여하는 가치를 말한다. 법안의 구체적 내용을 보면, 사회적 가치를 실현하는 사업자에게 공공기관 우선구매와 우선참여 보장, 수의계약 허용 등 인센티브를 제공하고, 금융·재정·세제 지원을 하도록 하고 있다.[9]

문 의원의 법안은 임기 만료 폐기됐다. 20대 국회가 시작된 2016년 8월 김경수 의원이 유사한 법안을 발의한다. 한편, 문 의원은 2017년 대통령에 당선돼 5월부터 임기를 시작한다. 박광온 의원은 같은 해 10월 법안을 발의한다. 이제 여당이 됐으니 행정부와 함께 법 제정을 추진할 수 있는 환경이 갖춰졌다. 하지만, 이 법은 20대 국회에서도 별다른 소득 없이 임기 만료 폐기됐다. 이런 상황에서 박 의원이 노동 착취라는 비판까지 무릅써가며 떠들썩하게 21대 국회 1호 법안으로 접수한 것이다. 2020년 9월 같은 당 홍익표 의

---

[7] 이데일리, "새 국회 1호 법안, 박광온 '사회적 가치법'...정당 1호는 통합당" 2020-06-01
https://www.edaily.co.kr/news/read?newsId=03801526625797456&mediaCodeNo=257&OutLnkChk=Y

[8] 국회방송, "1호 법안, 박광온 '사회적 가치법' 제출" 2020-06-01
https://www.natv.go.kr/natv/news/newsView.do?newsId=45383

[9] 공공기관의 사회적 가치 실현에 관한 기본법안(문재인의원 대표발의) 전문위원 검토보고 (2014. 11) 기획재정위원회

원이 유사한 법안을 또 한 차례 발의한다. 이후 소관 상임위원회인 기획재정위원회에서 안건조정소위원회까지 열었지만 2021년 12월 말 이후 논의는 진전되지 않았다. 민주당은 통과시키려 했고, 보수정당은 통과시키지 않으려 했다. 교착 상태에서 2022년 5월 집권 정당이 다시 바뀌었다. 통과 가능성은 더 낮아졌다.

 이 법이 통과되려면 어떤 조건이 필요했을까? 사회적 가치에 대해 인센티브를 제공하고 지원을 하려면, 먼저 '사회적 가치'에 대해 합의해야 한다. 사회적 가치에 대한 합의는 사회적 경제 영역에 대한 공통의 이해를 기반으로 한다. 사회적 경제 영역에는 사회적기업, 협동조합, 마을기업, 자활기업, 농어촌공동체회사 등이 포함된다.

 합의를 이끌어 낼 기회가 있었다. 10여 년 전으로 거슬러 올라가 보자. 2014년에는 유승민(4월), 신계륜(10월), 박원석(11월) 의원 등 3인이 각각 <사회적경제기본법안>을 발의한 바 있다. 사회적 경제에 대한 합의를 기반으로 기본법을 먼저 제정하자는 취지였다. 이들 3인은 소속 정당이 모두 다르다. 보수정당과 진보 계열 정당 소속 의원이 나란히 발의한 만큼 협의의 공간이 넓었다. 유승민 의원은 원내대표 임기 중 교섭단체 대표 연설에서 사회적 경제를 지지하는 입장을 표명하기도 했다. 세 의원의 법 제정 취지가 크게 다르지 않으므로 사회적 경제를 아우르는 기본법을 제정할 수 있었다. 하지만 <사회적경제기본법>은 당시 여당이 추진하고자 했던 <서비스산업발전기본법>과 연동되면서 갈등의 요소가 오히려 더 커졌다. 여야 원내대표가 정기국회에서 처리해야 할 법안 중 하나로 두 법안을 각각 제안하면서 이후 사회적경제기본법은 민주당(새정치민주연합), 서비스산업발전기본법은 보수정당(새누리당)의 상징적 법안이 되고 만 것이다. 결국 두 법안은 서로의 발목을 잡으며 모두 통과되지 못했다.[10]

법안의 세부 내용은 다르지만 동일한 취지를 담고 있는 <사회적경제기본법안>, <공공기관의 사회적 가치 실현에 관한 법률안>, <사회적경제기업제품 구매촉진 및 판로지원에 관한 법안> 등 관련 법안은 19대 5건, 20대 6건에 이어 21대에는 10건이 발의됐다. 이전과 가장 큰 차이는 19대, 20대에는 보수정당 소속 유승민 의원이 발의한 법안이 있었지만 21대의 경우 대표발의자가 민주당과 정의당 소속 의원뿐이라는 점이다. 법안 개수는 늘었지만, 그로 인해 정당 상징성이 강해졌고 보수정당은 더욱 수용하기 어려운 법이 돼버렸다.

이처럼 어떤 법안은 정당의 정책적 입장을 명확히 보여주는 '상징법안'이 된다. 대통령도 스스로 앞세우는 상징법안이 있다.

---

10 "(소위원장 윤호중) 지난 정기국회 때 '정기국회 중에 사회적경제기본법과 서비스산업발전기본법을 합의 처리한다' 이렇게 여야 원내대표 간에 합의사항도 있었습니다. 그다음에 그 이후에 정기국회 중에는 이것을 합의처리를 하지 못했지만 이후에도 양당의 원내 지도부 사이에는 끊임없이 논의가 이루어지고 있는데 지금 그렇게 말씀을 하시면 사회적경제기본법만 안 되는 게 아니라 서비스산업발전 기본법도 통과시키는 것을 여당 측은 포기를 하겠다 이렇게 말씀하시는 것과 똑같은 의미라는 것을 한번 상기시켜 드립니다." 제338회-기획재정소위제1차(2016년1월8일)

정당과 대통령이 관심 법안을 앞세우면 같은 당 의원들이 유사한 법안을 발의하면서 뒤따르기도 한다. 자신의 '간판 법안'으로 삼고 싶은 것이다. 자신의 의정활동 방향과 정책 의지가 담긴 의원의 대표적인 법안도 이에 속한다. 어떤 법안은 명분을 위한 '방패 법안'이 되기도 한다. 방패 법안은 관련 단체나 조직, 지역의 요구에 부응하는 것으로, 이들에게 보여주기 위한 목적성을 띠고 있다. 이 법안은 통과되면 좋지만, 통과가 되지 않아도 상관없다. 발의 자체가 목적이므로 이후 책임성은 매우 떨어진다. 상징법안, 간판 법안, 방패 법안을 구분해서 바라볼 필요가 있다.

어떤 법안에 대해서는 정당들의 정책적 입장이 정반대로 나뉜다. 입장이 찬성과 반대만 존재하는 경우도 있다. 앞서 말한 '상징 법안'은 찬반의 대상이 되기 쉽다. 상징법안이 되는 게 통과에 도움이 될 수도 있고, 방해가 될 수도 있다. 타협으로 통과시킬 수 있는 법안이 있는가 하면, 민주주의 일반 원칙인 다수결을 동원해야 하는 법안도 있다. '어떤 법'의 갈등의 크기를 키우고, '어떤 법'의 갈등의 크기를 줄일지에 대한 판단은 전적으로 정당과 정치가의 몫이다. 정당 사이의 갈등이 심화되면 법안도 정책형이 아니라 공격형, 대립형이 강세를 보인다. 정당 간의 관계가 안정적일수록 법을 통한 문제해결이 한결 쉬워진다.

④ 어떤 법안이 발의되고 있나

표4 역대 국회 법안 발의 건수 상위 10위 현황 (단위 : 건)

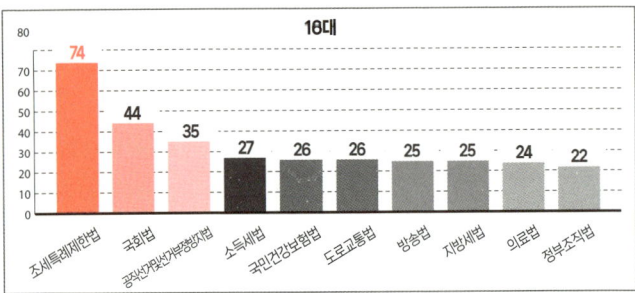

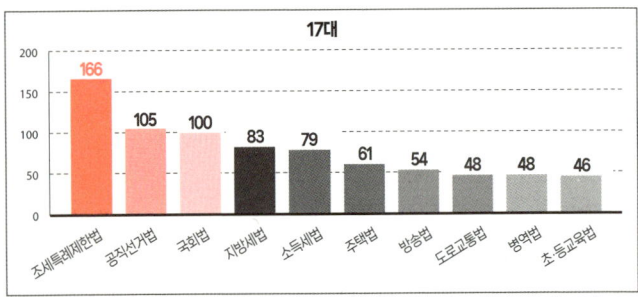

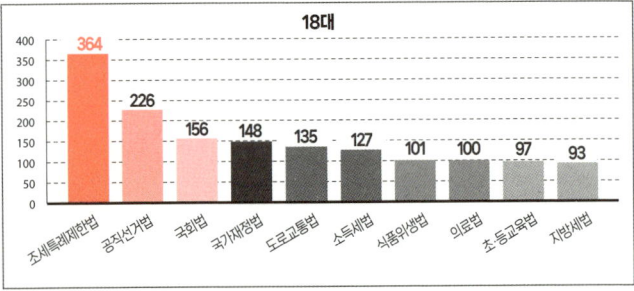

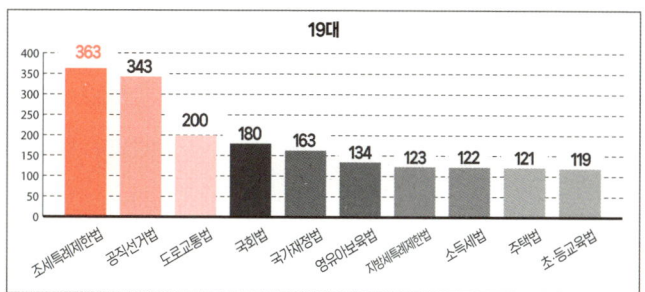

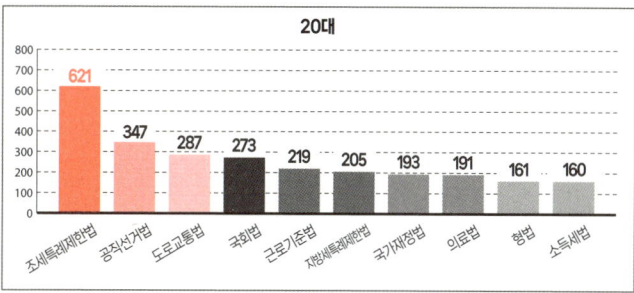

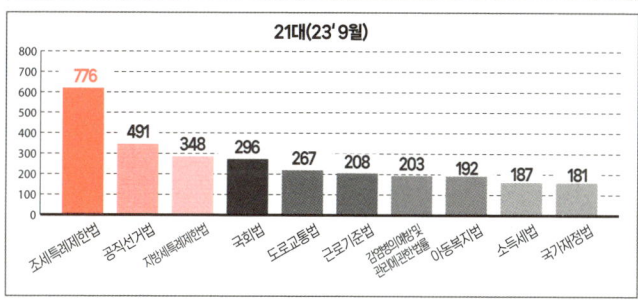

*출처 : 국회 의정분석서비스 (재구성 : 박선민)

16대 국회부터 21대 국회 하반기(2023년 9월)까지 법안 발의 상위 10위 현황을 살펴봤더니 부동의 1위는 「조세특례제한법」이다. 19대 국회 이후에는 「지방세특례제한법」도 등장한다. 두 법안을 더하면 1,000건이 넘는다(21대 기준). 이 법들은 조세와 지방세의 감면 또는 중과 등 조세특례와 제한에 관한 사항을 규정하는 법이다. 이 중 세금을 더 부과하자는 법안이 있을까? 대체로 지역구의 민원, 이익단체의 민원을 반영해 세금 감면의 대상을 넓혀주거나 중과를 덜어주자는 내용이다. 민원대행 법안이라고 볼 수 있다.

　그다음으로 많이 발의된 법안은 「공직선거법」과 「국회법」 개정안이다. 「공직선거법」은 선거 제도에 대한 규칙을 정하는 법이다. 「국회법」은 국회 운영에 관한 규칙을 정하는 법이다. 제도와 운영에 관한 규칙은 누가 정할까? 정당들이 한다. 의원이 아무리 좋은 법안을 발의해도 규칙에 관한 내용은 정당들이 타협해야만 통과시킬 수 있다. 그러니 이렇게 많은 법안을 개별의원이 낼 이유가 없다. 정당 안에서 의견을 모아 당론으로 발의해야 훨씬 더 강한 힘을 가질 수 있다. 「도로교통법」, 「아동복지법」 개정안도 최근 들어 많이 발의되고 있다. 「도로교통법」은 도로에서 일어나는 교통상의 모든 위험과 장해를 방지하고 제거해 안전하고 원활한 교통을 확보하는 것을 목적으로 하는 법이다. 교통사고와 관련한 보도가 나와 국민적 공분이 발생하면 「도로교통법」 개정안이 갑자기 많이 발의된다. 아동학대 사건이 발생하면 그다음 날

바로 「아동복지법」 개정안이 발의된다. 여론에 민감한 법안이고 그만큼 개정도 잦다. 「도로교통법」 같은 경우는 한 해에 몇 번씩 바뀌기도 한다. 개정한 지 몇 개월 지나지 않아 또다시 개정하기도 한다. 앞서서 법은 시민들이 수용을 통해서 완성된다고 했다. 특히 생활의 규율에 관한 법은 시민들이 받아들일 수 있는 시간이 필요하다. 이처럼 자주 법안이 개정되면 시민들은 수용은커녕 개정의 내용을 인지하기도 버겁다.

「국가재정법」 개정안도 많이 보인다. 21대 국회에 발의된 181건을 분석해 봤더니 예비타당성 조사에 대한 언급이 있는 개정안이 103건이었다. 예비타당성 조사 조항을 직접 개정하는 법안도 46건이나 된다. 예비타당성 조사는 총사업비 500억 원 이상, 국비 300억 원 이상 투입되는 대규모 사업에 대해서 사전에 타당성이 있는지를 검토해 국가 재정의 낭비를 줄이기 위해 만들어진 제도다. 지역에 대규모 사업을 원활히 추진하기 위해 기준을 완화하는 개정안이 많이 발의되고 있다. 역시 민원성 법안이다.

21대 국회에는 「근로기준법」 개정안도 200여 건 발의됐다. 그런데 2023년 9월 기준 처리된 법안은 18건에 불과하다. 내용상으로는 탄력근로시간제, 직장 내 괴롭힘 금지, 부당해고 구제절차 관련 법안 등 3건이라고 볼 수 있다. 많이 발의됐지만 통과율이 낮은 대표적인 법안이 「근로기준법」이다. 변화한 시대적 상황을 반영하지 못하는 낡은 「근로기준법」을 개정해야 한다는 의견이 강하게 대두되고 있지만, 제대로 다뤄지지 못하고 있다. 이 법의 개정을 위해서는 깊이 있는 토론이 필요하다. 시간을 들여 여야가 머리를 맞대고 최선의 대안을 찾아야 한다. 이런 논의가 귀하게 여겨져야 하고, 이런 논의를 주도하는 정당과 정치인이 사회적으로 높이 평가돼야 한다.

정치를 통해 할 수 있는 일

1) 정책 정당의 힘, 파산자 관련 법 (17대 국회)

2005년 발의했던 파산자 관련 법안의 경과를 살펴보겠다. 이 법안'들'은 민주노동당 경제민주화운동본부의 사업에서 비롯한 것이다. 당시 개인파산제는 변제능력을 상실한 개인의 사회적·경제적 재기를 위해 마련한 제도로 선진국에서는 활성화됐지만 우리나라는 까다로운 면책 조건 등으로 유명무실하게 운영되고 있었다. 2005년 2월 노회찬 의원은 파산 절차를 간소화하고 비용을 축소해 파산 신청을 원활히 할 수 있도록 하는 내용의 「파산법」 개정안을 발의하고 한 달 만에 통과시킨다. 그런데 개별법에서 여전히 자격, 면허, 영업허가의 결격사유 등에 '파산선고를 받고 복권되지 아니한 자'를 명시하고 있어 파산이나 개인회생을 진행할 경우 자격·면허가 정지돼 해고되거나 직업 활동을 할 수 없는 상황이었다. 이에 민주노동당은 「파산법」 개정 후속 사업으로 파산자에 대한 불이익을 해소하는 개정안 79개를 마련하고 소속 의원들이 소관 상임위별로 나눠 맡아 일괄 제출한다. 이 중 26개의 법안이 통과됐다. 우리 의원실이 맡았던 보건복지 분야의 경우 개정안 통과에 따라 장애인 의지·보조기 기사, 의사, 치과의사, 한의사, 간호사, 간호조무사 등 의료인, 임상병리사, 방사선사, 물리치료사, 작업치료사, 치과기공사, 치과위생사, 의무기록사, 안경사 등 의료기사, 응급구조사, 약사, 한약사, 사회복지사 등이 파산 신청 이후에도 직업을 가질 수 있게 됐다.

광범위한 직업군에 영향을 미친 법안은 중앙당이 주도해 만들었고 당의 내부 기관인 경제민주화운동본부와 지역조직의 사업과 결합해 있었다. 정책 설계와 대시민 활동을 정당이 맡았기에 의원실은 법안 심사에 집중할 수 있었다.

당시 강기갑 의원은 당사자들과 만난 자리에서 "개별적인 접근으로 문제해결은 어림도 없다"며 "전국적인 조직을 만들어 집단적으로" 행동하라고 말한다. 정치적 힘은 조직에서 나온다. 개인이 개인으로 존재하면 그 의견은 민원에 그치지만, 개인들이 모여 집단을 구성하면 사회적 의제가 된다. 정책은 의견을 조직화하는 과정에서 만들어져야 하고, 이를 통해 정당의 기반도 강화될 수 있다. 정책 정당은 의견의 조직화를 잘하는 정당이다. 그런 점에서 민주노동당은 정책 정당의 면모를 갖추고 있었다. 지금 널리 시행되고 있는 무상급식, 저상버스, 영유아 무상 예방접종 등은 진보정당이 발굴한 정책이었으며, 정책을 중심으로 정당의 각 단위가 유기적으로 움직였다. 정당 내부적으로는 중앙당과 선출직 정치인, 지역조직과 당원이 함께했고, 정당 밖으로는 관련 단체와 연대했다. 원내에서는 정부와 여당을 설득해 정책을 수용하게 했고 야당의 협조를 통해 입법에 성공할 수 있었다. 정당은 정책으로 경쟁해야 하며 정당의 정책은 조직화의 과정이자 결과여야 한다.

2) 희망을 전하다, 헬렌켈러법 (20대 국회, 2019년 10월 통과)

<장애인복지법>은 장애를 신체적 장애와 정신적 장애로 구분하고 있고, 동 시행령에서 장애 유형을 지체, 뇌병변, 시각, 청각, 언어, 지적, 자폐성, 정신, 신장, 심장, 호흡기, 간, 안면, 장루·요루, 뇌전증 장애 등 총 15가지로 분류한다. 만약 두 가지 이상의 장애를 갖고 있는 경우 별도의 장애 유형이 아닌 중복 장애로 본다.

그렇다면 시청각 장애인은? 시각 및 청각 기능이 동시에 손상된 시청각 장애인은 시각 장애인이나 청각 장애인과 다르다. 다른 어떤 유형의 장애와 비교해도, 이들이 가진 복지 욕구와 비슷하지 않다. 이들은 의료 접근성이 열악하고, 일상생활에서 도움이 필요한 정도가 매우 높다. 예를 들어, 의사소통을 위해 시각 장애인은 점자, 음성 도서 등을, 청각 장애인은 수화, 큰 문자 등을 사용할 수 있으나, 시청각 장애인은 수화 통역을 받더라도 '일대다'가 아닌 '일대일'로 지원이 이루어져야 하며 시력을 모두 상실

한 경우 촉수화(상대방이 구사하는 수화를 손으로 만져서 이해하는 방법)를 사용해야 한다.

이런 시청각 장애인의 특성을 고려해 외국에서는 시청각 장애를 장애의 한 종류로 분류하고 별도의 지원센터를 설치해 자립생활을 위한 각종 교육을 실시하거나 의사소통 지원 전문 인력을 양성·파견하는 등 다양한 지원 서비스를 제공하고 있다.

미국은 연령에 따라 구분해 지원하고 있다. 아동과 청소년은 장애인교육법(IDEA), 성인은 1967년 제정된 헬렌켈러법(Helen Keller Act)에 의해 지원이 이뤄진다. 각 법에 따라 아동과 청소년은 국립시청각장애센터(National Center on Deaf-Blindness, NCDB)가 기술지원을 제공하고 주정부가 지원을 책임지고 있다. 성인은 연방 차원에서 지원이 이뤄지고 헬렌켈러법에 의해 설립된 국립헬렌켈러센터(HKNC)가 담당하고 있다. 미국은 시청각장애가 예측될 경우도 지원한다는 특징이 있다.[11]

독일의 장애에 대한 법적 개념은 2018년을 기점으로 새롭게 수정됐다. 사회법전 제9권 제2조에서 장애인이란 '신체적, 정서적, 지적 또는 감각적 침해를 가지고 있으며, 그 침해와 관점과 환경에 근거한 장벽의 상호작용에 의한 높은 개연성으로 6개월 이상 사회에

---

[11] 한국보건사회연구원, "시청각장애인 실태조사" 보고서, 2020.

동등한 권리를 가지고 참여하는데 어려움을 가질 수 있는 사람들' 이라고 정의하고 있다. 청각장애인 및 시청각장애인의 의사소통 지원은 '장애를 가진 사람들의 동등한 대우를 위한 법(Gesetz zur Gleichstellung von Menschen mit Behinderungen: BGG, 장애인 동등대우법)'에 근거한다. 이 법에 따라 독일수어와 구어수반수어가 고유한 언어로 인정되고 있으며 적합한 의사소통 지원을 사용할 권리를 가진다. 관공서는 시청각장애인이 선호하는 의사소통 방식을 적합하게 무료로 제공할 의무가 있으며 이에 필요한 비용을 부담해야 한다. 시청각장애인을 위한 통역보조인은 여러 영역에서 활동하고 있다고 한다.[12]

그간 우리나라는 시청각 장애가 별도의 장애 유형으로 분류되지 않아 정확한 실태 조사도 이루어지지 않았고, 체계적인 지원도 없었다. 법에 아무런 근거가 없어서 발생한 문제. 이에 시청각 장애를 별도의 장애 유형으로 명시한 이른바 '헬렌켈러법'이라 불린 「장애인복지법」 개정안을 발의했고, 2019년 통과됐다. 이에 따라 국가와 지방자치단체는 시청각 장애인을 위해 의사소통 보조 기구를 개발·보급하고, 의사소통 지원 전문 인력을 양성·파견하기 위해 노력해야 하며, 시청각 장애인을 대상으로 한 전

---

[12] 한국보건사회연구원, "시청각장애인 실태조사" 보고서, 2020.

담 기관을 설치·운영하는 등 필요한 시책을 강구해 시청각 장애인에게 필요한 서비스를 제공해야 한다. 법에 따른 지원이 이뤄진다면 시청각 장애인들의 자립적 삶의 기반이 될 것이다. 법안 통과 후 당사자들과 만났을 때 "이제 시청각장애인들이 세상 밖으로 나올 수 있게 됐다"며 눈물을 흘리며 기뻐했다. 이럴 때 일하는 보람을 느낀다.

법이 통과된 이후 처음으로 실시된 시청각장애인 실태조사에 따르면 2020년 6월 기준 시각 및 청각 중복장애인은 9,249명으로 전체 등록 장애인의 0.35%였다.

3) 영화의 힘, '다음 소희' (21대 국회, 2023년 3월 통과)

2023년 2월 8일 개봉한 영화 '다음 소희'는 2017년 한 통신회사의 콜센터로 현장실습을 나갔던 특성화고 3학년 학생이 스스로 목숨을 끊은 사건을 담았다. 당시 현장실습생이 맡았던 업무는 인터넷이나 휴대전화 계약 해지를 방어하는 것으로, 감정 소모가 극심하고 노동강도가 높아 성인 상담사에게도 힘든 업무로 꼽힌다. 그는 고객 응대 횟수인 이른바 '콜수'를 못 채워 야근을 했고 얼마 되지 않는 급여도 깎였다고 한다.

현장실습생 문제는 하루 이틀 일이 아니다. 2011년 자동차업체에서 장시간 야간노동을 하던 학생이 뇌출혈로 쓰러졌고, 2012년 울산 신항만 공사 작업선 전복 사고, 2014년 울산 자동차 하청업체 공장 지붕 붕괴 사고, 2017년 제주 생수 공장 안전사고로 실습생 사망한 데 이어 2021년 10월 여수에서 요트업체로 현장실습을 나간 학생이 작업 중 사망한다. 잠수작업은 전문가들도 위험한 일이라고 하는데, 안전장치도 관리자도 없이 배 하단의 이물질 제거 작업에 홀로 투입된 가운데 발생한 사고였다.

사고가 발생할 때마다 이런 일이 두 번 다시 생겨서는 안 된다고 이구동성 말한다. 2021년 사고 이후 여야는 앞다퉈 현장실습 사고 방지 법안을 발의하고, 2022년 3월 대선 과정에서 주요 후보들 또한 현장실습생의 노동권 보장을 약속했다.

우리 의원실은 2022년 1월 현장실습생들에게도 근로기준법을 준용할 수 있도록 하는 법안을 발의했다. 기존 「직업교육훈련 촉진법」은 현장실습 과정에서 발생하기 쉬운 안전사고 및 과도한 근로로 인한 피해를 막기 위해 「근로기준법」의 일부 조항을 준용하도록 하고 있었다. 이는 휴게 시간, 유해·위험한 업무 금지, 갱내근로의 금지, 생리휴가 등에 한정돼 충분하지 않았다. 강제 근로 금지, 폭행의 금지, 중간착취의 배제, 직장 내 괴롭힘의 금지 등은 해당되지 않았다. 이에 현장실습생들이 직업 현장에서 충분히 보호받을 수 있도록 법을 개정안을 발의한 것이다.

하지만 영화 개봉 전까지 별다른 진전은 없었다. 영화 <다음 소희>는 2023년 2월 8일 개봉했다. 그로부터 얼마 지나지 않은 2월 25일 민주당 이재명 대표가 영화를 언급하며 법 개정 입장을 표명한다. 그리고 약 한 달이 지난 2023년 3월 30일 개정안이 통과된다. 2011년, 2012년, 2014년, 2017년, 현장에서 쓰러진 실습생들을 생각하면 늦어도 너무 늦은 것이다. 만약 준비된 법안이 없었다면 이번에도 아무런 진전이 없었을 것이다. 영화의 힘에 감사드리지만, 영화가 아니어도 논의될 수 있어야 했다.

아직 남은 과제도 있다. 현행 「중대재해 처벌 등에 관한 법률」상 종사자의 범위에 현장실습생은 포함되지 않는다. 「산업재해보상법」에서 포함하고 있는 것과 차이가 있다. 중대재해 처벌에서도 종사자의 범위에 현장실습생을 포함하도록 법을 개정해야 한다.

4) "오래 걸렸습니다" 쌍용자동차 국가손해배상 사건 소취하 촉구 결의안(21대 국회, 2021년 8월 통과)

"의사 일정 제45항 쌍용자동차 국가손해배상 사건 소취하 촉구 결의안을 상정합니다." 심사 보고와 투표가 진행되고, 마침내 투표가 끝났다. 국회의장의 목소리가 들렸다. "투표 결과를 말씀드리겠습니다." "재석 153인 중 찬성 106인, 반대 40인, 기권 7인으로서 쌍용자동차 국가손해배상 사건 소취하 촉구 결의안은 행정안전위원회의 수정안대로 가결됐음을 선포합니다." 국회의장이 의사봉을 두들긴다. 2021년 8월 26일, <쌍용자동차 국가손해배상 사건 소취하 촉구 결의안>이 발의 11개월 만에 통과됐다. 국회에서 '쌍용자동차 사건'에 대해 최초로 의견을 표명한 것이다.

결의안은 통상 다른 법안 심사를 마친 뒤에 표결한다. 쌍용차 소취하 촉구 결의안은 이날의 마지막 안건이었다. 투표 직전 상황을 보면 표결이 불성립할 가능성도 있었다. 법안 표결 이후 의원들이 본회의장을 급속도로 빠져나갔기 때문이다. 법안 표결이 막바지에 다다르자 재석 인원이 187인에서 164인으로 줄어들었고, 동의안 표결 때는 160인만 남았다. 재석 인원이 150인 이하로 줄어들면 의결정족수가 안 된다. 결의안 표결에 참여한 인원은 153인. 아슬아슬했다. 반대와 기권으로 표결에 참여해 주신 의원들께도 감사했다.

2009년 8월, 전국금속노동조합 쌍용자동차지부 노동조합원들이 사측의 대규모 정리해고에 반대하며 벌였던 77일간의 파업은 경찰의 대대적인 진압으로 종료됐다. 대테러 장비인 테이저 건을 사용하고, 헬기와 기중기를 동원하고, 1년 치 최루액의 95%를 살포하는 등 전쟁을 방불케 하는 작전이 펼쳐져 큰 논란이 됐다. 그해 여름 나도 몇 날 며칠을 평택 쌍용자동차 공장 앞에 있었다. 가만히 있어도 땀이 줄줄 흐르는 무더운 여름날이었다.

정치가 무엇을 해야 하는지, 무엇을 할 수 있는지 알 수 없는 시간이었다. 막후에서 해결을 위해 애쓰는 정치인들이 있었지만 거기까지였다. 비극적 사태 앞에서 정치가 멈춰버린 첫 경험이었다. 우리 사회에 깊은 상처를 남겼던 쌍용자동차 사태는 그로부터 6년이 지난 2015년 12월, 해고자 복직, 쌍용차 정상화 방안 마련, 손해배상 가압류 취하, 유가족 지원대책 등에 대해 노사가 합의하면서 일단락됐다. 2016년 2월 22일, 복직자들은 다시 공장에

출근했다. (전원 복직까지는 이후로도 오래 걸려 2020년 5월에 이르러서야 마지막 복직자들이 출근했다.)

비극은 거기서 끝이 아니었다. 경찰은 쌍용차 노동자들을 진압하는 과정에서 헬기 등 경찰장비가 파손됐다며 전국금속노동조합 쌍용자동차지부 외 103명에게 손해배상 청구 소송을 제기했다. 법원은 2013년 1심에서 14여억 원, 2016년 2심에서 11여억 원을 배상하라고 판결했다. 재판이 진행되는 동안 하루에 62만 원의 지연이자까지 붙어 손해배상액은 눈덩이같이 불어 29억 원에 이르렀다. 고통받던 노동자와 가족 서른 명이 세상을 등졌다.

문재인 정부 출범 후 경찰청에 꾸려진 인권침해사건 진상조사위원회는 쌍용차 파업 진압 과정에 국가폭력이 있었음을 인정하고 소취하를 권고했다. 민갑룡 전 경찰청장은 공권력 남용에 대해 고개 숙여 사과했다. 국가인권위원회도 2019년 12월 대법원에 "거액의 손해배상 청구 소송을 제기하는 행위는 그 정당성이 상당히 결여됐다"는 의견서를 제출했다. 하지만 경찰은 "대법원의 최종 판단을 받아볼 필요가 있다"며 노동자들을 대상으로 한 손해배상 소송을 취하하지 않았다.

이런 상황에서 2020년 21대 국회가 출범한 첫해에 손해배상 소송 취하를 권하는 결의안을 발의했다. 국회의원 117명이 참여했다. 결의안에는 경찰청이 쌍용차 노동자들을 대상으로 청구한 손해배상 소송을 취하하고, 국가폭력 피해자인 쌍용차 노동자와 가족들의 명예회복을 위한 실질적 대책 마련을 촉구하는 내용이 남겼다. 또 위법·부당한 지시로 강제진압 현장에 투입됐다가 부상과 정신적 고통을 겪은 경찰들에 대한 적절한 치유 노력을 다할 것을 촉구하는 내용도 담았다.

국회 결의안 하나가 비극과 고통을 없었던 일로 만들지는 못할 것이다. 그들의 삶을 2009년 이전으로 돌려놓지도 못할 것이다. 그럼에도 국회에서 입장을 표명하는 행위는 중요하다. 정치의 역할은 평범한 사람들의 삶을 보호하는 데 있기 때문이다. 당신들의 고통을 안다고, 당신들을 위해 일하겠다고, 당신들이 걱정 없이 일상을 살아가도록 하겠다고, 당신들을 대표해 당신들의 목소리를 전하겠다고 말하고 싶었다. 이게 내가 정치를 하는 이유다. 2021년 8월의 내가 2009년 8월의 나에게 말한다. 오늘 정치가 해야 할 역할을 했다고. 그러니까 포기하지 말고, 지치지 말고 해야 할 일을 하라고.

결의안이 통과되고 1년 3개월이 지난 2022년 11월 30일, 대법원은 국가의 쌍용자동차 노조 등에 대한 손해배상 청구 사건에서 노조 및 조합원들의 배상책임을 인정했던 원심을 파기·환송했다.[13]

---

[13] 대법원 2022. 11. 30. 선고 2016다26662, 26679, 26686 판결

5) 노란봉투법, 노동조합 및 노동관계조정법 개정안

노동자를 상대로 한 거액의 손해배상 소송(이하 손배소)을 막기 위한 「노동조합 및 노동관계조정법(이하 노조법)」 개정안의 별칭이 '노란봉투법'이다. 2009년 쌍용자동차 파업 이후 회사가 쟁의행위로 입은 피해에 대해 거액의 손배소를 노동자에게 제기하자, 시사주간지 시사인 독자 한 분이 4만 7,000원을 노란봉투에 담아 보냈던 데서 시작한다. 시민 10만 명이 동참해 47억 원에 달하는 손해배상(이하 손배)을 갚을 수 있게 하자는 것이었다. 47억 원 손배는 노·사 합의로 쌍용자동차 측이 소취하를 했다. 하지만 경찰장비 파손 등으로 국가 손배소는 그대로 진행됐다. 앞서 결의안에 담은 내용이 바로 국가 손배소 부분이다.

노란봉투법에 대한 사회적 관심이 다시 높아진 것은 2022년 여름이다. 대우조선해양 하청노동자들이 조선업 하청 노동조합 최초로 파업했다. 조선업 불황기에 하청노동자들의 임금은 30%가 깎였다. 불황기가 지났으니 깎인 임금을 인상해 달라는 것이 요구였다. 임금은 그들이 소속된 하청기업에서 깎은 게 아니다. 하청업체에게 공사대금을 준 조선업 원청이 깎은 것이다. 하청업체 사장들은 본인들도 어떻게 할 수 없으니 원청에 가서 이야기하라고 했다. 그런데 원청인 대우조선해양(현재 한화오션)은 교섭을 거부했다. 자기 직원이 아니라는 이유다. 어쩌겠나? 하청 노조는 2022년 6~7월 사업장을 점거해 쟁의행위를 벌였고, 51일 뒤

파업은 끝났다. 더 큰 문제는 그 이후였다. 노동자들에게 470억 원 손해배상이 날아들었다. 쌍용차 47억 원이 대우조선해양 470억 원으로 10배가 된 것이다.

최근 손배는 간접고용 사업장 문제로 대두됐다. 원청이 하청노동자는 자기 소속이 아니라고 단체교섭을 거부해서 문제가 발생했기 때문이다. 이를 해결하기 위한 법안이 바로 노란봉투법이라 불리는 노조법 제2조(정의)·제3조(손해배상 청구의 제한) 개정안이다.

개정 내용을 구체적으로 살펴보자. 먼저 사용자 정의 개정 부분이다. 기존 법 제2항 2호의 후단에 "근로계약 체결의 당사자가 아니더라도 근로자의 근로조건에 대해 실질적이고 구체적으로 지배·결정할 수 있는 지위에 있는 자"를 포함했다. 이 조문은 어디서 근거했느냐, 행정법원 판결문에 나오는 표현이다.

택배기사들의 급여는 택배 수수료로 결정된다. 그런데 택배 수수료는 택배기사들이 공식적으로 소속(위탁계약)된 택배 대리점에서 알아서 결정하는 게 아니다. 택배 대기업이 정한다. 물품 분류 작업과 같은 업무도 택배 대기업이 정한다. 그러면 택배기사들은 대리점이 아니라 택배 대기업과 교섭해야 한다. 교섭을 거부한 대기업에게 중앙노동위원회는 교섭에 응하라고 명령했지만, 이 명령조차 거부한 택배 대기업은 행정소송을 낸다. 서울행정법원은 노조법상 대기업이 택배기사들의 사용자가 맞으니 교섭을 하라고 2023년 1월 판결을 내렸다.[14] 법원이 법의 미비점을 보완하는 판결을 내리는 경우가 있다. 이 판결은 법안이 통과되는데 유력한 근거가 됐다.

다음으로 중요한 의미는, 쟁의행위의 개념이 바뀐다는 점이다. 우리 노조법은 쟁의행위의 범위를 매우 좁게 규정하고 있다. 사업주가 임금을 체불하면 노동자가 파업할 수 있을까? 없다. 단체협약을 사용자가 위반하면 노동자는 파업할 수 있을까? 없다. 회사가 정리해고를 하면 파업할 수 있을까? 없다.

현재는 미래의 노동조건, 내년에 적용될 임금을 얼마로 할지 결정하는 것에 대해서만 쟁의가 가능하기 때문이다. 결정된 임금을 회사가 약속대로 주지 않으면 어떨까? 현재의 노동조건에 발생한 문제라 쟁의가 안 된다. 노동자에게 정리해고는 생계가 직접 걸린 일인데, 경영 사안이라고 파업이 안 된다. 쌍용차 파업을 불법 파업이라고 했던 이유 중 하나가 바로 파업의 목적이 정리해고 반대였기 때문이다.

법에서 '결정'이라는 단어 하나를 빼는 것으로 바뀐다. 결정을 삭제하면, 미래의 노동조건만이 아니라 단체교섭이나 법률 등으로 확립된 현재의 노동조건에 대해서도 쟁의행위가 가능하다. 노

---

14 "노조법 상의 사용자는 근로자와의 사이에 사용종속관계가 있는 자뿐만 아니라 기본적인 노동조건 등에 관하여 그 근로자를 고용한 사업주로서의 권한과 책임을 일정 부분 담당하고 있다고 볼 정도로 실질적이고 구체적으로 지배·결정할 수 있는 지위에 있는 자도 포함"- 서울행정법원 2021구합71748

동자의 삶에 직접적인 영향을 미치는 정리해고, 단체협약 위반, 임금체불 등에 대한 쟁의행위가 가능해진다. 노란봉투법은 앞으로 수백만의 미래세대가 결사의 자유를 향유하게 되는 규칙을 만드는 일이다. 보수를 설득할 수 없는 법이라고 생각하지 않는다. 이런 법안이 차분히 논의되지 못하는 정치 상황이 못내 아쉽다.

타협할 수 없는 갈등은 없다

서두에서 정치에서의 갈등은 사회적 갈등을 약화시키는 힘을 가지고 있다고 했다. 그런데 지금의 정치는 의원들 간 경쟁만 남아 있다. 오로지 선거에서 이기는 데만 관심이 있다. 누가 대통령이 되는지에 사활을 건다. 그러다 보니 단기 성과에 집착한다. 여론이 가장 중요한 판단 기준이 된다. 여론에만 반응하면 책임성은 떨어진다. 이 상황에서 벗어나야 정치가 제 역할을 할 수 있다. 갈등이 국회 안에서 증폭되는 게 아니라 갈등을 해결하는 모습을 통해 정치의 가능성이 확인돼야 한다.

어디서부터 어떻게 개선해 가야 할까? 개별 정치인을 욕하는 것은 당장은 시원하지만, 현실을 바꾸는 힘을 갖지 못한다. 정당의 역할이 중요하다. 정치는 정당들이 운동장을 함께 쓰는 일이다. 정당들이 튼튼해야 하고, 정당들의 협력관계가 좋아야 좋은 정치가 가능하다. 정당은 정책 경쟁을 통해 권력을 획득해야 한다. 정당 간 대립과 반목이 아니라 사회적 갈등을 얼마나 평화적으로 잘 관리하느냐가 정치의 실력과 수준을 판가름하는 기준이 돼야 한다.

정당은 노동조합과 같은 결사체를 통해 기반을 강화해야 한다. 사회적 기반이 약한 정당은 뿌리가 없는 것과 같다. 물 위에 뜬 낙엽처럼 여론의 흐름에 따라 흘러가게 된다. 정치는 시민들이 수동적으로 반응하고, 화를 내게 할 것이 아니라 조직하고, 참여하게 해야 한다. 정당과 노동조합, 시민의 공적 참여가 맞물려 돌아갈 때 정치가 좋아질 수 있다. 우리의 정치가 개인의 발전, 평등의 확산, 안전하고 편안한 사회를 만들어가는 본연의 역할에 충실할 수 있길 바란다.

대의제, 직선제, 노동조합의 리더십은 어떻게 적용돼야 하는가

김명환

1991년 차량검수원으로 철도청에 입사했다. 1994년 전국기관차협의회 파업으로 처음 구속과 해고 이후 30년 동안 3번의 해고와 3번의 구속, 3번의 복직을 겪었다. 2013~2014년 철도노조 위원장을 역임하며 철도 민영화 저지 투쟁을 주도했다. 2015년에는 중앙노동위원회 노동자위원, 2018년부터 2020년까지 민주노총 9기 위원장을 맡았다. 현재는 철도공사 청량리차량사무소에서 일하고 있다. 사단법인 세계노동운동사연구회 이사장, 사단법인 평화철도 이사 겸 집행위원장으로도 있다.

대의제, 직선제, 노동조합의 리더십은 어떻게 적용돼야 하는가

한국노동운동의 역사 속에서 바라보는 노동조합과 민주주의

저는 철도 현장에서 일하고 있는 노동자다. 철도노조, 민주노총에서 위원장 역할을 마치고 지금은 꼬박꼬박 집회에 나가는 열성 조합원이기도 하다. 요즘 노동조합 마크가 선명하게 박힌 조끼를 입고 거리를 활보할 때 마음들이 어떤지 묻고 싶다.

노동조합 조끼는 단순한 조끼가 아니었다. 과거 1987년 노동자 대투쟁을 거치며 1990년대, 2000년대 초반까지 자신들의 희생을 통해 민주주의와 사회발전, 노동자들의 정치적·경제적 지위를 높여왔단 자부심의 상징이었다.

그런데 요즘은 노동조합 조끼 입은 사람들을 어떤 상징으로 보나? '실력도 없는 사람들이 집단의 힘만으로 자신들의 기득권만 추구하는 이기적인 집단'으로 많이 보는 것 같다. '국민 밉상'이란 말로도 불린다.

가장 민주적이고 자주적인 조직 운영을 통해 노동자들의 인간다운 삶을 만드는 유력한 수단인 노동조합이 어떻게 하다 무능과 고립의 대명사가 됐을까.

조합원의 참여, 지도부의 리더십 같은 크기로 함께 가는 두 바퀴

한국의 노동조합 규모는 작게는 수 명이기도, 크게는 수만 명이기도 하다. 민주노총 금속노조 현대차지부가 5만 명쯤 규모다. 단일노조로 학교비정규직노조가 6만 명 규모다. 철도노조는 조합원이 2만 3,000명쯤 된다. 국가 단위 총연맹으로 보면 한국노총과 민주노총 모두 각각 100만 명이 넘는 규모다. 규모의 차이가 있어도 목표는 같다. 노동조합 조직은 조합원의 이익을 위해서, 노동조합의 사회적 위상을 높이기 위해서, 노동운동이 지향하는 목표를 실현하기 위해서 존재한다.

노동조합의 실력과 역량은 노동조합의 의사결정 방식, 조합원의 참여 방식, 집행 과정의 요소가 화학적으로 결합된 노동조합 민주주의로 발휘된다. 거기서 노동조합의 활동을 이끌어 가는 지도부에 대한 신뢰는 매우 중요한 요소 중의 하나다. 이런 노력이

모여 노동조합을 넘어 우리 사회에, 노동자들의 장기적 이익을 가져다주는 것이 노동운동의 역할이기도 하다.

최근 기업별 중심의 노동조합 운동이 '단기적인 이익을 추구하는 부분이 많아졌다'라는 이야기를 듣는다. 조합원이 직접 노동조합 활동에 참여하고 개입하는 다양한 방식으로 그것을 되레 강화하기도 한다. 그 방식은 '위원장 직선제', '집행부 불신임 투표', '대의원 직접 선출' 등이다. 즉, 조합원들은 노동조합 지도부들이 자신들의 요구(조합원들의 단기 실리적 경향성)를 적극적으로 관철할 수 있도록, 노동조합의 활동 방향과 결과에 직접 참여하는 방식을 매우 선호한다.

민주노총 대공장 사업장들의 대표자 선출 과정의 투표율은 매우 높다. 후보들도 많이 나온다. 후보들은 자신의 임기 동안 단기적으로 조합원들에게 이익을 줄 수 있는 방안을 조합원들 앞에 제시하고, 지지를 요청한다. 이후 당선된 노동조합 지도부가 조합원들이 요구했던 내용(단기적 실익)을 이행하지 못하면 임기 중에도 조합원들은 직접 투표를 통해 불신임하고 집행부를 교체한다. 모든 사업장이 다 그렇지는 않겠지만 주요 사업장들, 특히 대규모 사업장에서 벌어지고 있는 현상이다.

이러다 보니 노동조합 지도부 또는 선출된 노동조합 위원장 입장에서 노동조합 조직 운영은 어떻게 진행될까? 첫 번째로는 본인이 결단해서 결정할 수 있는 재량권이 많이 줄어든다. 조합원들이 직접 결정하는 과정 속에서 위원장 자신의 직위에 대한 불안정성이 높아지기 때문이다. 넓게 결정하고 충분히 토의하기보다는 단기적으로 판단하는 부분들이 더 많아질 수 있다.

이런 상황에서 함께 고민해 볼 문제들이 생긴다. 과연 이런 노동조합 활동들이 구조조정, 정리해고 또는 기술의 발전과 디지털화로 인한 인력 감축, 자동화 등 해결해야 할 과제에 적절히 대응하고 막아내고 노동자들의 고용안정 투쟁에서 계속 완전하게 승리할 수 있을까 하는 문제다. 아무리 지도부가 전투적이어도, 아무리 조합원들의 총의를 받아서 파업 찬반 투표율과 찬성률이 90% 가까이 나와도 자동화를 멈추지 못했다. 기술의 발전에 근거한 현장 인력 감축을 막아내기도 점점 어려워지고 있다.

민주노총의 경우 조합원들이 단위사업장 대표를 직접 선출하고, 활동에 참여하는 흐름이 이제는 지역본부, 산별노조 그리고 총연맹까지 확대됐다. '민주노총 위원장 직선제'를 결정하고 10년째 네 차례 위원장 직접선거를 했다. 직선 4기 위원장이 임기 중이다. 저는 두 번째 직선제로 선출된 위원장이었다. '민주노총 위원장 직선제'가 집중적으로 논의되기 시작한 2000년대 중후반 상황을 살펴볼 필요가 있다. 그래야 왜 지금 네 번의 직선 위원장을 선출한 민주노총에서 '민주노총 위원장 직선제'가 '조직혁신'과 '지도력 확립'을 목표로 한 지렛대로 작동하고 있지 못한지 유추해 볼 수 있다.

민주노총에는 2004년부터 당혹스런 상황들이 벌어졌다. 1년 동안 대의원대회가 단 한 번도 제대로 성사되지 못했다. 성원이 안

돼 의사진행을 충분히 진행하지 못했고 유회를 거듭했다. 당시 보수언론의 일면을 장식한 '민주노총 대의원대회 신나와 소화기 난무'라는 원색적인 타이틀을 기억하시는 분도 있을 것이다. 그런 폭력 사태 또는 집행 기능 자체가 마비되는 과정이 있었다. 노동조합 간부가 가담한 '정규직 취업 비리'가 곳곳에서 터지기도 했다. 그래서 흔히 이야기하듯이 집행은 잘못하더라도, 결정은 제대로 못 하더라도, 도덕적 우위로서 상황을 돌파하고자 했던 것마저도 상실한 상태였다. 그 시기에 '조직혁신'과 '지도력 확립'에 대한 논의가 촉발됐고, 결과로 나온 제도가 '민주노총 위원장 직선제'였다.

돌이켜보면 사실상 민주노총을 중심으로 민주노조 진영은 1987~1989년 '노동자 대투쟁'을 거치고, 1996~1997년 '노동법 개정 총파업 투쟁'까지 오면서 노동자들의 사회적 지위와 노동운동의 시민권을 획득하는 성공의 과정을 만들어 냈다. 총파업을 통해 사회적 이슈를 부상시키고, 의제를 확장하는 과정들이었다. 이 성공 방식은 IMF 외환위기를 거치며 그대로 이어졌다. 시대는 엄청 변하고 있는데 대응하는 방식은 그대로 '총파업 만능주의'에 안주하는 과정이 되풀이됐다.

이어 2000년대 들어서며 위와 같은 문제가 터졌을 때, 해결을 위해 수립한 노조민주주의 제도가 '민주노총 위원장 직선제'이고, 리더십 문제와 조직혁신 과제를 다양한 방향과 충분한 토의 과정 없이 한방으로 해결하려 했던 것 아닌가 하는 개인적 생각이다.

그래서 이런 말을 먼저 드리고 싶다. '노동조합 구성원 전체의 의사를 직접 확인해서 결정한 방침'과 '지도부가 대의 체계라는 골간을 통해서 논의 후 결정한 내용', 이 둘 중 무엇이 더 중요하다고 단정하는 것은 기계적인 판단이라는 것이다. 어떤 시기에 어떠한 의제는 당연히 조합원들에게 직접 물어봐야 한다. 또한 어떤 시기에 어떠한 의제는 노동조합 대의 체계와 집행 체계를 통해 매우 신속하게 결정하고, 효율적으로 집행해야 한다. 그렇게 해야 노동조합이 목표를 구체적으로 실현할 수 있다.

지도부와 조합원 사이에 신뢰를 강화하기 위해 조합원 직선제로 지도력을 높이고, 조합원들의 참여 확대가 민주주의를 심화시켰다고 하지만 현장에서 겪는 문제는 그대로 남아 있다. 중요한 부분은 노동조합 조합원과 위원장·핵심 간부 간 노사관계나 회사의 상황 등에 대한 정보의 격차다. 특히 조합원들의 관심이 높은 '단체교섭'에서 그렇다. 정보의 차이는 조합원들이 지도부나 노동조합 집행부의 결정에 충분한 신뢰를 보낼 수 없게 만든다. 중요한 것은 직선제냐 대의 체계냐가 아니라 얼마나 소통하고 노동조합이 보유한 정보를 활성화해서 지도부와 대의원과 조합원 간 정보의 비대칭성을 해소할 거냐는 것이다. 민주적인 시스템을 갖춘 노동조합이 지속적으로 고민해야 할 과제라고 본다. 물론 한국 노동운동 역사에서 어용노조의 존재, 소수 간부들만이 노동조합을 독점해 온 것, 이로 인한 조합원들의 불이익은 조합원들에게 피해 의식을 가지게 했다. 이런 역사의 흐름 속에서 현장 조합원들의 반응은 대부분이 '같이 결정하자', '직접 뽑자' 등이었던 것이 사실이다.

　또 하나의 문제가 있다. 조합원들이 직접 참여가 확대 강화되는 과정에서 지도부에 대한 잦은 교체가 이뤄지는 것도 사실이다. 지도부 입장에서는 노동조합의 미래에 대한 방향 설정과 전략적 판단뿐만 아니라 집행 역량의 축적을 불가능하게 한다. 그리고 다양한 민주주의 실험을 막는다. 결국 의도와는 무관하게 노동조합 의사결정의 불안정성을 높이고, 집행 능력의 성장을 더디게 한다. 물론 현장 조합원들이 직접 참여해서 결정하고자 하는 의지가 모인 현재의 '민주노총 위원장 직선제'를 다시 이전으로 돌리기는 어렵다.

　총연합단체, 산별노조, 지역본부의 지향점과 활동에서 주요 부분은 사회 개혁이다. 또 노동의 정치적 역량 강화다. 노동자들의 전국적 대표성을 강화하기 위해 아주 다종다양한 정치적 행위를 하는 것이다. 문제는 지금 운용되고 있는 '총연맹 위원장 직선제'라는 제도가 위와 같은 과제의 실현을 위해 노동조합 지도부의 능력을 높여줬다고 평가하기 어렵다는 것이다. 또 노동정치, 고령화와 저출생, 디지털 전환, 기후 위기 등 다양한 과제가 복합적으로 결합돼 나타나는 현재, 노동조합 민주주의 성장을 통해 이룬 내부의 역동성과 시스템을 충분히 활용하지 못하고 있는 것도 문제다. '총연맹 위원장 직선제'라는 취지를 확장해 나갈 수 있는 대안을 세우는 것이 필요하다.

　직선제와 대의제, 그리고 리더십과 집행 체계가 효능감을 담보하고 함께 작동해야 한다는 것을 강조하고 싶다. 이런 문제 제기에 "어용이야? 그럼 직선제 하지 말자고?" 이렇게 단순화할 거리는 아니라고 이야기하고 싶다.

민주노총이 지난해 12월 직선 4기 위원장을 선출할 때 직접 투표권이 있는 조합원은 100만 명쯤 됐다. 100만 명의 노동자들이 직접 참여한다는 열기와 적극성을 도대체 어떤 방식으로 좀 더 극대화할 수 있는지 고민이 필요하다. 민주노총이라는 거대한 대중조직에 전 조합원이 만들어가는 참여민주주의를 뒷받침하기 위한 제도적 정비 사항은 없는지, 그리고 조합원이 직접 참여한다면 위원장을 뽑는 것만 할 수 있는 건지, 아니면 직접 결정할 수 있는 과제와 의제는 무엇인지, 직접 결정하기 위한 방식은 뭐가 있는지 등을 포함한 구체적인 논의를 해야 한다고 본다. 그래야 2000년대 초반 당시의 결단, 총연맹 위원장 직선제를 조직혁신의 지렛대로 삼겠다고 했었던 목소리가 빛을 내지 않겠냐는 생각이다.

이제 한국 노동조합 운동의 민주주의 시스템과 리더십을 구체적으로 이해하기 위해 조직의 형식과 내용을 규정해온 역사적 과정과 맥락을 살펴볼 단계다.

이번 강의를 준비하며 제 34년 동안 노동조합과의 인연과 활동을 돌아봤다. 저는 1991년 철도청에 입사했다. 지금은 없어졌지만 용산에 새마을호 기지가 있었다. 입사하고 발령받아 그곳에 갔더니 노동조합이 있었다. 철도노조 용산기관차지부였다. 당시 철도노조 전체 조합원은 4만 5,000명이 조금 넘었다. 당시 용산

기관차지부는 조합원이 200명이 조금 안 됐다. 그런데 좀 희한했던 건 노동조합 지부장실과 노동조합 사무실이 사무소장실 옆에 있었다. 그래서 노동조합 사무실을 가려면, 소장실 앞을 지나야 해서 매우 껄끄러웠다. 그때 지부장 하셨던 분은 머리가 하얀 분이었다. 지금 이름은 기억 못하는데, 성이 백씨였다. 그래서 별명이 '백대가리'였다. 당시 정년이 만 55세였다. 정년이 한 3년 정도 남은 지부장이었다. 그 전부터 해서 10년 정도를 지부장으로 있었던 분이었다. 42살에 지부장을 해서 정년을 얼마 안 남기고 있는 분들이 철도노조의 대부분 지부장이었다. 1991년 철도노조 바깥의 세상은 격동기였다. 노동운동의 하늘을 찌르는 기세와 전투성, 사회적 위상은 이루 말할 수 없었을 때였다. 그래서 일부 노동조합 간부들이 그들만의 리그로 운영하는 철도노조에 대한 고민을 좀 많이 했었던 기억이 난다.

대한민국에는 한국노총과 민주노총으로 대표되는 두 개의 전국적 연합단체가 있다. 지금 두 조직의 조합원을 합하면 240만 명이 넘는다고 한다. 한국노총이 제1노총이다. 그리고 노동조합은 조합원들의 의사와 요구에 충실하기 위해 대표 선출 체계와 대의 체계, 결정 사항을 집행하는 집행 체계를 대한민국 어떤 조직보다도 더 탄탄하게 갖추고 있다. 하루아침에 이룬 건 아니다. 민주적 절차와 과정을 지켜야 한다는 원칙도 그냥 세워지지 않았다.

저는 노동조합의 전국적 연합단체 위원장을 직선으로 선출하는 것으로 노동조합 참여민주주의의 제도적인 완성을 이뤘다고

판단할 수 없다고 생각한다. 앞선 이야기에서 민주노총이 직선제를 선택하고자 했었던 그 시기의 배경과 역사적 맥락을 말씀드렸듯이, 노동운동과 노동조합의 제도와 방침의 결정에도 배경이 있다. 그래서 지금 당장 '직선은 민주적, 간선은 덜 민주적'이라는 기계적 판단은 무의미하다고 본다.

길게는 일제 강점기부터 100년, 짧게는 1987년 노동자 대투쟁 이후 35년이라는 역사를 거치며 노동조합의 지향, 운동 방향, 조직의 특성과 내부적 구성, 지도부 지도력의 특징이 만들어졌다. 한국 노동운동의 민주주의와 리더십을 이해하는 것은 노동조합 운동 내의 형식과 내용을 규정한 역사적 맥락을 살펴보는 것이 중요하다. 그리고 역사적 맥락에서 살펴볼 네 가지 키워드는 ❶일제 강점 식민지 ❷전쟁과 분단 ❸군사독재와 산업화 ❹1987년 노동자 대투쟁과 1997 IMF 외환위기이다.

일제 강점기 노동운동과 노동조합 민주주의의 특징은?

두 인물이 있다. 한 명은 한국사 시간에 많이 들어본 이봉창 의사다. 다른 한 명은 생소하지만 일제 강점기 노동운동과 민족해방운동에서 기억해야 할 인물이다. 1921년 출범한 전국노동총동맹 집행위원장과 신간회 서부지역지부 간사를 지낸 차금봉이다. 이 둘의 공통점은 철도노동자이고, 일제의 동아시아식민지 3대

운영 기구(대만총독부, 조선총독부, 남만주철도주식회사) 중 하나인 '남만주철도주식회사'가 식민지 조선 철도를 운영할 시기에 입사해 활동했던 사람들이라는 점이다. 한 명은 민족해방 투쟁 과정에서 혈혈단신 투쟁으로, 한 명은 노동자들의 조직화와 사회주의운동, 독립운동을 함께 만들었다.

두 명을 왜 소개했냐면, 저의 철도 선배님들이다. 이봉창 1901년생, 차금봉은 1898년생이다. 서로 알지 못했지만 각자 스무 살 무렵에 1년 차이를 두고 입사했다. 이봉창은 열차를 떼었다 붙였다 하는 연결수, 차금봉은 기관차 화부였다. 이봉창은 중간에 그만뒀다. 자기가 정말 고생해서 5년 동안 일한 결과로 연결수 자리에 올라갔는데, 갓 입사할 때부터 수년간 가르쳤던 일본인이 자기 상사로 왔기 때문이다. 20대 후반에 그만둔다. 차금봉은 입사를 1917년에 했다. 3년 만에 잘린다. 3.1 만세운동에 철도노동자들을 조직해서 시위를 주도했다는 이유다. 이봉창 의사는 1932년 일본 천황을 향해 폭탄을 던지며 전대미문의 전 세계적 충격을 줬다. 차금봉은 독립투쟁과 더불어 노동자들의 계급투쟁을 조직하고, 노동자들의 조직을 만들기 위해서 노동공제회, 노동총동맹, 조선공산당, 신간회를 조직하고 거기서 역할을 한다. 한 사람은 31살, 한 사람은 32살, 젊은 청춘의 나이에 감옥에서 순국했다.

지금의 노동조합과 민주주의를 알아보는 데 독립운동가들까지 거슬러 올라가는 이유는 이렇다. 식민지 조선의 노동자들은 무엇을 하든, 즉 민족해방운동, 계급운동을 하는 저항 과정에서 식민지라는 굴레 속 차별과 억압에서 벗어나는 투쟁으로 모아졌다. 1919년 3.1운동 이후 민족해방투쟁의 주요한 무기로 계급투쟁을 중심에 둔 노동운동과 노동조합 조직이 태동했다. 1921년 조선노동공제회로부터 시작한다. 당연히 일제 강점기 노동운동의 방향은 민족적 과제와 계급적 과제를 동시에 요구받았다. 식민지 조선의 노동자들은 자본과 노동이라는 계급관계 속에서 열악한 노동조건뿐 아니라, 식민지의 노동자라고 하는 일본인과 조선인 간의 차별이라는 이중의 굴레에서 고통받고 있었다. 1920년대 조선노동공제회로부터 시작한 것으로 계산하면 100년, 1987년 노동자 대투쟁으로부터 계산하면 35년 정도가 노동운동, 노동조합, 민주노조 운동의 조직운영과 체계가 발전해 온 시간이다.

1920년대 후반 일본은 자본주의 발전 최고점을 지나며 1929년 대공황을 거치고 자본주의의 활로를 찾고 있었던 시기였다. 당시 일본 지배계급들을 위협했던 세력은 노동계급이었다. 그 노동계급의 주요 활동 이념은 사회주의였다. 사회주의와 노동운동은 같이 갔다. 일본의 천황 체제를 위협하는 세력들이 노동운동 세력이었고, 천황에게 폭탄을 던진 일이나 사회주의 운동, 노동운동은 같은 반체제 활동이었다. 더구나 식민지 조선에서 노동운동가들은 민족해방을 외치고, 일본제국주의 체제를 부정하며 체제를 전복하고자 하는 자들이었다. 결국 탄압, 체포, 구속과 감옥 생활은 감내해야 할 고통이었다.

이런 조건에서 노동조합 조직 체계는 시간과 공간을 충분히 확보한 채, 제대로 된 의사결정과 집행 능력을 확보하기 어려웠다. 노동공제회, 노동총동맹, 단일 노동조합을 만들었지만, 조직들의 내외적 성장을 위한 활동에 집중하기보다는 공산당 또는 사회주의 운동 세력들이 주도권을 장악하기 위한 힘겨루기에 동원되기 일쑤였다. 사회주의자들과 독립지사들이 노동조합을 자기 세력으로 끌어들여서 독립운동, 사상운동의 헤게모니를 장악하는 과정에 이용됐다는 것이다. 사회주의 세력과 공산당의 분열은 고스란히 노동운동에도 영향을 미쳤다. 노동조합 내부도 분열된다. 이것은 노동조합이 대중조직으로 확장되는 것을 어렵게 했고, 대부분의 활동과 운영은 하향식이 됐다. 노동운동의 국제적 지위가 우선이거나, 어느 당파의 지침이 내려오면 그냥 하달하는 식이었다는 걸 말해준다. 식민지 조선의 조건과 상황에 걸맞게 뭔가를 고민하는 노동운동이 필요했지만, 안타깝게도 일부에 지나지 않았다. 노동조합 건설 초동 단계부터 집중적인 일본 경찰의 테러 속에서 반합법적으로 운동을 지속해야 했던 상황은 노동운동이 대중과 함께하려는 원칙을 세우기보다는 지연이나 인맥, 인간적 신뢰 등에 더 의존할 수밖에 없게 했다.

결국 일제 강점기 노동운동의 유산은 노동조합의 조직적·대중적 성장과 내부 조직 운영 체계 발전보다는 탄압과 파괴에 우선 대응하는 지도부의 판단과 지도 중심이었다. 이를 조직 운영의 핵심으로 두는 편향도 존재하며, 의견을 내기보다 위에서 하달된 지침 준수가 우선이었다.

해방과 분단, 그리고 전쟁

한국노동운동 역사를 다룬 책에 사진 자료로 자주 등장하는 두 장면이 있다. 하나는 조선노동조합전국평의회(이하 전평)의 창립 결성식 모습이다. 그리고 하나는 대한노총 11년차 전국대의원대회다. 아마 1955년쯤일 것이다. 대한독립촉성청년노동동맹을 줄인 말이 대한노총이다. 대한노총의 경우에는 해방 후 급성장하는 전평의 대항 조직으로 이승만, 안재홍 등의 우익-중도 계열의 애국지사들 주변에 있던 청년들을 중심으로 만들어졌다. 당시 전평 조합원이 55만 명가량이었다. 산별노조로 조직돼 있었다. 2차 세계대전이 끝난 다음에 유럽에서 발언력과 영향력, 사회적 신뢰가 가장 높았던 세력은 레지스탕스 운동을 주도했던 공산당과 사회당, 노동운동 세력이었다. 식민지 조선도 크게 다르지 않았다. 바로 그때까지 일제에 투항, 전향하지 않고 민족해방의 의지를 품은 채 작은 활동이라도 이어가던 조직은 바로 독립운동, 노동운동 세력들이었다. 그 독립운동 세력의 다수를 노동운동과 사회주의운동 세력들이 차지하고 있었다. 당시 여론조사를 해도 사회주의에 70% 정도까지 지지율이 나왔다고 한다.

미군정이 일본과는 다르게 노동운동, 특히 해방 후 조선의 전평 활동에 적대적인 태도를 보인 배경은 공장을 스스로 관리하고 있던 전평의 수많은 분회다. 미군정은 전평이 자본주의 경제가 아닌 공장을 직접 관리하는 사회주의 경제를 관철하려 한다고 의심했다. 사회주의로 한반도 남쪽을 전복할 것이라 미군정이 판단하지 않았을까 하는 생각이다. 그런데 각 전평 분회의 공장관리위원회는 미군정의 판단과는 다른 성격이 대부분이었다. 패전 후 일본인 사장이 야반도주하고 공장은 멈췄는데, 퇴직금도 없고 굶어 죽게 생겼으니까 10~15년 공장에서 일하던 노동자들이 스스로 공장을 가동했다. 그들이 전평 분회의 공장관리위원회였다.

결국 전평은 미군정의 군사력, 친일 경찰의 부활, 대한노총을 중심으로 한 청년 테러 조직들의 공격이라는 무차별적인 폭력과 잔혹한 탄압에 축소된다. 그리고 좌우 이념 대결과 분단, 전쟁을 거치며 진보세력과 노동운동은 '빨갱이'로 절멸시켜야 할 대상이 된다. 전평의 활동을 축소시키거나 현장에서 전평을 몰아내고 대한노총이 주도권을 확보하기 위한 인권유린과 민주주의 파괴가 동시에 벌어진다. 당시 남한지역의 정부라 할 수 있는 미군정 조직이 직접 나서서 한반도 남쪽의 노동운동 세력 재편에 엄청난 역할을 했다. 일례로 경성전기 사업장의 경우 1946년 9월에 전평 총파업을 하면서 체포된 사람이 3,000명쯤 된다. 이후 미군정이 경성전기에 전평과 대한노총 지부를 선택하는 조합원 투표를 강제한다. 투표함을 두 개 가져와서, 하나는 대한노총, 하나는 전평 이렇게 투표한다. 관리자와 공권력이 지켜보고 있는 공개투표 상황에서 전평에 투표할 조합원들 많지 않다. 경성전기 사업장은 곧바로 대한노총이 다수파가 된다. 전평의 핵심 조직인 철도노조의 파괴에는 물리적인 폭력을 사용한다. 여러분들도 아시는 김두한이라는 정치깡패를 필두로 노동조합 간부에게 테러를 가한다. 현장을 공포로 누르고, 테러단체의 청년들이 노동조합 간부 완장을 차고 현장을 점령한다. 뒤에선 경찰이 봐주며 극단적 폭압과 국가의 권력 체계로 노동조합을 파괴한 것이다.

해방 공간의 최대 노동조직이자 해방 이후 국가의 운명에 영향을 미칠 수 있었던 전평은 이렇게 사그라들었다. 후에는 예상할 수 있다시피 1950년 전쟁이 일어나고 이후 민주화가 안착되는 시기까지 대한민국 사회에서 노동조합은 빨갱이 조직, 노동운동은 거세시켜야 할 대상이 돼 왔다. 노동계의 주도권을 독식한 대한노총은 대항마가 없으니 내부에서 권력을 누가 먹느냐가 핵심이 됐다. 매번 대의원대회는 파벌싸움이다. 하는 일은 독재 권력, 군사정권의 권력의 하수인 정도로 전락한다.

박정희 군사독재와
70년대 여성 노동자들의 민주노조 운동

1979년 YH무역이 철수하고 설비가 반출되자 신민당사에서 여성노동자들이 농성을 했다. 경찰은 농성을 폭력적으로 진압했다. 여성 노동자들이 끌려 나간 자리를 찍은 사진에는 이들의 신발과 각종 소지품이 산처럼 쌓여 있는 상황이 담겨 있다. 얼마나 치열

했는지 알 수 있다. 박정희 정권은 중앙정보부를 중심으로 1970년대 민주노조 운동의 선두였던 한국노총 섬유노조 산하 원풍모방노동조합, 동일방직노동조합에 대한 노조파괴 공작을 벌이기도 한다. 박정희 정권은 1961년 쿠데타를 일으키고 난 다음에 9인 위원회를 만들어서 당시의 대한노총에서 일부 간부를 직접 선발해 산별노조로 재편했다. 이를 중심으로 '한국노동조합총연맹'의 전신을 만든다. 노동자의 전국적 연합단체도 위에서 내리꽂는, 하향식 노동조합의 상층 조직 재편이었다. 그리고 박정희 정권은 9인 위원회에 참가한 산별노조에 단체교섭권을 준다. 사업주와의 교섭은 기업별로 한국노총 소속 산별노조의 소수 집행 간부가 독점한다. 나중에는 1971년에 긴급조치 9조 1항에서 "주무관청이 조정 신청을 하고 주무관청의 결정에 따라서 사실상의 쟁의 여부를 할 수 있다"로 법을 제정해 노동쟁의 자체를 봉쇄한다. 노동청이 만들어지지만 1969년부터 1979년까지 노동청장 10명 중 7명은 경찰 간부 출신이다. 노동청의 주요 업무는 노동 현장의 감시 감독과 중앙정보부 지역조직에 보고하는 것이었다. 사실상 대한민국에서 노사관계를 총괄 컨트롤했던 정부 기관은 중앙정보부였다. 그리고 박정희 군사독재 시기, 1970년대 산업 부흥기의 기업들은 노사관계의 관리와 생산성 향상을 통한 기업 성장을 추구하기보다 정부의 차관을 정경유착으로 얻어내고 이를 시설투자와 성장의 발판으로 삼았다. 이런 특혜를 따내 기업 확장을 하는 게 매우 쉽고도 빠른 방법이었다. 이 과정에서 가족경영,

문어발 확장, 제왕적 경영이 '한국의 기업문화'로 자리 잡는다. 1980년대부터 1990년대까지 이어진 재벌 대기업의 기업 운영 방식과 각종 경제 관련 법과 제도로 이어지기도 했다. 나아가 자본가들은 합법적인 노동쟁의에 노동조합 간부 매수, 협박, 폭행, 단체교섭의 지연과 회피, 노동조합 어용화 등 불법적이고 폭력과 기만적인 방법까지 동원했지만 아무런 법적 처벌도 받지 않았다. 지금도 노사관계에서 횡행하고 있는 문제점들의 씨앗은 오래전부터 뿌려져 있었다. 이 시기 노동운동에는 노동권의 전면 봉쇄와 군사 문화의 지배, 정보기관의 직접 관리가 팽배했다. 반공 이념을 중심으로 노동조합과 노동운동의 민주적이고 자주적인 활동은 거의 찾아보기 어렵던 시기였다. 이렇게 척박한 조건에서 1970년 전태일 열사의 분신과 1970년대에 여성 노동자들을 중심으로 민주노조 운동이 벌어진다.

민주노조 운동을 이끌었던 노동조합 조합원들의 가장 간절한 염원은 '우리가 노동조합 운영을 직접 했으면 좋겠다. 우리 위원장도 직접 뽑고 교섭에서 우리 요구안도 직접 만들고 싶다. 우리 노동조합 활동에 직접적으로 참여해서 결정했으면 좋겠다'는 것이었다. 산별노조 중앙의 간부가 교섭을 대신하는 것에 반대하고 낮은 수준의 타결 내용일지라도 현장 조합원의 요구로 현장 노동조합 단위가 직접 교섭을 요구하며 관철하는 경우들이 만들어지기 시작했다. '우리가 참여해서 우리가 결정하는 과정'이 1970년대 노동자들에게 매우 중요했다. 여기에 노동조합 밖의 지원 조직들의 활동이 활성화된다. 영등포도시산업선교회, 가톨릭노동청년회, 노동사목회 등의 지원을 받아서 민주노조들이 투쟁을 만들어 내고 자주성과 민주성을 갖는 노동조합으로 성장해 간다.

방직, 방적, 봉제, 전자, 가발 등 당시 한국 산업을 이끌어간 노동집약적 산업인 경공업 분야에는 여성의 수가 압도적으로 많았다. 그러나 1970년대는 군사 문화가 지배하고 가정과 사회 전반, 산업의 현장에 이르기까지 가부장적 환경이었다. 이러한 사회에서 특히 여성은 정말로 '인간 취급' 받지 못했다. 여기에 저항하고 바꾸려 헌신하던 1970년대 민주노조 운동은 사회를 바꾸는 민주화 운동의 영역이기도 했다. 원풍모방, 동일방직 등 일제 강점기부터 만들어진 섬유산업의 굵직한 회사들에서는 남성 중심의 산별노조에서 직책을 물려받다시피 한 노동조합 간부들을 제치고, 90%의 현장 여성노동자를 대변하는 여성 지부장이 탄생하며 노동조합의 민주화를 촉진했다. 청계피복, 반도상사, YH무역, 컨트롤 데이터, 새로 만들어진 젊은 노동조합, 10대 후반, 20대 초반의 여성 노동자를 중심으로 한 노동조합에서 새로운 것들을 엄청 많이 만들었다. 그리고 민주노조의 중심을 잃지 않기 위해 노동조합 내부의 교육활동과 각종 소모임을 통해 노동조합의 보이지 않는 힘인 동지에 대한 믿음, 끈끈한 동지애를 굳게 다진다.

노동운동을 일궈온 노동조합 민주주의의 역사는 노동조합을 만들고 운영하면 단번에 주어지는 것이 아니었다. 노동운동의 조직적, 형식적, 내부적 성장은 지난한 과정을 거치고 수많은 이름

없는 노동자들의 희생 속에서 만들어졌다.

20세기 말 한국 노동운동은 정치·사회 민주주의 비전의 담지자

1987년 노동자 대투쟁을 그린 판화나 걸개그림으로 많이 제작됐던 사진이 있다. 노동자 대투쟁의 발화점이 됐던 1987년 7월 5일 울산의 현대엔진(이후 현재의 현대로템과 현대모비스로 분리)의 파업과 가두시위 장면이다. 현대엔진 초대 노동조합 위원장은 권용목이라는 분이었다. 나중에는 뉴라이트 활동도 하시다 지병으로 돌아가셨다. 당시 공권력도 피하는 엄청난 열기와 노동자들의 분노에는 그동안의 억울함과 서러움이 깔려 있다. 최소한 10톤 이상의 거대한 장비들을 끌고 거리로 나오고 바로 파업한다. 거대한 장비가 사용되는 산업현장에서 상명하복의 군대문화가 짓누르는 작업장의 분노가 순간적으로 활화산처럼 솟아오른 것이다.

당시 각종 노동조합 결성, 쟁의 등의 자료를 모아 정책 자료를 내는 곳은 한국노총이었다. 아직 민주노총이 없던 시절이었다. 한국노총 1987년 사업보고 자료를 보면 1986년에 276건이던 노동조합 결성이 1987년에는 10배가 넘는 2,700건을 상회한다. 한국 사회 전체의 노동조합 조직율은 18% 정도까지 확대됐다. 그리고 폭발적인 1987년 7~9월 노동자 대투쟁이 끝나자마자 현장에 불었던 바람은 노동조합 민주화였다. 노사관계가 협조적이던 노동조합 조직들에 대한 노동조합 민주화 투쟁이 벌어진다. 1988년 상반기 6개월 동안 벌어진 노동쟁의 중에 446개가 어용노조의 문제로 인해서 발생했다고 사업보고 자료에 나온다. 노동쟁의를 겪은 노동조합 중 37.5%에서 노동조합 집행부가 바뀐다.

또 하나의 사건이 있다. 1987년 6월 투쟁 과정에서 독재에 대한 분노가 최고조에 다다랐던 사건이다. 대학생 이한열이 경찰이 난사한 최루탄에 맞아 사망한 사건이다. 똑같이 노동자 대투쟁 과정에서도 발생한다. 1987년 8월 이석규라는 대우조선의 20대 청년 노동자가 노동쟁의 가두 투쟁 중에 경찰이 쏜 최루탄에 맞아서 사망했다. 그래서 다시 노동자들의 분노가 전국에 들불처럼 퍼져서 창원, 마산, 결국 서울의 구로까지 온다. 노래 가사가 있다. '팔칠년 칠팔구 투쟁을 동지여 기억하는가, 거제에서 구로까지 족쇄 깨고 외쳤던 날을'(김호철, 총파업가)이라고 하는 노동가요. 실제로 들불처럼 번졌다. 이석규 열사의 장례식이 열렸던 8월 중순경 한국에서 노동쟁의는 일주일 동안에 880건이 벌어졌다. 비록 1987년 대선에서 군사독재정권이 다시 이어지기는 했지만, 한 번 열린 노동자들 투쟁의 공간과 정치적 민주화는 노동 현장의 지각을 변동시켰다. 1988년 총선에서 여소야대 정국이 만들어지고, 5공 비리와 5·18 청문회에서 의원 명패를 던진 노무현 의원은 이후 대통령이 된다. 1980년대까지 이른바 산업현장을 지

배해 왔던 자본가들은 민주화와 정치적 공간, 노동자들의 폭발적인 힘에서 밀릴 뿐만 아니라 정경유착으로 인한 도덕적 파탄의 상황으로 몰리게 된다.

반대로 노동운동은 1987년 이후 단순한 어용노조의 교체가 아니라 부당해고, 강제 전출, 차별 대우, 비인간적인 노사관계라는 사용자들의 반노동적 경영에 대한 다양한 대응 투쟁을 전개하고 민주적이고 자주적인 노동조합을 만들어 갔다. 작업장 민주주의와 민주적 활동 과정에서 교육과 훈련을 통해 사용자의 통제에 대응했다. 이를 실현하는 노동조합 민주주의를 강화해 갔고, 조합원들의 직접 참여와 높은 자발성이 발휘되는 공간으로 노동조합을 일궜다. 이 공간에서 노동조합의 확대와 성장은 제조업 산업공장을 넘어서 연구·전문기관, 병원, 건설현장, 신문·방송 등 언론사로도 퍼졌다. 민주주의의 척도인 방송 민주화, 언론 민주화 활동으로 이어진다. 공공부문도 마찬가지다. 이렇게 노동운동의 확장은 기업 단위 요구에서 민주화와 기초적인 사회적 복지정책을 포함한 사회 개혁을 요구하는 투쟁으로 내용적 성장이 이뤄진다. 한국 사회는 1990년대 초반까지 사회복지 수준, 언론의 공정성, 공공부문의 청렴도는 매우 낮은 상태에 있었다. 그런데 노동조합이 자신들의 이해와 요구와 맞물린 복지 확대, 공정 언론, 공직사회의 투명성 등의 구호를 내걸고 투쟁을 벌이며 '바꾸자!' 하니 사회적 시선이 모인 것이다.

노동운동은 자신의 계급적 이익에 함몰되지 않고, 한국 사회에 민주주의와 윤택한 삶의 비전을 제시하고 실현하는 집단으로 시민들 속에서 신뢰를 구축해 갔다. '노동조합의 민주주의는 사회 민주주의를 촉진하고, 사회 민주주의는 노동조합의 강화를 가져온다'는 노동운동의 선순환을 만들어 냈다.

1990년대 초중반을 거치면서 마지막 정점은 1996~1997년 노동법 개정 총파업 투쟁이다. 이 투쟁을 거치며 노동운동은 정치적, 사회적, 대중적 민주주의 비전의 담지자가 됐다. 노동법 개정 총파업 투쟁 과정에서 한국노총이 민주노총과 함께 총파업을 벌이겠다고 했던 것은, 결국은 기득권 지배 집단 세력의 일부로 지내 온 노동운동 주류에서 파열구가 만들어졌음을 보여준 사례다.

1987년 노동자 대투쟁 이후 10여 년 동안 전제적 공장 체제, 병영적 노동통제는 무너졌고, 한국의 자본가들은 새로운 노동관리 체계를 구축하지 않으면 안 됐다. 자본진영은 국가의 공권력이 노동운동과 치열하게 공방전을 벌이는 1990년대 이후 신경영 전략을 추진한다. 주로 독점 대기업이 주도한 내용으로 고용 유연화, 작업조직 재편, 생산 공정 합리화, 능력주의 인사 임금제 도입, 기업문화 혁신 등이었다. 하지만 노동운동의 완강함, 연대와 개입 전략으로 대부분 실패한다. 그러나 정부와 자본에게 기회는 왔다. 바로 1997년 IMF 외환위기 상황이다. 일방적인 구조조정과 정리해고 국면을 최대한 활용해 노동자들의 희생과 양보를 받아내고 고용불안을 무기로 각종 노동 유연화 조치를 관철했다. 결국 2000년대 들어서며 정부와 자본은 정리해고 및 파견법 법제화, 비정규직 확대와 극심한 일자리 경쟁 구도를 한국 사회에 정착시키며 노동운동의 성장을 막아냈다. 물론 노동운동도 밀리기만 한 것은 아니었다. 새롭게 결성된 대공장, 공공부문 노동조합들은 기존의 체제(한국노총 산별 소속이 아니면 설립 신고가 불가능한 법제도 환경)를 거부하고 스스로 새로운 체제를 만들어가기 시작했다. 권력과 자본의 탄압에 맞서는 노동조합들의 연대가 지역과 전국으로 확대되며 지역별, 산업업종별, 재벌그룹별 노동조합 조직을 발전시켜 전국적 노동운동의 틀로서 1995년 11월 '전국민주노동조합총연맹'을 결성한다.

반민주와 어용노조의 상징, 철도노조 삼중 간선제

여기서 어용노조 민주화의 중요한 역사 중 하나인 철도노조 민주화 투쟁 이야기를 하고 넘어가겠다. 철도노조는 전평의 파괴와 전쟁, 군사독재 시기를 거치며 수십 년 동안 소수 간부들이 일신의 영달을 추구하는 조직으로 전락한 상태였다. 노동조합의 민주주의 시스템은 의사결정과 집행의 집중화, 집행을 통제하는 민주적인 제도 유무, 공개성 등이 어우러져 작동한다. 그러나 한국노총 산하의 철도노조에서는 2000년 초까지 50여 년 동안 규약과 규정은 존재하지만, 문구로서의 의미밖에 없는 상황이었다.

철도노조는 2000년까지 각 지부 조합원이 대의원을 선출하면 지부 대의원이 지방본부 대의원을, 지방본부 대의원이 본부 대의원을 선출하는 '삼중 간선제 구조'이며 각급 단위의 대표들은 대의원들의 투표로 선출했다. 결국 5만 명의 조합원들은 현장의 십여 명 단위로 나누어진 대의원을 선출하는 것으로 노동조합 대표자들의 선출 과정에 참여하는 것이 고작이었다. 이러한 방식은 철도노조뿐만이 아니라 체신노조, 전력노조 등 한국노총의 주력 산별노조들도 그러했다. 노동조합의 소통과 의견수렴, 정책과 집행은 철도청과 소수의 노조 간부들 입맛대로, 독재정권의 방침대로 이뤄져 왔다. 철도노조 본부, 지방본부 위원장은 파벌의 선배로부터 물려받아 정년퇴직까지 자리를 유지했고, 그 자리를 지키기 위해서는 상층 내부에서의 치열한 암투가 작동했다. 반대파의 제거에 동원되는 방식은 노조 내의 징계를 통한 권리 상실, 사측인 철도청에 요청해서 원거리 전출 발령까지 사용됐다. 대의원이 대의원을 뽑는 과정이기에 대의원을 몇 명 확보하는가가 중요해서 선출 과정에서 매수와 승진보장 등 온갖 부정이 횡행할 수밖에 없었다.

이렇게 당선된 위원장, 지방본부장은 각종 특혜와 퇴직 후 각종 산하 관련 기관에 자리를 차지하거나 군사정권의 시혜로 정치에 진출했다. 1960~1970년대에 철도노조 위원장, 부위원장 등이 금배지를 달고 국회에 진출한다. 정부 장관까지 한 사람들도 있었다. 부위원장을 지낸 이헌기는 전두환의 4.13 호헌 조치 당시 노동부 장관이었다. 전 이헌기 장관과 한국노총 위원장이 만나서 담판을 짓고, 군사독재의 4.13 호헌 조치를 지지하는 한국노총 성명이 나온다. 한국노총과 철도노조의 엄청난 흑역사이기도 하다.

노동조합이 스스로 의사결정과 투쟁 등을 통해서 조합원들을 지키지 못하면 현장의 노동자들이 산재와 과로로 죽어 나간다. 나아가 공공부문에서 공공적 운영의 감시자 역할을 포기하고 기득권 보존과 개인의 영달만을 추구하는 노동조합 간부들이 이끄는 어용노조의 존재는 사회적 인프라의 공적 운영을 무너뜨리는 것으로 이어진다. 이를 막는 것이 노동조합의 민주주의고 노동조합 민주화의 목표였다.

철도노조의 삼중 간선제라는 부조리는 영원하지 않았다. 철도노조 민주화를 위해 활동하던 민주파 조직이 제기한 '간접 선출된 대의원의 결정 사항 무효 확인 소송'에 대한 대법원의 '인용'이라는 역사적인 판결이 2000년 1월 14일 발표돼 각급 단위 대의원 직선제가 이뤄진다. 노동조합 민주화 투쟁과 현장 조직화, 민영화 저지 투쟁에 헌신적으로 활동해 온 노동조합 민주화 세력은 현장의 신뢰를 밑바탕으로 2001년 5월 21일 조합원 직선으로 치러진 철도노조 위원장 선거에서 62%의 압도적 지지를 받는다. 그렇게 철도노조 민주집행부를 만들었다. 노동조합 집행부를 민주화한 철도노조는 두 가지 사항을 최우선으로 철도청에 교섭을 요구한다. 첫 번째는 살인적인 장시간 노동을 강요하는 교대근무제 개편과 현장의 노동안전 문제다. 2001년 기준 연간 작업장 사망자 수는 32명이었다. 노동조합은 '죽지 않고 일할 수 있는 현장'을 최우선 과제로 제기했다, 두 번째는 직종을 변경한 원거리 전보 발령을 금지하고 본인의 동의 없는 원거리 전출을 할 수 없게 한 요구다. 누구든 노동조합 활동을 이유로 전보 발령돼 탄압받는 것을 원천 봉쇄하고자 하는 요구였다.

21세기 초 노동운동의 비전과 기조는?

지난 10년 넘는 기간 노동운동은 조합원들의 서러움에 기대서, 조합원들의 분노에 근거해서 폭발적 총파업 만능주의에 안주해 왔다는 비판이 있다. 노동운동의 사회적 지위와 역할을 공고히 하고, 어떻게 확장해 나갈지, 축적된 정책과 집행 역량을 쌓아가지 못하고 있다는 문제 제기도 있다. 1997년 외환위기 이후 세상은 빠르게 변화했다. 자본이 관철하고자 했던 신자유주의 무한경쟁의 노동시장 구조가 구축됐다. 노동 유연화, 비정규직 급증, 노동시장 이중 구조화, 사업장 분할, 자회사, 구조조정과 정리해고 등이 노동조합, 노동운동을 짓눌렀다. 고용불안의 심화는 노동자들이 노동조합 활동에 직접 참여해서 직접 결정하는 힘을 기업 내부로 향해 단기적 성과에 집중하도록 발휘됐다. 노동조합은 구조조정을 완전히 막아내지도 못했고, 자동화와 로봇화, 디지털화 과정에서 제대로 개입하지 못했다. 노동조합 민주주의와 조합원

참여의 에너지는 정규직 노동자들만을 보호하는 과정으로 이어졌다. 이명박 정부 시절, 노동운동의 파괴와 분열을 노린 각종 탄압으로 한국 노동조합 조직률이 9%까지 하락한다.

2000년대 들어서 민주노조 진영에서는 구체적이고 실사구시의 노동운동을 추구하기보다 추상적 노동운동의 기조를 두고 내부 정파 간 갈등만 깊어진다. 한국노총은 정치권과 정책연대, 조직 확대와 강화라는 기조를 소통 과정 없이 내리고, 하향식 운영을 이어가며 집권 세력과 정책연대를 통한 실리적 선택을 중심에 둔다. 결국 민주노총 내부 갈등의 나비효과가 2005년 초 사회적 대화 관련 방침을 결정하려 했던 임시대의원대회에서 최악의 모습으로 나타난다. 사회적 교섭 반대파들이 소화기를 뿌리며 대회장을 점거하고 대의원대회를 원천적으로 막았다. 대중조직으로서 민주노총 의사결정을 위한 대의원대회의 절차를 존중하자는 의견조차 자본가와 야합한 개량주의자들의 부르주아적 절차일 뿐이라고 강변하며 아예 노동조합 민주적 절차와 시스템 자체를 부정했다. 그렇게 노동조합의 대의 체계가 작동하지 못하는 상황이 벌어진다. 2007년 한국노총은 시대적 선택임을 강조하며 대통령 선거 전에 조합원의 총투표로 지지 후보를 이명박으로 결정하고 정책연대를 체결한다. 실리주의를 위해 노동조합 민주주의 시스템을 동원한 것이다. 이명박 정부 하면 세 가지 키워드가 떠오른다. 첫 번째 쌍용차, 두 번째 창조컨설팅, 세 번째는 제3노총이다. 노동조합을 쪼개고 분열시키며 무기력한 노동운동을 만들려 했던 온갖 공세들이었다. 자본과 정권이 노동조합을 억누르고 길들이기 위해 다양한 공세를 벌일 때, 정작 노동운동은 연대와 사회적 의제를 자신의 문제로 가지고 들어와 민주주의를 확장해 오던 노력을 하지 못했다. '민주노조 사수와 총파업으로 돌파'라는 깃발만 나부낀 채, 내부의 조직혁신과 확대된 힘을 만들기 위한 고민을 심화시키지 못했다. 그 원인 중 하나는 노동운동 내에 만연해 있던 근본주의적 인식이 아닐까 하는 생각이다. 총연맹이 자본과 무슨 사회적 교섭이냐며, 내부의 토론조차 막는다. 두 번째는 의견이 다른 그룹 간의 차이를 조직 확대와 영향력의 도구로만 사용하는 사업작풍이다. 대의 체계 내에서 토론과 숙의를 거치기보다 세력 대결로 밀어붙이거나 당위적 결론을 내고 '결정 따로 실천 따로'의 사업작풍이 만연한 상황이었다. 노동과 사회 변화를 읽지 못한 채, 노동조합 민주주의에 대한 실험과 개선을 미룬 결과는 역동성이 사라진 민주노조 운동, 즉 민주노조 운동의 위기를 불러왔다.

정규직과 비정규직으로 분열된 일터는 법과 제도로 더욱 노동시장 이중 구조가 공고화되고, 가속화된다. 한국노총은 이후 정책연대 파기를 선언한다. 그러나 얼마나 내부의 평가와 고민이 있었는지 잘 모르겠다. 민주노총은 대의원대회 유회를 거듭하며 지도력을 세우고 조직 내부를 혁신하자는 목소리가 강하게 분출된다. 대기업, 공공부문, 남성, 정규직 중심의 조직 운영은 대표성의 위기마저 자초했다는 자성의 목소리가 나온다. 노동운동이

'사회 발전을 가로막는 세력'으로 비춰지고, '노조 혐오'로 사회로부터 노동운동이 고립되는 상황이 가속화되는 것을 막고 혁신하는 민주노조 운동이 더욱 필요한 시기가 됐다.

같은 크기의 두 바퀴만이 앞으로 나아간다

두 개의 바퀴가 있다. 하나는 되게 크다. 하나는 되게 작다. 축으로 연결해 보자. 움직인다. 문제는 그렇게 연결된 두 바퀴는 앞으로 나갈 수 있겠나. 그렇게 연결해서 굴리면 앞으로 나가는 것이 아니라 제자리에서만 뱅뱅 돈다. 엄청 소모적이다. 일은 열심히 한다. 열심히 싸운다. 열심히 뭔가를 한다고 하는데 저 상태에서는 앞으로 나갈 수 없다. 그리고 저걸 당연하다고 하는 순간, 노동조합의 간부들은 타성에 빠진 노동관료가 돼버린다.

노동조합 민주주의도 비슷하다. 조합원들의 참여와 직접 결정하는 체계라는 바퀴가 너무 커버린 상황에서 대의 체계와 지도·집행력을 높이기 위한 바퀴가 상대적으로 작아진 상황을 바꾸지 않는 이상, 총연합단체의 위원장 직선제가 있어도 두 개의 바퀴는 앞으로 나가기보다는 제자리에서 돌 것이다. 민주노총 위원장 직선제를 없애자는 주장이 아니라 직접 결정 제도와 대의 체계가 대립하기보다 대의 체계의 장점을 높여 같은 크기의 역할로 움직이게 하고, 앞으로 나아갈 수 있도록 만들자는 것이다. 지도력과 실무 집행력의 관계 또한 마찬가지다.

나아가 노동조합의 활동 과정에 교섭과 투쟁, 여성과 남성, 정규직과 비정규직 모두가 노동조합 민주주의를 실현하는 과정에서 같은 크기의 중요도로 여겨지는 노동운동이 구축돼야 한다. 그래야 노동조합의 사회적 역할도 가능해지리라 본다. 교섭과 투쟁이라는 바퀴로 나아가야 하는데, 투쟁이라는 바퀴는 크지만, 대화와 교섭이라는 바퀴는 민주노총에 아주 작다. 조직되지 못한 압도적 다수를 위해 투쟁하고, 한국 사회를 개혁하자고 수십 년 동안 제기하고 있는 민주노총이 제자리를 돌고 있는 이유가 아닐까 한다.

총연맹 위원장 직선제, 총연맹 위원장 선출을 위한 선거인단 제도 두 가지 모두 목표가 아닌 수단이다. 노동조합 민주주의를 강화하려는 각종 제도는 노동조합이 이루고자 하는 목표를 실현하는 수단이다. 그것을 어떻게 효율화하고 강화할지, 그 고민에 지도부의 결단을 결합해 노동조합의 목표를 현실화하는 것이 민주노조의 비전이다. 당연히 노선 논쟁을 할 수 있다. 하지만 매 시기에 어떤 전략을 세울지, 민주적인 절차를 통해 충분히 토론하는 과정을 거치는 것이 중요하다. 세력 대결로 끝내는 과정보다 토론하는 과정이 노동조합 민주주의를 심화시키고, 효율성을 높일 것이라고 본다.

노동조합 직접 민주주의, 중요한 의사결정에 대한 조합원들의 참여, 중요하다. 그러나 어떻게 정책이 형성되는지, 정책에 관련된 교섭은 어떻게 이뤄지고 있는지에 대한 조합원들과의 소통이 더 중요하다. 노동조합 지도부와 조합원 사이 정보의 비대칭성을 해결하는 것이 노동조합의 활력과 성공에 매우 중요한 요소다. 단위 사업장은 조합원과 아주 밀접하게 있다. 산별노조나 총연맹으로 가면 멀어지는 건 사실이다. 그걸 메꿀 수 있는 대안은 집행력, 전문성이다.

"기후 위기가 닥치고, 인류의 욕망으로 생태환경이 망가져 버린 지구, 그래서 세상의 종말이 왔을 때 어떤 기술이 남아 있을까"라는 질문에 과학자 다수가 자전거라고 했다고 한다. 자전거는 별도의 연료가 필요하지 않고 사람의 힘으로 움직인다. 이동도 가능하고, 에너지 생산도 해서 불을 켤 수 있다.

앞으로 나아가기 위해선 같은 크기의 두 바퀴가 필요한 자전거처럼 실천과 행동으로 움직여 세상을 비추는 빛을 만들거나, 또는 지점과 지점을 연결해 주는 이동을 가능하게 하는 자전거 같은 노동조합, 노동운동이 됐으면 좋겠다. 사회과학자들에게 세상이 다 없어져도 마지막 남을 조직이 뭐냐고 질문하면 다수가 노동조합이라고 답변했으면 좋겠다.

미래 의제에 대한 덧붙임

1970년대 민주노조 운동 선배들의 삶의 과정을 요즘 다시 살펴본다. 이분들은 이렇게 이야기한다. 여성 노동자들이 사람 대접 못 받던 시대 상황에서 서러움과 바람을 노동조합이 풀어주고, 해결해줬다고 한다. 노동조합이 자기들을 품어줬다고 한다. 그래서 그분들은 지금도 '내 사랑 민주노조'라고 이야기한다. 70세가 넘으신 분들이 매달 정기모임을 하신다고 한다. 서로 살펴주며, 식사를 나누고, '내 사랑 민주노조' 노래를 함께 부른다.

이런 노동조합의 역사와 전통, 70년대 여성노동자 선배들의 투쟁을 이어가려는 현재의 노동운동에게 중요한 과제가 있다. '돌봄'과 '노동시간 단축'이다. 한국 사회 노동 현장, 노동시장에서 가장 큰 경쟁력은 장시간 노동과 야간 노동을 할 수 있는지 여부다. 임금이 적어도 장시간 노동하면 최소한 버틴다. 누가 불가능하겠는가. 여성 노동자들은 못하지는 않겠지만 매우 힘들다. 임금노동을 마치면 돌봄노동이 기다리고 있기 때문이다. 아이들과 부모님 돌봄과 가사 활동이 남아 있다. 매우 거칠게 이야기해서 직장에서 승진을 가르는 능력의 기준은 야간근무 여부이고, 연장근무 여부다. 워킹맘들 못한다. 불가능하다. 이제 돌봄노동에 팔짱 끼고 쳐다보고 있던 남성 노동자들에게도 닥친 문제다. 한국 사회가 당면한 돌봄의 문제를 해결하기 위해서 '돌봄을 위한 노동시간 단축', '돌봄노동의 사회적 대안', '돌봄노동자들에 대한 정당한 대가' 등이 갈수록 절박해지고 있다. 특히 총연합단체의 적극적인 노력이 필요한 시점이다.

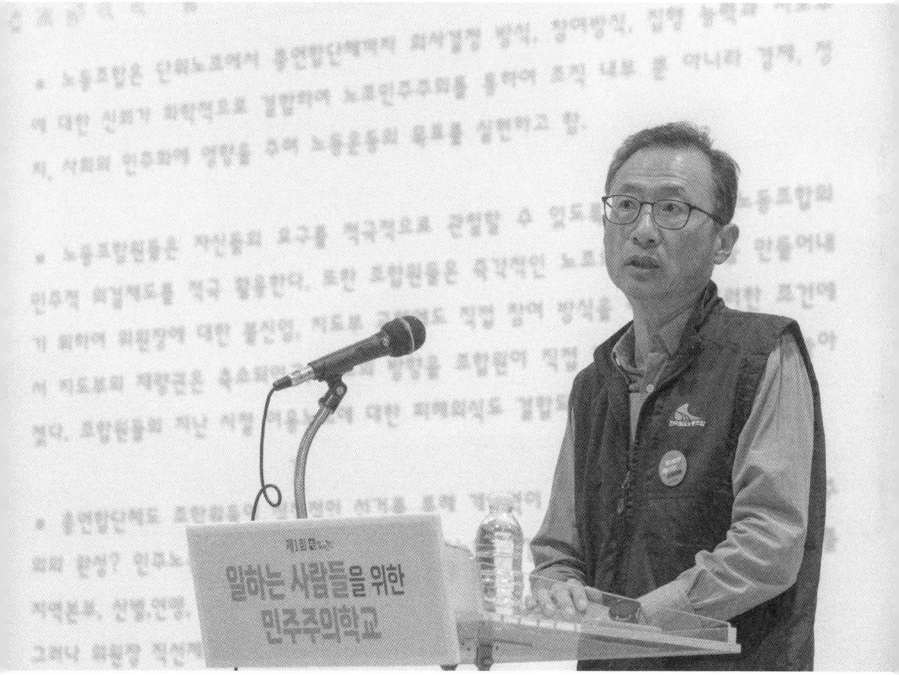
일하는 사람들을 위한
민주주의학교

일터민주주의:
참여와 혁신의 공간

이문호

워크인조직혁신연구소 소장이자 참여와혁신 편집자문위원장. 독일 괴팅겐대학교에서 사회학으로 석사, 박사 학위를 취득했다. '한국판 뉴딜' 정책 국정 자문위원, 경제사회노동위원회 '디지털 전환과 노동의 미래 위원회'에서 공익위원을 역임했다. 현재는 한국노총과 민주노총 자문위원을 맡고 있으며 고려대학교 노동학 협동과정 겸임교수로 재직 중이다.

일터민주주의:
참여와 혁신의 공간

일터민주주의는 왜 필요한가?

일터는 우리 삶의 가장 중요한 부분이다. 먹고살기 위한 임금 때문만이 아니다. 생애 주기 가운데 우리는 일터에서 가장 많은 시간을 보내며, 일을 통해 사회적 관계를 형성하고 지위도 획득한다. 일과 생활은 분리되지도 않는다. 출퇴근을 통해 일과 생활이 표면적으로는 분리된다 해도 직장에서 받은 스트레스는 거기서 끝나지 않고 일상 생활에도 영향을 준다. 행복한 직장인이 좋은 아빠, 좋은 엄마가 될 수 있다. 열악한 일터에서 일한 노동자는 건강을 해쳐 노후 생활도 어렵다. 일터는 우리에게 삶의 전부라 해도 과언이 아니다. 그런데 그렇게 중요한 일터는 과연 어떤 모습일까? 아래 어느 대학병원 홈페이지 게시판에 올라온 한 간호사의 글을 보면 우리 일터의 참담한 현실이 그려진다.

> "그만두고 싶다. 그만두고 싶다.
> 요즘 내 머리 속에 가득 찬 생각
> 하지만,
> 그만두는 것도 꽤나 용기가 필요한 일이라
> 나는 차마 행동으로 옮기진 못하고
> 하루 종일 머릿속으로만 외치고
> 또 외친다."

물론 이 글이 한국의 모든 일터를 대변한다고 볼 수는 없을 터이나, 직장 갑질, 성희롱, 부당노동행위, 번아웃, 과로사 등 일터의 행복과는 정반대 방향을 가리키는 말들이 계속 쏟아져 나오는 것을 보면 우리의 직장생활이 그리 즐겁지 않은 것은 분명해 보인다. 이 속에서 노동의 의미와 가치는 상실된다. 일은 안 하려 하고 주식이나 도박, 부동산 등 투기성 한탕주의에 빠지게 된다. 우리 사회에 퍼진 과도한 향락 문화도 우연이 아니다. 직장에서 받은 스트레스를 풀기 위해 향락을 추구한다. 일터에서 보람과 즐거움을 상실한 탓이다. 이렇게 일터의 문제는 개인적 문제에 그치는

것이 아니라 사회적 문제로 확대된다.

어떻게 해야 할까? 일터민주주의가 필요하다. 일터에서 노동자의 권리를 찾아 행복한 직장을 만들어야 한다, 그동안 빠른 성장을 목표로 달려온 탓인지 일터민주주의에 대한 국내의 논의는 그리 활성화되지 않았다. 논의된 의제도 주로 '법·제도적' 개선이나, 직장에서 일어나는 부당한 일들이다. 즉, 성폭력·성희롱, 갑질과 괴롭힘, 차별적 대우 등 없어져야 할 일터의 적폐들에 초점이 맞춰졌다.

일터민주주의 관련 법·제도적 논의에서는 노조나 노사협의회 또는 노동이사제 등 노사관계의 거버넌스 틀을 개선해 노동자의 참여를 보장한다는 것이 핵심이다. 일터의 기울어진 운동장을 바로 세우는 일로 일터민주주의를 위한 형식적 전제조건이다. 그러나 참여의 법·제도적 보장은 필요조건은 되지만 충분조건은 안 된다. 참여의 공간이 마련된다 해도 여기서 무엇을 해야 할지 모른다면 아무 소용이 없다. 즉, 일터민주주의의 틀 안을 채울 내용을 갖고 있어야 한다는 것이다. 지금까지는 일터민주주의의 논의가 하드웨어(법·제도적 틀) 중심으로 이뤄졌다면, 이제는 소프트웨어(일터민주주의의 내용)를 개발하는 논의도 함께 필요하다.

물론 일터민주주의의 내용에 대한 논의가 없었다고 말할 수는 없다. 지금까지 고발된 많은 직장 내 적폐들과 그 대응조치들은 일터민주주의가 담아야 할 내용들이다. 그러나 법·제도적 틀과 마찬가지로 일터민주주의가 '행복한' 일터를 만드는 것을 목표로 한다면 적폐 청산도 필요조건은 되지만 충분조건은 되지 않는다. 부당한 처사는 일터민주주의를 통해 반드시 막아야 하지만, 이것만으로 행복한 직장이 만들어지는 것은 아니다. 긍정의 심리학자 셀리그만(Seligman, 2004)은 우울증, 정신분열증 등 삶을 불행하게 만드는 부정적 심리상태를 치료한다고 해서 행복한 삶이 오는 것은 아니라고 했다. 행복은 또 다른 긍정적 정서가 형성돼야 찾아온다는 것이다. 일터의 행복도 마찬가지다. 상사나 회사의 부당한 처사가 없어진다 해도 일이 지루하고 힘들면 직장은 행복하지 않다. 보통 완성차업체에는 강한 노조가 있어 부당한 처사가 일어나기 어렵지만 컨베이어 시스템 속에서의 단순반복 작업으로 직무만족도는 낮다. 일터민주주의가 적폐 청산을 넘어 일하는 방식과 내용을 다뤄야 할 필요성을 말해준다.

전체적으로 일터민주주의는 참여 이상이며, 적폐 청산 이상이다. 참여가 참여로 끝나는 것이 아니라 조직적 혁신을 이끌어내야 하며, 그 혁신은 또한 적폐 청산에 머물지 않고 직무만족도를 높여 조직의 긍정적 정서를 발전시켜야 한다. 이를 위해 일터민주주의를 '인적자원개발(HRD, Human Resource Management)' 부문과 연결할 필요가 있다. HRD란 조직의 효율성과 경쟁력을 위해 변화하는 환경에 맞춰 직무를 설계하고 이에 맞는 구성원들의 역량을 개발하는 경영전략으로 일의 보람, 열정 등 긍정적 정서 형성에 결정적인 영향을 미친다. 그러나 지금까지 HRD는 회사가 일방적으로 추진했고 노조에서도 큰 관심을 두지 않았다. 이 때문에 구성원의 욕구가 무시됐고, 직무만족도는 떨어졌다. 일의 가치와 보람을 잃어버리고 일은 단지 돈을 버는 수단 외에는 아무것도 아니라는 이른바 '도구주의적' 노동관이 우리 안에 자리 잡게 됐다. 셀리그만은 그동안 선진국에서 소득은 증가했지만 직무만족도는 감소하고 있다면서 돈으로 행복은 살 수 없다고 강조한다. 그리고 일터의 행복을 위해 무엇을 해야 할지 고민해야 한다고 지적한다.

지금까지 HRD에서는 일터민주주의의 관점이 없었고, 일터민주주의에서는 HRD의 관점이 결여돼 있었다. 이것이 행복한 직장을 만드는 데 결정적인 약점이었다는 문제의식 속에서 이 글은 일터민주주의에 HRD를 접목시켜야 함을 강조한다. 노동의 참여가 있어야 인적자원개발이 일방적으로 회사의 경영전략으로만 작동하지 않고 구성원들의 욕구가 반영되고 직무만족도가 높아질 수 있다. 그러나 노동의 참여가 조직의 효율성이나 경쟁력을 훼손해서도 안 된다. 그렇게 되면 회사는 기필코 노동의 참여를 막으려 할 것이다. 조직의 효율성 및 경쟁력과 구성원의 욕구가 서로 상충 되지 않고 잘 결합돼야 지속가능한 일터의 행복이 보장된다는 것을 의미하며, 일터민주주의는 이 지속가능한 발전 방안을 찾기 위한 참여와 혁신의 공간으로 작동돼야 함을 뜻한다.

일터민주주의란 무엇인가?

일터민주주의는 일터에서 민주적 사회의 기준을 실현하는 것이라 할 수 있다. 그런데 우리는 '민주주의는 회사 문 앞에서 멈춘다'라는 말을 자주 듣는다. 실제로 회사에서는 1인 1표제를 통해 싫으면 정부를 바꿀 수 있는 국민의 정치적 권리와 같은 선거제도도 없으며, 여행이나 주거의 자유 등 일상생활에서 누리는 시민적 자유권도 없다. 노동자들은 자신이 선출하지도 않은 회사의 대표나 경영진의 지시에 복종해야 하며, 시·공간적 이동의 자유도 제한된다. 퇴근 후에야 비로소 회사의 규정에서 벗어나 임의대로 행동할 수 있는 자유를 되찾는다. 이렇게 볼 때 회사 안에는 민주주의가 없다는 비판은 맞다.

물론 다른 시각도 존재한다. 회사의 규정에 따라야 하는 것은 노동자의 자유의지에 따른 '계약'이기 때문에 국민으로서 또는 시민으로서 누리는 정치적, 사회적 권리와 비교할 수 없다는 주장이다. 싫으면 계약을 거부하면 된다는 것이다. 다시 말해, 일 또는 취직을 하지 않으면 된다는 얘기인데, 과연 이것이 얼마나 정당한 주장일까? 우리에게 계약 거부의 자유는 분명히 있다. 그러나 계약을 거부하고 즉, 노동을 하지 않고 살 수 있는 사람이 얼마나 될까? 계약은 피할 수 없는, 강요된 것이다. 민주주의가 없는 일터로 들어가는 것은 우리의 순전한 자유의지가 아니다. 따라서 이에 대항해 일터민주주의를 요구하는 것은 정당한 일이다.

또한, 주주가 회사에 자본을 대준다면, 직원은 회사에 자신의 시간과 역량 및 삶의 일부를 내준다. 이들이 주주와 같은 눈높이의 지위와 권리를 갖지 못할 이유가 없다. 납득할 만한 근거 없이 자본과 노동 간의 부당한 권력 배분은 받아들이기 어렵다. 일터민주주의를 요구할 이유와 근거는 충분하다. 시민이 누리는 정치적, 사회적 권리를 직장에서도 향유할 권리가 있다는 것이다. 이러한 의미에서 박명준(2022)은 일터민주주의를 다음과 같이 정의한다.

"일터에서의 민주주의는 일자리를 지배하는 지배자, 즉 사용자 내지 고용주에 맞서 일자리를 영위하는 노동자들이 해당 일자리에서 자신들의 노동조건을 결정하고, 자신들 노동의 결과에 대해 정당한 배분을 누리며, 그것을 통한 삶과 생활의 안전성을 증진할 기회를 향유하는 정치적 질서의 구현을 가리킨다."(박명준, 2022: 42)

그동안 일터민주주의의 주된 관심 영역은 '경영참여'였다. 경영참여는 우리사주제도와 같은 '자본참여', 경영성과의 몫을 나누는 '성과참여' 및 회사의 경영전략 결정 과정에 참여하는 '의사결정 참여'로 구분해 볼 수 있는데, 이 중에서도 일터민주주의는 의사결정과정에의 참여를 주로 다뤄 왔다. 의사결정 과정에 노동 측 참여의 방식이나 형태는 다양하게 나타난다. 먼저 참여의 방식으로는 노동자 대표가 참여하는 방식과 노동자가 직접 참여하는 방식이 있다. 노동자 대표는 단체교섭(노조), 노사협의회, 노동이사제 및 각종 노사공동위원회 등을 통해 노동의 이해관계를 대변한다. 이러한 대표기구 외에 제안 및 개선 활동, 자율적 팀작업, 분임조·품질 활동 등 현장에서 노동자 자신들이 주체가 돼 회사의 업무혁신 과정에 직접 참여하는 많은 제도들이 있다. 전자를 간접적 참여, 후자를 직접적 참여라 부른다.

표1 참여의 방식 및 형태

참여 방식	참여 형태
대표를 통한 간접적 참여	단체교섭(노조), 노사협의회, 노동이사제, 노사공동위원회 등
노동자의 직접적 참여	제안 및 개선 활동, 분임조·품질 활동, 자율적 팀작업 등

*출처: 저자 작성

참여권의 수준에 따라 의사결정의 유형을 분류해 볼 수도 있다. 합의, 협의 및 정보제공의 형태다. 합의는 가장 수준이 높은 참여권으로 진정한 의미의 공동결정이며, 협의는 노동자의 의견을 듣지만 최종 결정은 회사가 내리는 형태다. 정보제공은 필요한 사안에 대해 합의나 협의 없이 설명만 하는 형태다. 지금까지 참여권의 수준별로 다룬 사안을 보면 합의는 복지나 보상, 근무환경 등 주로 노동조건과 관련된 사안이었다. 협의는 인원배치, 교육·훈련 등 주로 인사노무관리와 관련된 사안이었다. 정보제공은 주로 경영권 또는 경영전략과 관련된 사안으로 투자계획이나 재정적 상황 등에 대해 경영설명회 등을 통한 보고로 끝내는 경우가 많다. 이런 참여권의 수준은 법·제도적 환경 및 노조의 힘에 따라 기업이나 나라별로 다르게 나타난다. 일터민주주의는 합의(공동결정)의 범위를 확대하는 것을 목표로 한다. 즉, 지금까지 보고와 협의 수준에 머물렀던 경영전략이나 인사노무관리의 의제들을 합의의 수준으로 올리는 것이다.

표2 참여권 수준 및 내용

참여권 수준	개념 정의 및 지금까지 다룬 사안
합의	진정한 의미의 공동결정으로 지금까지는 노동조건과 관련된 사안이 대부분을 차지함
협의	노동자의 의견을 듣되 회사가 결정을 내리는 것으로 인사노무관리와 관련된 사안이 주를 이룸
정보제공	경영설명회 등과 같이 보고로 끝나는 것으로 경영권이나 경영전략과 관련된 사안이 대부분

*출처: 저자 작성

일터민주주의와 관련된 개념으로는 '경제민주주의', '산업민주주의' 등이 있는데, 이는 포괄하는 대상이나 내용에 따른 층위적 개념으로 볼 수 있다. 경제민주주의는 1920년대 독일노총에서 처음 채택한 개념으로 전체 경제시스템과 관련된 사안에 대해 정보를 공유하고 노사정 주체들이 문제해결방안을 공동으로 결정하는 제도를 말한다. 당시에는 사회주의 경제체제로 가는 과도기적 형태로 생각했다. 우리나라에서도 '경제민주화'가 많이 회자되고 있으나 '체제전환'보다는 주로 재벌개혁, 원·하청 공정거래 등 부당한 경제 질서를 개선해 공정한 시장경제를 만드는 데 초점이 맞춰져 있다. 산업민주주의는 말 그대로 산업 차원의 의사결정 과정에 노조 또는 노동자 대표가 참여하는 것을 말한다. 이는 산별노조가 작동하는 곳에서 더 활성화된 개념이다. 일터민주주의는 기업과 작업장 수준에서의 노동자 참여를 말하는 것으로 회사의 결정이 내려지기 전 정보를 공유하고, 협의 또는 합의를 거치는 과정을 말한다. 가장 현장과 밀착한 노동자의 '풀뿌리 민주주의' 운동이라 할 수 있다. 경제민주주의와 산업민주주의 및 일터민주주의는 동떨어진 것이 아니라 상호보완적이다. 일터민주주의는 사업장을 둘러싼 포괄적인 요소들 즉, 경제 및 산업적 환경의 변화 없이는 한계가 있으며, 경제 및 산업민주주의는 실제 노동자가 일하는 일터의 변화 없이는 공허한 구호에 불과하다.

그림1 경제·산업·일터민주주의

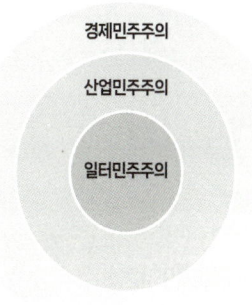

*출처: 저자 작성

민주주의는 왜 회사 문 앞에서 멈출까?

민주주의는 회사 문 앞에서 멈춘다. 일단 회사에 들어가면 상사의 지시를 따라야 하고, 싫어도 주어진 일은 하지 않으면 안 된다. 자율은 없고 타율만 존재하는 공간, 마르크스(Marx)는 이를 '노동소외'라 불렀다. 그동안 많은 사람들이 일터민주주의의 필요성과 정당성을 강조했지만 지금도 마찬가지다. '4차 산업혁명'과 더불어 힘들고 단순한 노동은 로봇에 맡기고 인간은 좀 더 자율적이고 창의적인 일에 전념할 수 있을 것이라는 희망적인 전망도 대두되고 있으나 작금의 현실을 보면 전혀 그렇지 않다. AI의 발전으로 기술적 통제는 더욱 심해지고, 불안정노동(플랫폼노동)이 양산되고 있다. 모두가 AI에 복종하는 '알고리즘 경영'의 시대가 올지도 모른다. 일터민주주의는 점점 더 멀어져 가는 느낌이다.

왜 그럴까? 악덕 기업주, 몰지각한 상사 때문일까? 이렇게 개인적 행위의 문제로 보게 되면 처벌체계를 강화하는 쪽으로 해결방안을 찾게 되는데, 이는 지금까지 많이 해왔던 방식이다. 처벌체계를 강화해도 일터민주주의는 제자리걸음이거나 심지어 후퇴하기도 했다. 우리는 좀 더 근본적인, 구조적인 문제를 들여다볼 필요가 있다.

일터민주주의의 어려움은 기업의 '합리화' 전략과 노동자의 욕구가 서로 충돌하기 때문이다. 합리화란 조직의 경쟁력과 수익성을 높이기 위한 계획을 수립하는 것을 말한다. 합리화는 효율성, 품질, 비용 절감에 전략적 목표를 둔다. 이는 안정된 생활(고용안정과 충분한 임금), 더 많은 자율성과 참여 등을 바라는 노동자의 욕구와 상충한다. 현대적 기업의 합리화 전략은 20세기 초반 테일러(Taylor)가 주창한 이른바 '과학적 관리'(Scientific Management)에 기초한다. 물론 그동안 '탈테일러리즘'을 예고하는 이론과 사례 연구가 많이 나오기도 했으나, 일반적인 경향으로 보기는 어렵다. 오히려 디지털 시대에 새롭게 등장한 플랫폼노동을 '디지털 테일러리즘'이라고 부르는 것을 볼 때 테일러리즘이 완화되기는커녕 다른 영역으로 더 확대되고 있음을 알 수 있다. 과학적 관리의 다음과 같은 원칙은 아직도 기업의 합리화 전략에 깊이 뿌리박혀 일터민주주의를 방해하고 있다.

테일러리즘은 인간은 일하기 싫어하고, 임금만 챙기는 '경제적 동물'이라는 인간관에서 출발한다. 일하기 싫어하기 때문에 자율성을 주면 일은 안 하고 놀려고만 한다. 책임감도 없다. 그래서 통제가 필요하다. 즉, 탑다운 방식으로 위에서 매뉴얼을 만들어 업무 지시를 내리고, 밑에서는 이를 그대로 받아 실행만 하도록 하는 엄격한 위계질서의 조직을 만들어야 한다(구상과 실행의 분리 원칙). 또한, 인간은 경제적 동물이기 때문에 생산성과 임금을 연동해 경쟁을 시키고 성과급을 주면 누구나 생산성 향상을 위해 열심히 일한다(경쟁과 성과급 원칙). 업무는 될 수 있는 한 세

분화해 단순하게 만든다. 그래야 지시 사항이 명확해지고 반복적 작업·숙달을 통해 생산성이 높아지며 노동자는 언제나 대체가 가능하다(분업과 탈숙련화 원칙). 업무 매뉴얼은 가장 높은 성과를 내는 최상의 효율적인 방법을 찾아 표준화한다. 이를 감당할 수 있는 노동자만 채용, 유지하고 저성과자는 탈락시킴으로써 최고의 조직이 된다('one best way'-표준화 원칙).

표3 '과학적 관리'의 원칙 및 전략/결과

원칙	전략/결과
구상과 실행의 분리	탑다운 위계질서/통제 체제 노동소외 심화
경쟁과 성과급	실적과 임금 연동 경쟁체제 심화
분업과 탈숙련화	작업의 세분화·단순화 언제나 노동력 대체 가능(외적 유연성 심화)
표준화	최상의 효율적 방법 표준화(one best way) 노동강도 심화/저성과자 탈락

*출처: 저자 작성

이와 같은 합리화의 원칙이 살아있는 한 민주주의는 회사 문 앞에서 멈춘다. 이는 일터민주주의가 싸워야 할 근본적인 문제이며, 지금까지와는 다른 새로운 노동력 활용방식을 위한 HRD-패러다임을 모색해봐야 할 이유다.

인간은 정말 일을 싫어할까?

테일러가 생각했듯이 인간은 정말 일을 싫어하고 단지 돈 때문에 일하는 것일까? 그렇다면 일터민주주의가 설 땅이 별로 없다. 일하기 싫어하는 인간을 일하도록 만드는 통제수단이 필요하다고 생각할 수밖에 없기 때문이다. 일터민주주의는 일의 주체로서 노동자를 상정하며, 노동소외를 막는 참여와 자율성을 핵심가치로 한다. 그런데 테일러가 생각하는 노동자에겐 노동소외라는 개념이 없다. 참여나 자율성이 아니라 시키는 대로 열심히 일해서 그만큼의 경제적 보상을 받으면 그만이다. 따라서 정치에 민주주의가 있어도, 경제에는 민주주의가 없는 이유가 당연시된다. 그래서 다시 묻지 않을 수 없다. 인간은 정말 일을 싫어하는 것일까?

1920년대 말 노벨 문학상을 수상한 토마스 만(Thomas Mann)은 "일은 힘들고 즐겁지도 않으며 고통스러울 때도 많지만, 그러나 일을 하지 않는다면 그건 지옥이다"라고 말했다. 일은 어렵고 힘들지만 우리의 삶에 중요한 의미와 가치가 있다는 점을 말해주는 격언이다. 인간은 일을 통해 자아를 실현하고 가족과 사회에 기여하면서 자신의 가치를 확인한다. 따라서 일을 하지 않으면 공허함과 무기력감에 빠지게 되고 이는 마치 지옥과 같은 삶이 될 것이라고 지적한 것이다. 실제로 우리는 돈을 벌지 않아도

되는 부자들, 회사의 회장이나 사장들이 계속해서 일하는 경우를 어렵지 않게 목격한다. 또한, 경제적 걱정이 별로 없는 중산층의 일하지 않는 여성들이 아이가 어느 정도 크면 다시 일을 찾는 경우도 흔히 본다. 돈보다 자신의 가치를 사회적으로 인정받고 자아실현의 보람을 찾기 위함이다. 노동은 분명히 생존수단 이상의 가치를 갖고 있다. 이 때문에 인간은 돈이 많아도 일을 찾는다. 다시 말해, 인간은 일이 없는 '지옥'이 아니라 소통하고 협력하고 상호 인정과 보람이 있는 노동의 세계에서 살고 싶어 한다.

그런데 왜 '월요병'이라는 말이 생길 만큼 노동자는 직장을 가기 싫어하는 걸까? 인간이 정말 일을 싫어하지 않는다면 이는 모순된 현상이 아닌가? 이에 대해 미국의 경영학자 맥그리거(McGreger, 2006)는 중요한 시사점을 제공한다. 그는 인간은 선천적으로 일을 싫어하지 않는다면서, 놀이나 휴식처럼 노동에 노력을 기울이는 것은 인간의 본성이라고 했다. 일을 싫어한다면 그것은 인간의 본성이 아니라 노동조건 때문이라고 지적했다. 노동조건에 따라 일을 좋아하기도 하고 싫어하기도 한다는 것인데, 통제가 강한 곳에서는 책임감이 없어지고 일을 회피하려는 성향이 나타난다는 것이다. 그러나 반대로 자율성이 높은 곳에서는 열성을 갖고 자발적으로 일을 하고, 직무만족감도 높아진다. 따라서 통제는 인간의 본성에 대한 효과적인 대응방법이 아니다. 직원은 회사가 생각하는 것보다 훨씬 더 많은 능력을 갖고 있으며, 이를 끌어내려면 통제가 아닌 자율적인 인적자원 활용방식이 필요하다. 일터민주주의가 노사 모두에게 '윈-윈 게임'이 된다는 점을 시사해주는 것이다.

사실 이러한 관점은 오래전 이른바 '호손(Hawthorne) 실험'에서 입증된 바 있다(Roethlisberger/Dickson, 1961). 1924~1932년에 미국 시카고에 위치한 웨스턴 일렉트릭 회사의 호손 공장에서 실시한 이 실험은 물리적 작업조건과 생산성과의 관계를 조사하고자 출발했다. 처음에는 조명이 생산성에 어떤 영향을 주는지 살펴보았는데, 조명을 밝게 하거나 어둡게 하거나 생산성이 모두 높아지는 기대하지 않았던 결과가 나왔다. 이 '수수께끼'를 풀기 위해 온도, 습도 및 임금, 휴식시간 등 더 많은 물리적, 경제적 변수와 생산성과의 관계를 실험했다. 그러나 이번에도 어떤 변수거나 그리고 그 변수의 조건이 좋거나 나쁘거나 관계없이 모두 생산성이 올라가는 '희한한' 결과가 나왔다. 여기서 연구자들은 '호손 효과'라 부르는 새로운 사실을 발견한다. 즉, 변수와 관계없이 어떤 경우에도 생산성이 향상된 것은 실험에 참여한 노동자들이 실험 기간 중 받았던 연구진과 경영진으로부터의 관심 때문이라는 해석을 내린다. 즉, 인터뷰, 설문, 관찰, 그룹토의 등 자신들의 얘기를 듣고 논의하는 과정에서 참여자들은 자신들이 조직의 중요한 일원으로 존중받고 인정받는다는 느낌을 받아 노동 동기가 높아졌다는 것이다. 이로부터 조직성과를 높이기 위해서는 소통과 팀워크가 중요하다는 '인간관계론'이 발전되고, 일터민주주의를 가로막는 테일러리즘의 인간관은 부정된다. 즉, 인간은 경제

적 동물이 아니라 사회적 동물이며, 물리적·경제적 조건보다도 인간관계가 노동 동기에 더 큰 영향을 미친다는 것이다.

일터민주주의는 누구를 위한 것인가?

자본과 경영진 측에서는 일터민주주의는 노동자만을 위한 것이고 회사에는 도움이 되지 않는다고 여기는 경향이 강하다. 노동자들이 더 많은 것을 요구하기 때문에 경제적 효율성이 훼손될 것이라고 우려한다. 기업경영에 노동자 대표가 참여하면 대리인이 많아지고 결정 과정에 이해관계가 얽혀 거래비용이 발생하며, 회사의 전략은 반대에 부딪쳐 포기하거나 지체돼 경영성과와 경쟁력에 부정적인 영향을 미친다고 생각한다.

정말 그럴까? 정말 그렇다면 일터민주주의는 어려워진다. 회사는 필사적으로 일터민주주의를 막을 것이고, 노사관계는 대립적으로 가게 될 것이다. 회사의 성과와 경쟁력이 떨어지면 회사의 문제만도 아니다. 임금 인상도 어렵고 고용도 불안해져 노동자들의 걱정도 커진다. 그래서 일터민주주의에 대한 요구도 작아지기 쉽다. 그러나 다행히도 일터민주주의는 노사 모두에게 도움이 된다는 연구결과가 많다. 일터민주주의가 양질의 일자리를 만들고 생산성을 높여 경쟁력이 향상된다는 것이다. 또한, 사회적 안정과 정치적 민주주의에도 기여한다는 연구결과도 많다. 일터민주주의는 노동자만을 위한 것이 아니라 회사와 사회구성원 모두를 위한 제도라는 것이다.

유럽노동조합연구소(ETUI, 2019)의 연구결과는 노동자 참여가 지속가능하고 포용적인 녹색성장에 기여한다는 것을 보여준다. 이 연구는 '유럽 2020 핵심전략'인 5개의 영역(▲고용 ▲R&D ▲에너지 전환 ▲교육·훈련 ▲빈곤 및 사회적 배제)의 발전과 노동자 참여권의 상관관계를 분석한 것이다. 아래 표를 보면 전체적으로 노동자 참여권이 높은 나라(그룹1)가 약한 나라(그룹2)보다 더 좋은 성과가 나타났다. 20~64세의 고용률, GDP 대비 R&D 지출 비중, 총 에너지 소비량에서 재생에너지의 비중, 교육 및 훈련과정을 조기 중단한 사람들, 30~34세 연령대의 고등교육(대학 이상) 수료자, 빈곤 또는 배제의 위험에 처한 인구 비중 등 모든 지표에서 노동자 참여권이 강한 나라의 성과가 더 높았다. 특히 GDP 비중에서 R&D 지출이 두 배나 높은 것이 흥미롭다. 일터민주주의가 진척될수록 산업구조를 업그레이드하고 양질의 일자리를 만들려는 동기가 높아지기 때문인 것으로 보인다. 이러한 연구결과를 제시하면서 연구자들은 유럽연합이 미래의 야심 찬 전략적 목표를 달성하기 위해서는 노동자 참여를 강화해야 할 것이라고 강조했다.[1]

---

[1] https://worker-participation.eu/why-worker-participation

표4 참여권의 정도와 유럽 2020 핵심지표의 성과

Europe 2020 Headline Indicator	Group1: Countries with stronger participation rights	Group2: Countries with weaker participation rights	Difference (Group1 vs. Group2)
Employment rate, age group 20-64, 2009-2014	72.0	66.1	5.9
Gross domestic expenditure on R&D(GERD), 2009-2014	2.2	1.1	1.1
Share of renewables in gross final energy consumption, 2009-2014	18.6	14.1	4.5
Early leavers from education and training, 2009-2014	9.4	13.2	3.7
Tertiary educational attainment, age group 30-34, 2009-2014	38.8	35.4	3.4
Population at risk of poverty or exclusion, 2009-2014	18.7	29.8	11.1

출처: Vitols and Rux(2016).

미시적(기업) 차원에서도 일터민주주의가 노사 모두에 긍정적인 효과가 나타났다. 유럽연합 국가들을 조사한 연구결과를 보면 일터민주주의가 소득의 평등은 물론 생산성도 높인다는 결과가 나왔다. 이를 두고 연구자들은 노동자들이 더 많은 권한과 권리가 보장된다고 해서 일을 안 하려 하는 것이 아니라 오히려 업무 동기가 높아져 자신의 경험과 지식을 조직에 더 많이 쏟아 붓고 최선을 다한다는 결론을 내린다(ETUI, 2019).

그림2 | 일터민주주의와 생산성 및 평등

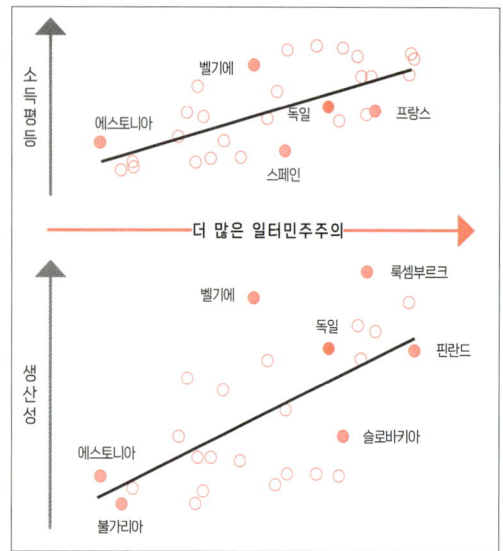

*출처: ETUI, 2019[2]

최근 일터에 AI 활용이 급속히 증가하고 있다. 많은 노동자들은 고용이 줄어들고 감시와 통제가 강화될 것이라고 우려한다. 이러한 우려가 불식되지 않으면 AI 도입에 반대하게 되고, 도입되더라도 활용방식에 대한 불신으로 갈등이 생기기 쉽다. OECD의 조사에 따르면 일터민주주의가 이러한 우려를 완화하고 AI

---

[2] https://www.boeckler.de/de/boeckler-impuls-demokratie-darf-nicht-am-werkstor-enden-4545.htm

의 성과에 크게 기여하는 것으로 나타났다. 아래 그림을 보면 금융 및 보험서비스업이나 제조업이나 AI의 도입과정에서 노조 또는 노동자 대표와 협의한 사업장이 그렇지 않은 사업장보다 모든 측면에서 긍정적인 효과를 가져왔다. 업무만족도와 정신 및 신체건강, 관리의 공정성은 물론이고 업무성과도 높다. 이는 도입과정에서 기술을 직접 사용하는 현장의 직원들과의 논의를 통해 예상되는 문제점과 갈등을 사전에 파악하고 조치를 취했기 때문이다. 또한, 노동자 대표들은 이 과정에서 회사에 필요한 훈련 프로그램에 대한 의견을 제시하고 직원들에게는 훈련 참여를 독려하면서 신기술의 적응력을 높이는데 기여했다(Lane, 2023).

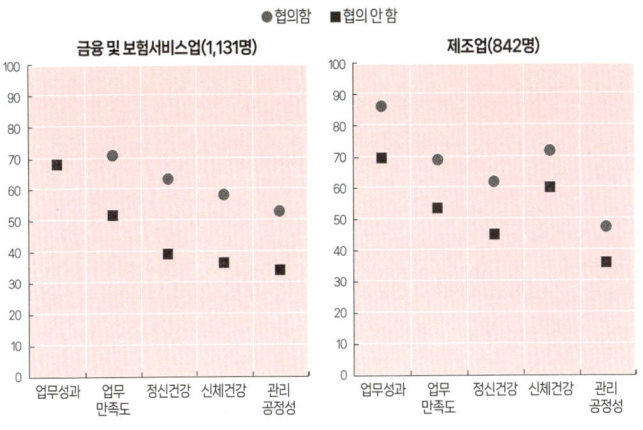

그림3 AI 도입 시 사전 협의와 성과/노동조건의 상관관계 (단위:%)

*출처: Lane, 2023

일터민주주의는 경제적 효과나 노동조건의 개선을 넘어 사회와 정치적 민주주의에도 긍정적인 영향을 미친다. 최근 독일의 '경제 및 사회과학연구소'(WSI)에서 서유럽과 동유럽의 10개국 노동자 1만 5,000명을 대상으로 조사한 연구결과를 보면, 일터에서 참여를 통해 자신의 업무 내용 및 방식에 대한 발언권과 영향력을 갖는 노동자들이 그렇지 못한 노동자보다 자국 및 유럽연합의 민주적 제도에 더 많은 신뢰를 보냈다. 이민자들에 대해서도 우호적인 태도를 보이는 것으로 나타났다. 이는 참여와 소통 및 상호 인정 등의 민주적 가치를 일터에서 학습했기 때문이며, 이런 좋은 민주적 경험은 직장을 넘어 사회적 안정과 정치적 민주주의를 강화한다는 것이다. 조사한 모든 국가에서 참여가 부족하고 열악한 노동조건은 극우 정당의 온상으로 이어지고 있음이 드러났다. 일터민주주의는 노동자와 회사뿐만 아니라 사회 안정과 정치적 발전에도 크게 기여한다(WSI, 2024).[3]

---

[3] https://www.wsi.de/de/pressemitteilungen-15991-befragung-zur-eu-wahl-in-10-landern-60951.htm

행복한 일터는 어떻게 만들어지나?

일터민주주의는 행복한 일터를 만드는 것이 목표다. 긍정의 심리학 발전에 기여한 칙센트미하이(Csikszentmihalyi)는 행복은 순간순간 충분히 '몰입'(Flow)할 때 찾아오는 성취감과 즐거움이라면서, 이 '최적의 경험'(optimal experience)이 인간의 행복과 삶의 질을 좌우한다고 했다(칙센트미하이, 2011). 몰입은 에너지를 창출함과 동시에 마음에 생기를 불어넣는다. 또한 행복의 핵심인 즐거움은 '쾌락'과는 달리 노력의 대가로 오는 것이며(성취감), 외부의 누가 시켜서 하는 것이 아니라 자신이 스스로 행동을 결정하고 조절할 때 느낄 수 있는 것이라 했다. 행동의 자율성과 노력이 성취감과 즐거움을 가져오고, 이것이 행복의 원천이라는 것이다. 지금까지 일터의 합리화는 이러한 행복의 관점과 상충하는 점이 많았다. 자율보다는 타율적인 면이 많아 일의 즐거움과 성취감보다는 압박감과 스트레스를 더 많이 느꼈다. 행복한 직장을 만들려면 일터민주주의와 HRD를 연계해 기존의 합리화와는 다른 방향의 인력 활용방식을 개발해야 한다.

일의 동기는 크게 두 개의 유형 즉, '외재적' 동기와 '내재적' 동기로 구분된다(아지리스, 2000). 전자는 일의 동기가 외부에서 주어지는 것으로, 회사가 일방적으로 일의 내용 및 방식을 규정하고 노동자는 이에 따라 실행만 하면 되는 위계적 일터에서 발생한다. 여기서는 자신의 일에 대해 스스로 결정하는 힘이 적어 몰입도가 저하되며, 일의 보람과 즐거움을 잃고 '돈'이 노동을 유인하는 유일한 수단이 된다. 이에 반해 내재적 동기는 외부의 강요나 통제가 아니라 일의 재량권이 주어질 때 생기는 자발적 의욕으로 몰입을 가능케 하는 요인이다. 구상과 실행의 경계가 완화되고 책임과 권한이 아래로 이양돼 노동자가 주도적으로 일할 수 있는 이른바 '임파워먼트'(Empowerment)가 일어나는 곳에서 내재적 동기가 발생한다.

경영심리학자인 허즈버그의 '동기 이론'도 중요한 시사점을 제공한다. 그는 직무 만족 또는 불만족을 유발하는 요인으로 '위생요인'(Hygiene Factors)과 '동기요인'(Motivators)을 구분한다(Herzberg, 2003). 위생요인은 일 자체가 아니라 임금, 노동조건 등 일의 외적 또는 환경적 요인을 말하는 것으로, 그는 이를 '동물적 욕구'라 불렀다. 이 위생요인은 불만족 요인이다. 즉, 임금, 노동조건 등 경제적, 물리적 조건이 충족이 안 되면 불만족은 야기되지만, 아무리 좋아져도 직무 만족은 가져오지 않는다는 것이다. 직무 만족은 그가 '인간적 욕구'라 부른 동기요인에 의해 유발된다. 동기요인은 성취감, 인정, 자아발전 등 일 자체와 관련된 내적 요인들로, 이러한 감정을 느낄 때 인간은 비로소 진정한 의미의 노동 동기가 생기고 열정과 자신의 능력을 발휘한다는 것이다.

이 이론의 흥미로운 점은 직무 만족과 불만족 요인을 불연속적 관계로 본다는 것이다. 일의 외적 조건(임금, 노동조건 등)은 직무의 불만족은 일으키지만, 그것이 충족된다 해도 직무 만족으로 이어지지는 않는다는 것이다. 직무 만족은 이와는 전혀 다른 내적 요인들에 의해 유발된다. 여기서 우리는 지금까지 불만족을 줄이는 데에만 신경을 쓰고, 만족도를 높이는 데에는 소홀했던 것은 아닌지 성찰해 볼 필요가 있다.

따지고 보면 노동소외는 노동의 강요, 통제, 돈 등 외재적 동기에 의해 추동되고, 노동 자체의 즐거움, 의미, 보람 등의 내재적 동기와는 거리가 멀었기 때문에 비롯된 것이다. 물론 그동안 테일러리즘에 대한 비판과 더불어 임파워먼트가 많이 강조되기도 했지만, 회사는 겉으로만 동조했을 뿐 실제로는 지시와 통제 체제를 더 많이 선호했다. 그래서 노동소외는 지속됐고 일터의 행복은 멀어져 갔다. 일의 내재적 동기를 유발하는 참여와 HRD의 혁신이 요구되는 이유다. '유럽 생활 및 노동조건 재단'(Eurofound)의 조사에 따르면 자신이 개선 아이디어를 내고 업무 결정 과정에 영향력을 갖는 노동자들은 70% 이상이 일터에서 에너지가 넘치고 일에 열정을 느낀다고 했다. 이를 보면서 연구자들은 노동자들의 참여와 혁신의 목소리는 회사의 큰 자산이라고 강조했다.[4]

---

[4] https://worker-participation.eu/why-worker-participation

최근 4차 산업혁명과 더불어 일터혁신의 문제가 다시 불거지고 있다. 디지털 기술이 인간의 보조수단으로 활용되면서 작업부하를 줄이고, 좀 더 높은 교육과 역량을 통해 도전과 성취감을 주는 '인간중심의' 일터가 만들어지느냐, 아니면 반대로 인간이 디지털 기술에 종속되면서 노동자의 숙련이 불필요해지고 자율성이 저하되며 통제 체제가 강화되는 '기술중심의' 일터를 만들어지느냐가 문제다. 앞으로 어느 방향으로 흘러갈지는 두고 볼 일이나, 지금까지의 경험상 분명한 것은 일터민주주의가 발전한 곳에서는 인간중심의 일터가, 그렇지 않은 곳에서는 기술중심의 일터가 출현할 것이라는 점이다.

표5 인간중심적 일터와 기술중심적 일터

	인간중심적 일터	기술중심적 일터
전체 특징	디지털 기술은 노동의 보조수단	디지털 시스템이 노동자를 통제/조정
노동내용	역량 촉진적 직무 설계, 설계와 목표에 대한 노동의 영향력 증진	높은 표준화, 외부에 의한 결정, 숙련/자격 축소
근무조직	협력, 참여를 통한 목표협약	적은 자율성
연결	투명하고 유연한 기준	경직된 기준과 투명성 결여
자동화	작업부하 경감이 목적	인력 대체가 목적
자격/역량	학습 촉진적 직무, 전략적 교육 및 인사계획, 충분한 재교육	전문가와 시스템 운영자들만 숙련화, 당장 필요한 요구에 한정
데이터	정보보호, 과제 수행를 위해 언제나 접근 가능	노동자의 행동과 성과에 대한 포괄적 통제

*출처: Falkenberg 외, 2020: 7

맺음말

 일터는 우리 삶의 가장 중요한 부분을 차지한다. 삶의 기간 중 가장 많은 시간을 일터에서 보내며, 여기서 사회적 역할과 관계도 형성된다. 노동은 개인과 사회를 이어주는 연결고리다. 그러나 이렇게 중요한 일터에서 우리는 행복하지 않다. 직무만족도는 점점 더 떨어지고 성과 압력과 스트레스에 시달린다. 이는 개인의 삶과 사회 전체의 불행함을 뜻한다. 일터민주주의는 이를 타파하기 위해 일터의 행복을 되찾는 것을 목표로 한다.

 그동안 국내의 일터민주주의에 대한 논의는 주로 노동자 참여를 위한 법·제도적 개선과 직장 내 갑질 및 부당한 대우 등 일터의 적폐 청산에 집중됐다. 이는 일터민주주의를 위해 반드시 풀어야 할 문제임은 분명하다. 그러나 일터민주주의가 행복한 일터를 만드는 것이 목표라면, 법·제도적 개선과 적폐 청산을 넘어 노동자들이 일 자체에 대한 즐거움과 성취감을 느낄 수 있도록 해야 한다. 일터에 생기를 불어넣는 긍정적 에너지 즉, 노동의 내재적 동기가 유발돼야 한다는 것이다. 그렇지 않으면 일은 단지 돈을 벌기 위한 수단 외에는 아무런 의미도 없다는 '노동도구주의'에 빠지게 된다.

 일터의 행복을 막는 가장 큰 요인은 제재와 통제에 기반한 기업의 합리화 전략이다. 제재와 통제 체제 속에서는 내재적 동기가 일어나지 않는다. 이런 곳에서는 자발적이기보다는 항상 타율적으로 움직임으로써 일을 통한 성취감이나 즐거움이 생기지 않는다. 일의 내재적 동기는 자기결정권과 함께 지속적으로 배우고 성장할 수 있는 업무가 주어질 때 발생한다. 따라서 일터의 자율성을 높이고, 창의성을 발휘할 수 있는 흥미롭고 도전적인 업무 내용과 교육 체계가 요구된다. 일터민주주의가 HRD와 연계돼 내재적 동기를 유발하는 새로운 일터혁신을 추진해야 한다는 점을 강조하는 이유다.

노동자는 일하기 싫어하기 때문에 자율성보다는 통제가 필요하다는 노동자에 대한 불신도 수정이 필요하다. 자율성을 주게 되면 노동자들은 더 많은 책임감을 가지고 인정받는 느낌을 받아 스스로 자기 능력을 최대한 발휘함으로써 생산성과 경쟁력이 향상된다는 많은 연구 결과가 있다. 그뿐만이 아니다. 일터에서 민주주의를 경험하지 못하고 열악한 노동조건에 놓인 노동자들은 참여를 통해 소통과 협력 등 민주적 가치를 경험한 노동자들보다 극우 정당에 더 많은 지지를 보낸다는 사실도 드러났다. 일터민주주의는 노동자의 행복, 조직성과는 물론 사회적 유대와 정치적 민주주의에도 크게 기여한다.

참고문헌

맥그리거(McGreger, 2006), 『기업의 인간적 측면』, 한근태 역, 미래의창

박명준(2022), "들끓는 일터, 방황하는 민주주의: 한국의 일터민주주의에 대한 시론적 문제 제기", 박태주·박명준 엮음, 『우리는 민주주의로 출근한다』, 공공상생연대기금

셀리그만(Seligman, 2004), 『완전한 행복』, 곽영단 역, 물푸레

아지리스(Argyris, 2000), "임파워먼트 - '벌거벗은 임금님'에 대한 허상", 하버드 비즈니스 리뷰 페이퍼백 시리즈 7, 『인력관리』, 현대경제연구원 역, 21세기북스

칙센트미하이(Csikszentmihalyi, 2011), 『몰입, 미치도록 행복한 나를 만난다』, 한울림

Falkenberg, J./Haipeter, T./Krzywdzinski, M./Kuhlmann, N./Schietinger, M,/Virgillito, M.(2020): Digitalisierung in Industriebetrieben - Auswirkungen auf Arbeit und Handlungsansätze für Betriebsräte, Forschungsförderung Report 6, Düsseldorf: Hans-Böckler-Stiftung,

Herzberg, F.(2023), "One More Time: How Do You Motivate Employees?" Harvard Business Review, January 2003

Lane, M(2023), "AI관련 사용자 및 노동자 대상 OECD 조사의 주요결과", 『국제노동브리프』 2023년 8월. 한국노동연구원

Roethlisberger/Dickson(1961), Management and the Worker – An Account of a Research Program Conducted by the Western Electric Company, Hawthorne Works Chicago, Cambridge: Harvard University Press

노동과 정치의 만남

김주영

1986년 한국전력공사에 입사했다. 2002년 전력노조 위원장, 2012년 한국노총 공공노련 위원장으로 활동했다. 2017년 한국노총 위원장을 역임하며, 대통령 직속 일자리위원회 위원, 저출산고령사회위원회 민간위원 활동을 했다. 2018년 경제사회노동위원회 노동자대표를 맡았다. 2020년 제21대 국회의원 선거에서 더불어민주당 김포시갑 국회의원으로 당선됐다. 2024년 4월 같은 지역구에서 재선을 하고 제22대 국회의원 임기를 이어가고 있다. 22대 국회 전반기 환경노동위원회 간사로 활동 중이다.

노동과 정치의 만남

지금까지 내 인생에서 거의 절반은 노동운동과 함께한 시간이었다. 1986년, 한국전력에 대졸 공채로 입사해 첫 근무지인 경북 예천에서 2년간 일하며 노동조합을 처음 접했다. 전국전력노동조합은 유니언 숍이라 입사하자마자 노동조합 조합원이 됐고, 이것이 내가 노조 활동에 발을 들여놓게 된 계기였다. 2년 후 서울로 발령이 났고 가든호텔 맞은편에 있는 한전 서부지점(현 마포·용산지사)에서 노동조합 지부 간부 활동을 하게 됐다. 회사 생활을 34년 2개월을 했는데 노동조합에 발을 담그고 있었던 시간만 30년 가까이 된다.

서부지부는 전국전력노동조합의 60여 개 지부 가운데 가장 작은 조직으로 조합원이 채 100명도 되지 않았다. 내가 몸담고 있던 때만 하더라도 노조 간부로서는 젊다고 할 수 있는 34세의 나이에 지부장에 도전했는데, 그렇게 작은 조직이었음에도 4파전의 치열한 경선을 치르고서야 지부장으로 선출될 수 있었다. 세월이 흘러 2002년, 40세에 전국전력노동조합 2만여 명 조직의 대표가 됐고 사선(死線)을 넘어 4선 위원장을 끝으로 전력노조 위원장의 무거운 직을 내려놓을 수 있었다. 전력노조 위원장 재임 기간에는 한전 분할 민영화를 막아낸 것을 시작으로 2,000여 명의 계약직들을 정규직으로 전환시켰다. 정년 연장 등 우리 사회의 산업과 노동정책에 있어서 굵직굵직한 의제들을 선도적으로 해결하는 성과도 거두었다.

전력노조에서의 경험을 바탕으로 '우리 사회의 크고 작은 노동과 산업 문제를 해결해 보겠다'는 포부로 한국노총 위원장에 도전하기도 했다. 노조에 입문한 이후 처음으로 낙선의 고배를 마셨다. 잠시 의기가 꺾였지만 이명박·박근혜 정부를 거치면서 몰아쳤던 '공기업 선진화', '공공기관 정상화' 정책에 맞서고자 심기일전해, 2012년에는 공공노련과 공기업연맹이 통합해 출범한 공공산업노동조합연맹(공공노련) 초대 위원장을 맡았다.

이후 2014년, 한국노총 위원장에 재도전했으나 다시 고배를 마셨다. 두 번의 도전이 실패하면서 한국노총 내부에서는 '이제 김주영은 끝났다'라고 하는 분위기도 있었지만, 2017년 당시 박근혜 탄핵정국 속에서 세 번째 도전에 나섰고, 노총 내 대규모 조직 출

신의 상대 후보자와 맞붙어 큰 격차를 내며 승리하게 됐다.

노동조합에서 활동해 온 30년을 되돌아본 이유는 여기에 내가 생각하는 노동조합과 정치, 나의 소신이 들어 있기 때문이다. 내가 생각하는 노동조합, 내가 경험한 정치, 그리고 노동자와 정치, 정치를 꿈꾸는 후배들에게 해주고 싶은 말, 늘 꿈꾸어 왔던 "함께 사는 세상"에 대한 소신 등을 두서없이 지면으로 피력하고자 한다.

나와 노동조합

내가 노동조합에 발을 들여놓았을 때는 노동조합이 대중과 유리된, 어찌 보면 조합원에게 '무서운' 조직이었다. 지금은 대부분 노조가 민주적으로 운영되고 있지만, 당시에는 노조가 권위적으로 운영되는 경우가 많았다. 특히 노동조합 위원장 선출이 조합원 직선제가 아니라 대부분 간선제였기 때문에 조합원의 참여율과 권리의식이 낮았다. 노조가 조합원을 대하는 태도 또한 권위적일 수밖에 없었고, 사측 또한 노조 상층부를 대상으로 포섭하기도 쉬웠던 그런 시절들이었다.

1987년 민주화 대투쟁 이후에는 노동계에도 변화가 많이 일어났다. 87년 7~9월, 전국에 걸친 노동조합의 대투쟁은 노동자의 권리를 쟁취하기 위한 투쟁이었고 이를 통해 전국적인 노조 결성 붐이 일었다. 이를 통해 유일한 노총이었던 한국노총 외에 민주노총이 만들어지는 계기가 되기도 했다. 나는 전력노조 산하의 작은 조직에서 조합원으로 있으면서 당시 노동조합에 대해 쓴소리를 많이 했었는데, 그것이 본격적인 활동으로 이어지는 계기가 됐다. 당시는 말 한 번 잘못하면 노조의 인사 개입으로 지방으로 발령 날 각오를 해야 하는 시절이었는데, 그런 엄혹한 시절에 겁도 없이 끊임없이 노동조합과 지부장에게 거침없는 문제제기를 하곤 했다. 그러다 보니 주변의 조합원들로부터 등 떠밀려서 노조 활동에 본격적으로 발을 들여놓았고 지부장에도 도전한 것이다.

노동운동을 어떻게 해야 할 것인가

그 당시 노동조합은 조합원들한테 크게 신뢰를 받지 못했기 때문에 신뢰 회복을 통해 조합원들을 하나로 묶어내는 게 매우 중요했다. 그래서 내부 소식지를 만들어서 조합원들한테 배포하기도 했고, 타지로 전출한 분들과 퇴직하신 분들한테도 소식지를 보내는 등 노동조합 활동을 적극적으로 홍보했다.

자체적인 복지시설도 제대로 운영할 수 없는 작은 지부였기 때문에 실제 조합원들이 체감할 수 있는 변화를 만들 수 있는 공약을 내세우고 실천했다. '승진 공부를 하는 조합원들을 위해서 공부방을 만들겠다.' '사내에 노래방을 만들겠다, 체력 단련실을 만들겠다.' 등 생활 속 공약 10가지를 내걸고 지부장에 당선이 돼서 노동운동에 본격적으로 뛰어들었다.

당시 나는 막연하게나마 '내가 노동운동을 어떻게 해야 할 것인가' 하는 고민을 많이 했다. 왜냐하면 공채로 들어온 동기들은 대부분 회사에서 승진해 그 분야의 경영자로 커갈 수 있는 간부의 길을 가기 위해서 준비하고 있었는데, 나는 노동운동으로 뛰어들었기 때문이다. 만약 조금이라도 삐끗하는 순간 나의 미래는 입사 동기들하고 아주 큰 차이가 생길 수 있었기 때문에 학연이나 지연과 같은 노동조합 조직의 기반이 없었던 나로서는 미래에 대한 고민이 깊을 수밖에 없었다.

지부장에 도전하면서 꼭 회사 간부의 길로 가지 않더라도 '노동운동을 통해 길이 있다는 것을 보여 주겠다'는 다짐을 스스로 했다. 그래서 지부장이 되고 나서는 본조 차원의 행사나 회의, 간부 워크숍 참석과 같은 기회가 되면 당시 노조 집행부의 문제를 많이 제기했다. 그 때문에 때로는 회의 도중에 강제로 끌려 나가기도 하고, 발언하면 집행부 쪽에서 일거수일투족을 비디오로 찍는 등 조금이라도 다른 모습이 보인다고 하면 나를 곤경에 빠뜨리려고도 했다.

당시 회사에서는 특명감사라는 제도가 있었다. 요즘은 그런 일이 있을까 모르겠지만 정치권의 검찰 같은 곳에서 사정(司正)하듯이 특명감사를 내려보내 먼지를 털 듯 소위 '잡도리'를 하곤 했는데, 내 경우에는 1년 동안 다섯 번의 특명감사를 받기도 했다. 사소한 문제라도 나왔으면 아마 해임하려고 했던 것 같다. 참으로 두렵기도 하고 엄혹한 시절이었다. 그런 상황을 극복하고 지부장을 3선을 했다.

노동자의 목소리를 대변하며 사회적 변화를 이끌다

2002년 전력노조 위원장 선거가 다가오던 어느 날, 선배 두 분이 각자 출마 의사를 밝히며 나에게 도움을 요청해 왔다. 나는 그중 한 선배를 돕기로 했지만, 조직 내부의 논의를 통해 의도하지 않게 내가 후보자로 추대되는 상황이 벌어졌다.

당시에는 출마를 결심하는 데 큰 용기가 필요했다. 왜냐하면 정부가 한국전력을 분할해 민영화하려는 아주 엄중한 시기였기 때문이다. 1997년 IMF를 거치며 정부는 이른바 '돈 되는' 알짜 공기업이라도 팔아서 국가채무를 갚기 위해, 또 한편으로는 한미투자협정에 따라 공기업을 민영화하는 방침을 세웠다. 그 결과 한국통신과 포스코 같은 대기업은 물론, 대한중석 같은 알짜 기업들도 민영화되거나 사라졌다. 이러한 흐름 속에서 한국전력 역시 분할 민영화를 촉진하는 "전력산업 구조개편 촉진에 관한 법률"이 여야 만장일치로 국회를 통과했다.

전력노조는 전력산업 민영화를 막기 위해 정말 치열하게 싸웠다. 99년부터 2000년 12월까지 전면파업을 내걸고 두 번, 세 번 파업 직전까지 갔지만, 결국 법안 통과를 저지하지 못했다. 이 과정에서 조합원들은 조합원의 뜻에 반해 파업을 철회함으로써 법안 통과를 용인한 노동조합에 대한 신뢰를 거두고 등을 돌렸다.

파업 실패로 발전소가 분할된 이후 치러진 2002년 전력노조 선거에서 나는 위원장 후보로 나서게 됐다. 당시 내 나이가 만으로 40세, '기라성 같은 선배들도 이루지 못한 한전 분할 민영화를 막아낼 수 있을까'라는 두려움이 컸다. 그러나 조합원들의 신뢰를 되찾아야 한다는 사명감으로 용기를 내어 도전했고, 치열한 4파전 끝에 위원장으로 당선됐다. 당선 이후 나는 민영화를 막지 못하더라도 파업을 통해 '파업 철회'로 응어리진 조합원의 한을 풀어 신뢰를 회복하겠다는 각오로 임했다. 위원장이 되면 한전 민영화를 저지하기 위한 소위 '불법파업'을 할 수밖에 없었기에 구속과 해고를 각오하는 결심이 필요했다. 배우자를 비롯한 가족들의 동의를 받아야 할 만큼 중차대한 문제였다.

그 시기는 이미 분할된 발전소 매각과 한국전력의 지역별 분할이 기다리던 때였다. 노동조합이 다시 신뢰를 얻게 하기 위해 나는 구속과 해고도 감수하겠다는 공약을 내걸고, 조직을 결집시키기 위해 노력했다. 발전, 철도, 가스, 전력노조가 모여 '국가기간산업 사유화 저지 공동투쟁본부'를 구성하고 수많은 집회와 투쟁을 이어갔다. 그러나 법안이 통과된 현실 속에서 대국민 선전이나 가두 투쟁만으로는 막을 수 없다는 판단 아래 파업을 결단했다.

2002년 2월, 당시 발전노조는 분할된 발전소의 민영화에 반대하며 38일 동안 파업에 돌입했다. 그러나 정부의 민영화 정책을 철회시키는 데에는 역부족이었다. 따라서 분할된 발전소의 민영화와 한전의 배전 부문 분할 민영화 정책은 여전히 유효했다.

2002년 5월 위원장으로 당선된 이후 나는 전깃불을 끄는 상징적 행동을 통해 민영화 반대의 의지를 보여주고자 청와대와 국회의 전기를 끊는 급진적인 계획도 세운 바 있다. 하지만 다양한 투쟁방식을 통해 정부 정책의 변화를 이끌어야겠다는 고민으로 정치 일정을 고려한 신중한 정치 투쟁을 진행해 나갔다. 대선을 앞두고 이회창 한나라당 후보와 노무현 민주당 후보에게 전력 민영화에 대한 정책 질의서를 보냈고, 노무현 후보로부터 "전력산업 민영화를 재검토하겠다"는 긍정적인 답변을 받았다. 이 메시지를 바탕으로 조합원들에게 노무현 후보의 지지를 호소하며 대선 국면에 참여했다.

노무현 후보가 대통령에 당선된 후, 당선자 신분으로 한국노총을 방문한 자리에서 나는 전력산업 분할 민영화 정책을 스위스 사례처럼 국민투표로 결정하거나 노사정위원회에 공동연구단을 설치해 해외사례를 조사한 뒤에 결정해 달라고 요청했다. 철도, 전력 등 네트워크 산업 민영화에 대해 부정적인 견해를 가졌던 노무현 당선인은 내 제안에 대해 검토하겠다고 약속했고, 이후 청와대 정책실이 주관하는 토론을 거쳐 노사정위원회 내에 공동연구단이 출범했다. 노조와 정부, 그리고 노사정위원회에서 추천한 6명의 인사들이 참여한 연구단은 10개월간 9개국 32개 기관을 방문해 전력산업 민영화 사례를 조사했다. 연구 결과, 전력 민영화는 기대 편익이 불확실하며, 요금 폭등과 공급 불안정의 위험이 크다는 결론에 도달했다.

노사정위원회에서 결론을 낸 이후에도 많은 논쟁과 혼란이 있었지만, 결국 2004년 6월 30일 노사정위원회 본회의에서 전력산업 민영화를 공식 중단하는 것으로 의결했다. 이 과정에서도 노사정위원회 점거 농성부터 위원회 구성, 합의 결론에 이르기까지 수많은 투쟁의 과정을 거쳤다. 결과적으로 한국전력의 분할도 민영화도 중단됐으며, 이 승리를 통해 조합원들의 결속과 노동조합에 대한 신뢰 회복의 계기를 만들게 됐다. 이는 노동조합 투쟁의 성과이자 조합원들에게 다시 희망을 심어준 중요한 사건이었다.

내가 재임하던 시기에 한전 내에는 약 2,000명에 달하는 1년 단위 계약의 비정규직 노동자들이 있었다. 2007년 기간제법이 국회를 통과하기 전인 2004년, 나는 이들을 노동조합 조합원으로 받아들였다. 기존 조합원들의 많은 반대가 있었지만 설득해냈고, 이후 회사와의 교섭을 통해 새로운 직급 체계를 만들어 이들을 완전 정규직으로 전환했다. 결과적으로 한전에서는 순수 단기 비정규직을 제외하고는 비정규직이 대부분 사라지게 됐다.

이런 성과 덕분에 다음 선거가 다가와도 큰 걱정이 없었다. 나는 전력노조 최초의 직선 4선 위원장이라는 전인미답의 기록에 도달할 수 있었다. 함께 연대하고 조직 내의 약자들을 위해 활동해야 한다는 노조 운동의 원칙이 직선 4선이라는 결과로 나타난 것이다. 전국 조직인 전력노조를 이끌며 최북단 강원도 고성에서부터 저 땅끝마을 해남, 울릉도를 포함한 300여 산하 조직을 매년 10만㎞ 이상 달리며 조합원들과 소통했고, 이를 통해 조합원들의 신뢰를 회복할 수 있었다. 또한 2000년까지 한전의 임금 수준은 100대 기업 중 하위권에 있었지만, 적극적인 노조 활동을 통해 임금체계를 개선하고 노사 합의로 정년 연장을 이뤄냈다.

이러한 경험은 나에게 더 큰 조직, 한국노총 위원장에 도전할 용기를 주었다. 2011년과 2014년 두 차례 도전에서 패배했지만 좌절하지 않고 전국을 다니며 동지들을 만났다. 마침내 2017년 한국노총 위원장 선거에서 압도적인 지지로 당선됐다.

내가 경험한 정치

위원장으로서 나는 사회적 대화와 대타협을 통해 우리 사회의 문제를 풀어가고자 했다. 문재인 대통령과의 정책연대를 통해 노동조합의 위상을 끌어올리는 계기를 마련했고, 일자리위원회, 저출산고령사회위원회, 경제사회노동위원회 등 주요 정부 위원회에 노동계 대표들이 참여할 수 있는 길을 열었다. 이를 통해 청와대에 노동계 출신 인사를 행정관으로 추천하기도 했다.

문재인 정부와의 정책연대를 통해 '노동 존중 사회'라는 비전을 실현하려 했지만 그 비전이 완전히 이루어지지는 못했다. 나는 노동 존중 사회가 단순히 노동조합과 노동조합원을 존중해 달라는 것이 아니라, 땀 흘려 일하는 모든 사람과 땀의 가치, 노동의 가치를 존중하자는 뜻이라고 생각했다. 문재인 대통령은 당선 후 비정규직 제로화를 선언했다. 결과적으로는 자회사 무기계약직 전환으로 신분이 조금 더 안정된 측면도 있지만, 이들의 처우개선은 여전히 해결해야 할 숙제로 남아 있다.

나는 오래 노동운동을 하면서 정규직 노조들이 이러한 문제를 해결하는 데 좀 더 적극적으로 나서서 역할을 해야 한다고 생각했다. 그래서 오래전인 2004년 사내 비정규직들을 노동조합에 받아들였고 외주화된 콜센터 노동자들의 노동조합 결성을 적극적으로 지원했다. 그들이 단체협약을 체결하는 데도 함께했다. 자회사 노동조합에 문제가 있을 때는 그 문제를 풀기 위해 함께 고민하고 연대했다. 나는 여전히 대기업 노동조합들이 자회사나 하청업체 노동조합들과 연대해 노동자의 권리를 확장하고 우리 사회의 모순을 해결하기 위해 함께하는 것이 노동운동의 원칙이라고 생각한다. 또한 노사를 넘어 산업정책이나 사회 현안 과제들을 풀기 위해 정치활동이나 정치권과의 연대를 통해 법 개정이나 제도개선을 추진하는 것도 매우 중요하다.

내가 속한 조직에도 법과 제도를 바꾸지 않으면 해결할 수 없는 문제들이 많았고 그 과정에서 정치권을 많이 찾아다녔지만, 정치권과는 단순한 연대만으로는 한계가 있음을 실감하기도 했다. 특히 내가 속했던 공공부문 노사관계는 노정관계, 즉 정부 정책으로부터 크게 영향을 받았다. 이 때문에 노사정위원회 점거

농성이나 장관실 집단농성 같은 강경 투쟁도 했고, 경영평가 하락 등 불이익도 감수했다.

정부 정책은 한번 결정되면 바꾸기가 어렵지만 입안 과정을 보면 너무나 쉽게 결정되는 경우도 많다. 잘못된 정책이 추진되는 경우도 그만큼 잦았다. 예를 들어, 이명박 정부 시절 공기업 선진화라는 이름으로 공기업 정원을 15% 줄이고 대졸자 초임을 일방적으로 삭감하는 등 직원들과 노동조합에 어려움을 가했다. 이러한 구조조정은 이후 공공부문 전반의 인력 부족 같은 큰 부작용을 초래하기도 했다.

30년 간의 현실 노동운동 경험 속에서 나는 정규직과 비정규직, 성별, 세대, 계층 간 간극을 줄이려 많은 노력을 기울였다. 성과도 그만큼 많았다고 자부하지만, 여전히 풀어야 할 과제들이 산적해 있다. 나는 노사정이 사회적 대화를 통한 합의를 이뤄내서 더 나은 노동환경과 공정한 사회를 만들어가는 것이 지금도 가장 중요한 목표라고 생각한다.

노동과 정치

이명박 정부의 '공기업 선진화'는 박근혜 정부에서 '공기업 정상화'라는 이름으로 포장지만 바뀌어 다시 추진돼 공공노동자들에게 깊은 상처를 남겼다. 정부는 공기업의 적자와 천문학적 부채를 모두 공기업 구성원들의 방만 경영 탓으로 돌렸다. 국민들도 "공기업은 다 방만하게 운영되고 있다"는 편견을 가지게 됐다. 윤석열 정부도 '공공기관 혁신 가이드라인'을 마련하고 정부 정책의 실패를 공기업의 방만한 경영 때문이라 호도하며 국민의 오해를 불러일으켰다. 그럼에도 공공노동자들은 대국민 서비스를 증진시키고, 지속적이고 보편적으로 서비스를 제공하기 위해 잘못된 정책에 맞서 끊임없이 투쟁하고 있다.

특히 박근혜 정부가 추진했던 공기업 정상화 정책은 몇몇 사람들이 둘러앉아 졸속으로 결정한 뒤, 공공기관을 '나쁜 놈'으로 만들어 국민에게 성과를 보여주기 위한 수단에 불과했다. 예를 들어 한국석유공사와 광물자원공사는 이명박 정부 시절 해외 자원 개발 정책에 내몰린 결과로 정책 실패 후 급격히 부실화됐다. 광물자원공사는 결국 광해공단과 통합돼 사라졌고 한국석유공사는 본사 사옥까지 매각한 뒤 현재는 세를 들어 근무하고 있다. 한국수자원공사의 4대강 사업 부채, LH의 임대주택 건설 비용, 농협의 신경 분리 과정에서 발생한 손실 등도 정부의 정책 실패로 인한 것이지만 그 책임은 모두 공공노동자들에게 전가됐다. 당시 나는 JTBC 9시 뉴스에 출연해 "공기업의 부실화는 누가 만들었고 그 주범은 누구인가? 그 정책을 지시한 사람을 처벌해야지 왜 공기업 직원들에게 책임을 넘기느냐?"며 정부의 책임을 물었다.

박근혜 정부 시절 현오석 경제부총리는 어느 새벽 명동 은행회관에서 공기업 기관장들을 모아 "파티는 끝났다"는 자극적인 말로 '공기업 개혁'의 신호탄을 쏘아올렸다. 열심히 일하는 노동자들의 현실을 왜곡하는 말이었다. 나는 그곳을 점거하며 저항했지만 박근혜 정부는 공기업 노동자들을 방만 경영의 주범으로 몰아세우는 데 열을 올렸고, 국민들에게 공기업에 대한 부정적 인식을 심는 데 성공했다. 수많은 야당 국회의원과 장관들을 만나며 이 문제를 해결하려 했지만 역부족이었다. 따라서 박근혜 정부 때 가장 먼저 싸움을 시작한 이들은 공공노동자들이었다. 이 투쟁은 국정농단 사태와 연결됐고, 결국 전 국민이 거리로 나오게 되는 계기가 됐다. 그러나 현재 윤석열 정부 역시 노동을 개혁의 대상으로 삼으며 과거 보수정권의 길을 그대로 답습하고 있다.

노동조합과 정치권의 관계는 때로는 읍소하고 때로는 압박해야 하는 복잡한 관계이다. 공공부문 노동조합의 힘은 조직화에서 나오며, 이를 통해 정치권과의 연대를 강화할 수 있다. 여러 정권을 거치면서 공공노동자들은 잘못된 공공 정책에 맞서 단결해 왔으며 여러 산별 노동조합들의 연대로 투쟁력을 키웠다. 정치권과 연대하는 범위도 폭을 넓혔다.

한전 민영화 저지 과정에서 나 역시 국회를 수없이 찾아다니며 의원들을 설득하고 청와대를 찾아다니며 해법을 찾으려고 노력했다. 끝내 국회에서 처리됐던 법 때문에 좌절을 경험하기도 했다. 그러나 정치 없이는 노동 현장의 과제들을 해결할 수 없기에 노동조합은 조직화를 통해 정치권에 더 큰 영향력을 발휘해야 한다고 믿는다. 실제로 금융과 공공부문에서는 당원 가입 캠페인을

통해 민주당과의 협력 관계를 강화해 왔고, 이를 통해 노동자들의 요구를 정치적으로 반영하려 노력했다.

윤석열 정부가 내세웠던 노동 개혁의 목표가 무엇인지 불분명하다고 느끼는 것이 나만의 생각은 아닐 것이다. 건설노동자들을 '건폭'으로 몰아세우고, 자율적이고 자치적이어야 할 노동조합의 회계 공시 문제를 제기하며 마치 '노동조합의 회계가 불투명하다'는 식으로 왜곡하고 있다. 자신들이야말로 영수증 한 장 없이 특활비를 쓰면서 노동조합에게는 당연히 정부가 제공해야 할 노동 상담과 연구용역에 대한 지원금을 끊는 방식으로 압박을 가한다. 이 지원금은 노동조합의 운영비로 쓰이는 돈이 아니라, 본래 정부가 해야 하는 역할을 대신하는 연구원과 상담소 할 역할을 대신 수행하는 연구원과 상담소의 인건비다. 이를 끊는 것은 정부의 역할을 노동조합에 전가해 놓고도 이를 부정하는 행태다. 노동조합을 길들이기 위해 이 같은 정책을 폈겠지만, 결국은 노동자들의 더 큰 분노를 일으켜 부메랑으로 돌아갈 것이다.

노동조합의 자립과제

전력노조 위원장을 지내면서 절감한 것들 중 하나는 노동조합의 재정자립 필요성이다. 이 때문에 당시 100억 원의 재정 적립을 추진했다. 당시 정부에서는 노조 전임자들의 임금 지급을 금지하도록 법을 개정했었는데, 노동조합의 전임자들에게 사용자들이 임금 지급을 중단하더라도 자립할 수 있는 기반을 마련하기 위한 시도였다. 일본의 경우 1990년대 중반 이후 조합비를 인상해 재정자립을 이뤘으며, 전임자 수를 늘리고 활동을 강화했다. 우리도 조합비 인상 등을 통해 자립을 이루어야 하지만, 아직은 노동조합이 스스로 전임자 임금 문제를 해결하기에는 답이 없는 게 현실이다.

정부의 '노동조합 손보기'에 맞서기 위해서는 노조의 재정자립과 강한 조직력이 필수이다. 노동운동 역시 단순한 저항에 그치지 않고 정치적 연대를 통해 법과 제도를 바꾸는 실질적 변화를 이끌어내야 한다. 이는 노동조합이 앞으로 나아가야 할 가장 중요한 과제라고 생각한다.

노동조합 조합비 공시를 하지 않았다는 이유로 정부가 수십 년간 지원해 오던 자금을 끊겠다고 하는 상황에서도, 지금 한국노총은 김동명 위원장을 중심으로 뚝심 있게 잘 버티고 있다고 생각한다. 지금 비록 상황이 어렵지만 한국노총은 잘못된 정부 정책에 맞서며 노동운동을 이어가고 있다. 나는 앞서 밝혔듯 오랜 노동운동 속에서 보수정권의 잘못된 정책에 맞서 왔지만, 보수정권이 집권할 때마다 노동조합을 흔드는 상황은 계속 반복돼 왔다. 이를 이겨내려고 노력하는 노동조합의 리더들에게 박수를 보낸다.

노동조합 재정의 중요성이 높은 만큼 노동조합 선거 과정에서 등장하는 '조합비 50% 감면' 같은 공약은 노동조합을 약화하는 가장 큰 요인이다. 노동조합은 조합비를 통해 운영되며, 조합비 감면은 장기적으로 조직의 힘을 약화할 뿐이다. 그럼에도 이런 공약이 등장하는 이유는 당선을 위해 잘못된 대중추수주의를 선택하기 때문이라고 보이는데, 조합원들에게 더 나은 서비스를 제공하고 정책을 개발하며 조합원들의 신뢰를 쌓는 것이 바람직한 방향이라고 말해주고 싶다.

노동과 정치의 상호 의존, 정치적 연대의 중요성

노동운동은 정치와 떼려야 뗄 수 없는 관계다. 시간이 지날수록 여러 이유로 정치에 기대야 하는 정도도 커지고 있다. 과거에는 터지고 깨지며 힘으로 싸웠지만, 이제는 사회변화와 세대 변화에 따라 전략이 달라져야 한다고 생각한다. 예전처럼 대규모 동원 집회와 과격한 투쟁으로 노동운동을 이끄는 방식은 조합원들로부터 점차 외면받아 설 자리를 잃어가고 있으며 일반 국민에게서도 멀어지는 길이 됐다. 과거에는 노동자들이 시위 현장에서 구타당하면 시민들이 나서서 말려주곤 했다. 하지만 지금은 분위기가 다르다. 당시에 비해 조직률이 늘어났고 권리가 확장됐음에도 여전히 많은 노동자가 노동조합의 보호를 받지 못하고 있다. 이런 미조직 노동자들은 기존 노동조합의 활동에 대해 "나보고 어쩌라고? 당신은 노동조합으로부터 보호라도 받지만 나는 보호해 줄 사람이 아무도 없는데." 하며 달갑지 않게 보기도 한다. 이른바 '을들의 전쟁'이 벌어지는 것이다. 플랫폼노동자, 프리랜서 등 특수한 형태로 고용된 노동자들이 점점 많아지고, 노동시장에서 소외돼 힘겹게 하루를 버티는 자영업자들도 늘어났기 때문이다. 산업구조 변화로 일자리의 질이나 노동의 형태가 다양해져 노동자들 간 격차가 생겼기 때문이기도 하다.

이런 상황에서 노동자의 권리를 지켜내려면 결국 법과 제도를 바꾸는 데 집중해야 한다. 이를 위해선 정치적 관심과 참여가 필수적이다. 노동조합이 연대 활동, 조합원 교육, 현장 활동 등을 통해 제대로 연대하고 정치적으로 조직된다면 정치권을 움직이는 일은 어렵지 않다. 예를 들어 한국노총이 150만 조합원을 보유하고 있는 만큼 전 조합원이 특정 정당에 가입한다면 정치적 영향력은 막강해질 것이다.

나와 전력노조 조합원들이 한국전력 분할 민영화를 막는 과정에서도 정치권과의 연대가 없었다면 불가능했을 것이다. 다른 투쟁 조직들에도 제도적 접근과 정치권 활용의 중요성을 강조하고 싶다. 노동운동은 정치적 역량을 강화하고, 이를 통해 법과 제도를 바꿔야 한다.

요즘 국회에서는 여전히 여야가 대립하고 있지만 현안이 많은 노동조합에서는 지도부가 주축이 돼 국회 소관 상임위 국회의원들을 만나 정책협의를 하고 국정감사를 통해 문제를 해결하기 위해 동분서주하는 모습이 자주 보인다. 주권자인 노동자들이 역량을 키워 정치인들에게 영향력을 미칠 수 있어야 한다. 정치인을 설득하고 노동자의 문제를 해결하기 위해 끊임없이 대화하고 요구해야 한다.

물론 아직은 정치에 관심을 가진 조합원이 많지 않은 것이 현실이다. 노동조합에 대한 젊은 세대의 관심도 부족하다. 개인주의적 성향이 강해지면서 노동조합에 의존하지 않으려는 경향이 있지만, 시간이 지나면 노동조합의 중요성을 깨닫게 될 것이다. 나 역시 젊은 시절에는 선배들의 조언을 이해하지 못했지만, 세월이 흐르며 노동조합의 울타리가 개인을 보호하고 공동체를 지키는 데 얼마나 중요한지 알게 됐다. 노동조합은 세대를 연결하고 노동자들의 권리를 지키는 중요한 조직이다.

우리는 변화하는 사회 속에서 노동조합의 역할을 재정립해야 할 시점에 있다. 과거 전통적인 노조의 활동, 조직화 방식만 고수하기보다, 새로운 세대와 함께 노동조합의 가치를 이어가야 한다. 노동조합은 더 나은 사회를 만들기 위한 핵심 동력이 돼야 하며, 이를 위해 조직화에 힘쓰는 한편 노동조합 간의 연대를 강화하고 정치권과도 적극적으로 연대해 실질적인 변화를 만들어가야 한다.

정치를 꿈꾸는 후배들에게

 이 자리에 함께한 후배들도 정치에 관심이 있다면 그 꿈을 잘 키워 나가길 바란다. 정치는 신념과 원칙, 비전만 있다면 누구나 도전이 가능한 분야이며, 젊은 사람들뿐만 아니라 연세 드신 선배들에게도 문은 열려 있다. 정치와 노동운동은 그 메커니즘에서 닮은 점이 많다. 노동조합에는 주권자인 조합원이 있고 국가에는 주권자인 국민이 있다. 이 주권자들은 대표자를 선출하고, 대표자들은 노조와 국가를 위한 정책과 비전을 내고 주권자들과 소통하면서 스스로의 존재가치를 입증해야 한다.

 물론 완전히 같지는 않다. 노동운동에서 지역을 대표하는 정치인으로 옮겨오면서 느낀 가장 큰 차이는 대상 유권자의 범위다. 노동조합은 같은 직장, 직종이라는 울타리가 있고 '노동자'로서의 동질성을 기반으로 한다. 조직마다 차이는 있겠지만 직장이라는 공통점이 있기에 비교적 서로 이해하기가 쉽다. 그러나 지역 정치에서는 불특정 다수를 상대로 활동해야 하며, 이를 어떻게 타게팅하고 접근할지 고민해야 했다.

 나는 사실 지역 정치인으로서 정치에 첫발을 내디딜 것이라고는 생각해 본 적이 없었다. 꼭 정치를 해야겠다는 생각이 있었던 것도 아니었다. 한국노총 위원장 3년차로 접어들었을 때 '내가 정치보다는 노동운동으로 이렇게 마무리해야 하겠구나' 하는 생각도 있었다. 당시 불출마 선언을 하지 말라는 동지들도 있었고, 또 그때만 하더라도 산별 대표자, 지역본부 의장들 가운데 대략 70% 정도는 한 번 더 한국노총 위원장을 맡아주기를 원했었다.

그런 가운데서도 계속 망설이고 고민한 이유는 정년과 임기가 일치하지 않는 문제 때문이었다. 당시는 정년이 2년밖에 남지 않은 시점으로, 한국노총 위원장을 한 번 더 하게 되면 정년 후 1년간은 다른 조직으로 옮겨가 조합원으로 적을 유지해야 했다. 그렇게 하는 것은 내가 이제껏 살아온 과정과 나의 정체성에는 맞지 않는다는 생각이 컸다. 또한 함께 러닝메이트를 이뤄 출마했던 동지와 세 번의 선거에 함께 임했던 동지들의 의견도 중요했기에 고민이 깊어지는 채로 시간만 지나고 있었다. 다만 시간을 끌어서 될 문제가 아니었고, 3년간 노총 위원장으로 활동하면서 하고자 했던 일들이 여러 차례 벽에 부딪치는 과정 속에서 한계도 느꼈다. 고민 끝에 2020년 12월 초순경 불출마 선언을 했다.

불출마 선언으로부터 얼마 지나지 않아 당시 광주광역시장으로부터 전화가 왔다. 나에게 앞으로 뭘 할 거냐고 물었다. 이후 광주에서 잠깐 만날 기회가 생겼을 때 같은 질문을 한 번 더 받았다. 정년이 2년 남았으니 회사로 복귀할지, 아니면 다른 일을 할지 아직 결정하지 못했다고 답했다. 그러자 시장은 광주에 내려와서 광주형 일자리(광주글로벌모터스) 사업에서 일을 맡아 달라고 요청했다. 광주형 일자리가 출범할 때부터 노사정을 중재하고 꾸준히 소통하며 도왔던 만큼 '한국노총 위원장 경력에 맞춰 서운하게는 하지 않겠다'고 제안했다. 나도 상당히 의미 있는 일이라고 생각했다. 광주형 일자리가 합의되기까지 노사정 간에 굉장히 복잡한 과정들이 있었다. 그럴 때마다 그 사이에서 중재하는 역할을 자주 맡았으니, 광주에서 관련한 일을 해 주면 좋겠다는 제안이었다. 생각할 시간을 일주일 받았다.

그 시점에서 민주당으로부터도 제안이 왔다. 출마할 생각이 없느냐는 것이다. 이 제안을 받아들여 제21대 국회의원 선거에 나서게 됐다. 그동안 선배들은 다들 비례대표로 나갔었는데, 마침 한국노총 내에 또 비례대표로 출마하고자 하는 다른 분들이 있었다. 참 무모한 도전이지만 지금 지역구인 김포에서 공천을 받아 출마했다. 2021년 2월 초의 일이다. 당시 첫 코로나19 감염자가 발생하고 막 확산되기 시작한 지 불과 한 달도 되지 않은 상황이었다. 그 때문에 선거운동을 하려고 해도 사람들을 모아놓고 만날 수가 없었다. 광장에서 유세할 수도 없었다. 무엇보다 지역에서의 선거운동 자체가 노동조합 선거와는 차이가 컸다.

노동조합 활동을 하면서 지부장부터 한국노총 위원장까지 모두 13번의 선거를 치렀고 두 번 실패했다. 심지어는 상급단체와 연맹 선거를 한 해에 연달아 치르기도 했다. 노동조합은 조합원들이 일하는 분야가 아무리 달라도 '노동조합'이라는 하나의 울타리 안에 있다. 그러나 지역 정치에 나오니 지역 내의 인구 구성이 워낙 다양해 접근이 어려웠다. 노동조합 출신이라고 비토하는 목소리도 굉장히 컸다. '김포에 노동조합도 없는데 무슨 노동조합 위원장이 왔냐'는 소리를 듣기도 했다. '저놈이 최저임금을 많이 올려서 국민을 다 죽게 만들었다'거나 '저놈이 (노동)시간을 단축해 우리 다 죽게 생겼다'는 소문이 광범위하게 퍼졌다. 참 쉽지 않은 선거가 되겠다고 생각했다.

그러나 정치는 '바람'을 타기도 한다. 연일 하향곡선을 긋던 느낌이 들던 가운데, 해외 언론을 중심으로 정부가 코로나19 대응을 잘하고 있다는 긍정적인 기사가 나오기 시작했다. 그러면서 우리 당의 지지도가 상승하는 상황을 몸으로 느낄 수 있었다. 또 우리 당에서 출마 준비를 했던 재선 시장 출신 후보가 있었는데, 이 후보가 공천에 불만을 가지고 탈당 후 무소속으로 출마하는 바람에 3파전이 됐다. 그때 다시 한번 정당의 힘이 대단하다는 것을 느꼈다.

그렇게 상황이 뒤따른 덕에 처음 출마해 큰 차이로 승리하게 됐지만 지역에 뿌리가 없다 보니 늘 취약함을 느꼈다. 그래서 노동운동을 했을 때처럼 4년간 하루도 쉬지 않고 지역을 누비고 국회를 오가곤 했다. 하루에 지역과 국회를 세 번이나 오갔던 적도 있었다. 크고 작은 지역 행사를 다 찾아다니며 주민들과 소통을 늘리고 진심을 보였다. 의정 활동에서도 성과가 나오기 시작하자 그동안은 '머리에 뿔 난 사람, 노조했던 놈, 빨갱이'로 치부하던 분들 사이에서도 '그래도 좀 다르다, 열심히 한다'는 입소문이 돌게 됐다. 그 결과 올해 선거(제22대 국회의원 선거)에서도 '김포시 서울 편입'이나 '서울지하철 2호선 김포 연장' 등 상대 후보가 선점한 큰 이슈들을 이겨낼 수 있었다. 물론 윤석열 씨도 이 과정에서 큰 역할을 했다. 그동안 언론사나 여론조사 전문 기관들에서 실시한 조사에서도 밀린 적은 한 번도 없었지만, '파 한 단에 875원이 적절하다'는 발언이나 전임 국방부 장관을 호주 대사로 임명하는 등의 과정에서 여론 흐름이 변화하는 것을 느꼈다. 이번에도 여유 있는 표차로 재선할 수 있었던 것도 그 때문이다.

후배들에게 전하는 조언

나는 후배들이 정치를 꿈꾼다면 우선 자기 조직에서부터 노동조합의 사회적 역할을 다해야 한다고 생각한다. 공기업 민영화 문제로 정말 어려웠던 시기에 나는 오직 '민영화를 막아내야 한다'는 신념 하나로 조합원들을 묶어내고, 국민들에게 민영화의 문제점을 알리기 위해 끊임없이 소통했다. 그 덕에 한 사람의 희생자도 없이 한국전력 민영화를 온전히 막아낼 수 있었다. 비정규직의 정규직 전환, 정년 연장 같은 난제들을 해결하면서 노동조합 내부적으로도 크고 작은 성과들을 만들어내자 조합원들의 신뢰를 얻을 수 있었다. 외부의 조직이나 단체들과도 꾸준히 소통했고, 다른 조직들이 어려울 때도 많이 연대했다. 모회사 노조로서 상대적으로 약자의 위치에 있는 자회사 노조에 대해서도 끊임없이 관심을 가지면서 함께 활동했고, 노조가 없었던 콜센터에

노조를 만드는 데도 결정적 역할을 했다. 단체협약 체결을 돕고 우리 조직으로 가입을 시키기도 하며 연대 전선을 넓혔다. 다른 노동조합이 현안 해결을 위해 집회를 한다고 하면 꼭 같이 가서 연대하고 때로는 연대기금도 냈다. 몸은 고달팠지만 이 과정 하나하나가 신뢰로 돌아왔다. 노동조합이 할 수 있는 부분들이 별로 없을 것 같지만 조직 내외로 사회적 책임과 역할을 다할 수 있는 부분은 얼마든지 있다.

특히 지금은 임금조차도 많이 올리기가 현실적으로 어려운 시기다. 이럴 때 주변에 우리 정규직들보다 어려운 조직이 있다면 그런 조직을 잘 챙기는 것이 큰 연대 활동이 된다. 또 노동조합 위원장으로서도 사회적 역할과 책임을 다하는 일이라고 생각한다.

함께 사는 세상을 위해

노동조합이 단순히 노동자의 권익만을 대변하는 조직이 아니라 사회연대와 공동의 가치를 실현하는 조직임을 보여준 다른 사례로는 통일 운동이 있다. 요즘은 통일 운동에 대한 관심과 활동이 많이 시들해졌지만 이는 우리 민족의 숙제이며 염원이다. 몇 년 전만 하더라도 통일부 등 정부 당국과 협의를 거쳐 양대 노총이 민간 교류 측면에서 실천적으로 힘을 보태며 큰 역할을 했다. 농기계와 쌀을 보내거나 공항에 아스팔트를 까는 등 지원사업은 물론 조선직업총동맹이나 산별 조직과의 회담 등 친선 교류도 이어갔다. 2017년에는 평양을 방문해 조선직업총동맹과 '남북 노동자 축구대회'를 유치해 이듬해인 2018년 서울 마포구 상암경기장에서 실제 경기가 성사되기도 했다. 당시에는 머지않아 통일이 될 것이라는 기대도 있었지만 이런 사업들은 정권이 바뀌면서 흐지부지됐다. 나만 해도 여러 차례 방북 경험이 있는데, 일각에서 '간첩'이나 '종북 세력'으로 보는 것은 아닐까 싶다.

최근에 열린 한국플랫폼프리랜서노동공제회 발족 3주년 기념행사는 새로운 노동환경에서 연대의 필요성이 높아진다는 점을 다시 한번 상기시키는 자리였다. 플랫폼노동자, 프리랜서 등 비정형 노동자들이 급증하는 시대에 이들에 대한 연대와 지원은 노동조합의 새로운 과제가 됐다. 이들은 기존 노동조합의 틀 안에 들어오지 못해 보호받지 못하는 경우가 많다. 따라서 노동조합은 이들을 위한 연대에 앞장서야 한다. 조합원 수를 늘려 힘을 보태는 것, 문제를 해결하기 위해 목소리를 내는 것 모두 노동조합의 사회적 책임이자 중요한 역할이다.

과거 후쿠시마 원전 사고 당시, 한국의 전력노조가 동경전력 노동조합과 교류하며 조합원들의 성금 1,000만 원을 기부한 사례도 있고 동티모르의 구순구개열 소녀를 국내병원으로 초대해 수술을 해준 사례도 있다. 항공사의 협조와 병원과 노동조합이 함께 연대해 해외의 조직 또는 개인에게 성과를 나누었던 연대의 좋은 사례도 있다. 일본과의 관계가 어렵더라도, 노동자들 사이의 교류와 협력은 지속되고 있다.

일본이 한국에 대한 무역 보복을 선언했을 때는 내가 한국노총 위원장으로 있던 시절이었다. 당시 나는 일본 노동단체 중 최대 조직인 렌고(聯合, 일본노동조합총연합회) 회장을 일본에서 만나 '양국의 무역 문제는 양국 노동자들에게도 심대한 영향을 미치기 때문에 각자 자국의 정부에게 무역 보복 중단을 요청하자'는 제안을 했다. 오늘날에도 전력노조를 포함해 여러 노동조합이 이러한 국제 연대 활동을 이어가고 있는 것 역시 노동조합의 사회적 책임과 연대를 실천하는 중요한 사례다.

때로는 노조 내부 조합원들이 이런 연대 활동을 체감하기가 쉽지 않은 경우도 있다. 임금과 노동조건 등 조직 내부의 이익에 관심이 높은 만큼 더 넓은 사회적 역할을 간과할 때가 있기 때문이다. 이 때문인지 요즘은 연대의 정신이 과거에 비해 약해졌다는 생각도 든다. 하지만 노동조합의 본질은 바로 연대에 있다. 노동조합은 단순히 개별 조직 내부의 이익을 대변하는 것에 그치지 않고, 전체 노동자와 사회를 위해 연대의 가치를 실현하는 조직이어야 한다. 노동조합의 사회와의 연대는 단순한 노동자·노동조합의 생존 문제를 넘어 노동조합의 본질적인 역할을 실천하는 일이다. 따라서 연대를 통해 노동조합의 가치를 사회적으로 확장시킬 때 노동운동은 국민적 지지를 얻을 수 있을 것이고, 이는 노동조합의 가장 큰 힘이 될 것이다.

이 자리에 계신 동지들이 앞으로 노동조합의 중심이 되는 간부, 나아가 조직을 대표하는 위원장이 될 수도 있을 것이다. 그때는 자신의 조직만 바라보는 것이 아니라, 주변의 힘들고 어려운 노동자와 노동조합과의 연대 활동이나 사회적 책임에 대해 깊이 고민하며 조직을 성장시키기를 기대해 본다.

정치에 관심 있는 조합원들에게

정치인이 되는 것은 생각보다 어렵지 않다. 지역구 공천을 받지 않더라도, 당원을 많이 가입시키는 방식으로 당내 경선을 통해 정치에 진입할 수 있다. 특히 민주당의 경우 상대 후보가 있으면 당내 경선을 반드시 치르게 되며, 가입시킨 당원이 많다면 경선에서 유리한 고지를 점할 수 있다. 이때 노동조합 활동 경험은 큰 장점이 된다. 노동조합 대표자들은 조직화와 연대의 기본 원리를 잘 이해하고 있고, 조합원과의 소통 경험이 풍부하기 때문이다.

지역에서 다양한 활동을 통해 정치를 시작해 보려는 꿈을 가진 많은 사람들이 이미 지역 조직화와 정치적 연대를 통해 새로운 기회를 열어가고 있다. 그러니 정치에 꿈이 있는 노동조합 리더들은 일찍부터 특정 지역구를 타게팅하고 조직화 작업을 부지런히 해야 한다. 봉사활동이나 지역 정치활동에 참여하면서 지역 내에 조직 기반을 다진다면, 노동조합의 강점을 활용해 당내 경선에서 유리한 위치를 확보할 수 있을 것이다.

정치를 혐오하고 멀리하는 사람들도 많지만, 정치에 작은 꿈이라도 있는 사람들은 반드시 실천할 방법을 찾아야 한다. 직접 정치인이 되지 않더라도, 노동조합이 사회공헌 활동을 지역과 연계한다면 정치권과 함께 어려움을 해결할 수 있는 기반을 마련하기도 더 쉽다. 노동과 정치의 연대를 통해, 노동운동의 가치를 지역사회로 확장한다면 더 많은 문제를 풀어낼 수 있을 것이다. 노동운동가들에게 정치는 당면한 문제를 해결할 수 있는 중요한 수단이다. 노동조합이 과거처럼 물리적 투쟁에만 의존하기 어려운 상황에서, 정치와 결합해 더 효과적으로 문제를 풀어가는 것은 자연스러운 시대적 현상이라고 본다.

국회 내 단체나 정당을 활용하는 것도 정치를 통한 문제 해결의 유용한 방법 중 하나다. 예를 들어 더불어민주당에는 '노동존중실천국회의원단'이 있다. 이 그룹은 노동 문제에 관심을 가진 50여 명의 국회의원으로 이뤄져 있으며, 그중에는 당 최고위원도 여럿 포함돼 있다. 각자가 속한 조직에 현안이 있다면 이 의원단을 적극적으로 활용해 함께 문제해결 방안을 모색하면 좋겠다. 필요하다면 국회 상임위원회와 연대해 문제를 풀어낼 수도 있다. 이처럼 정치적 네트워크를 활용하는 것은 노동운동에 새로운 방향을 제시할 수 있다. 노동조합이 단독으로 싸우는 시대는 지났다. 정치와 결합해 문제를 풀어가는 것은 노동조합에서 몇 배의 노력을 들여야 하는 문제도 더 쉽게 해결할 수 있는 방법이다.

물론 이 방법을 통해 "모든 문제를 해결할 수 있다"고 말하기는 어렵겠지만 같이 고민하고 해결 방안을 찾는 노력 자체가 때로는 의미가 있다. 노동운동이든 정치활동이든 본질적으로는 함께 사는 세상을 만드는 운동이기 때문이다. 노동운동은 조합원들의 권익을 위해, 정치는 국민 전체의 삶을 개선하기 위해 존재한다. 범위가 다르더라도 이 두 가지 모두, 사람과 사람이 연결돼 더 나은 미래를 만들려고 한다는 공통된 목표를 공유한다.

현대 정치를 바라보는 5년차 정치인의 소회

정치를 하다 보니 요즘 정치는 마치 '3D' 업종처럼 느껴진다. 과거에는 정치인들이 많은 정보를 가지고 사회에 영향력을 가진 존재로 인식됐지만, 지금은 상황이 많이 달라졌다. 요즘 일반 국민이 인터넷을 잘 활용해 방대한 정보량을 소화하고 분석하는 것을 보면 깜짝깜짝 놀랄 때가 많다. 수백 명이 들어 있는 동네 카톡방만 봐도, 사람들이 어디서 그렇게 많은 정보를 찾아내는지 놀랍다. 관공서에 정보공개 청구를 해서 자료를 확보하는 것부터, 작은 정보부터 큰 정보까지 모두 국민이 직접 찾아서 활용하고 있다. 그럼에도 정치가 없는 사회는 곧 무정부 상태로 혼란과 혼돈에 뒤덮일 거라고 생각한다.

과거에는 국회의원들이 대단하다고 여겨졌지만, 지금은 열심히 일하는 봉사자들이다. 정치를 통해 법을 만들고 제도를 바꾸며 예산을 심의하고 불필요한 예산들이 허투루 쓰이지 않게 삭감하기도 하며 행정부의 잘못된 정책을 견제한다. 민주주의의 기본 원칙인 삼권분립을 지켜내고 있다. 나는 노동운동을 해온 사람들은 이런 활동을 가장 잘할 수 있도록 훈련된 사람들이라고 생각한다.

주권자인 국민 중 일부는 정치를 매우 혐오하고 비하하기도 한다. 그러나 국회의원은 국민이 선출한 대표인 만큼 존중할 필요도 있다. 노동운동도 그렇지만 정치권에서 큰 리더가 되려면 팬덤도 필요한 시대가 됐다. 지금 우리 대한민국뿐만 아니라 세계 전체에서 나타나는 현상이다. 나만 해도 하루에 많으면 수백 통의 문자를 받는다. 최근 논의 중인 금융투자소득세 폐지를 둘러싼 비난의 목소리도 많고(주: 2024.12.10. 국회 본회의에서 금융투자소득세 폐지를 담은 소득세법 개정안 통과) 동두천에 있었던 성병관리소를 역사적으로 보존해야 한다는 문자도 수백 통 들어왔다. 씁쓸한 욕설을 받으면 기분이 저조해지기도 하지만 때로는 응원을 받아 힘이 나기도 한다.

정치에 들어선 지 5년이 됐지만 아직도 적응이 쉽지 않다. 텔레비전에서는 정치인들이 싸우는 모습이 자주 비춰지지만, 실제로 매일 싸우는 것만이 정치들 일상의 전부는 아니다. 나는 노동운동을 통해 성장해 정치에 발을 들여놓게 됐고 이제 재선 의원이 됐다. 앞으로 정치를 몇 년 더 할지는 모르겠지만, 노동운동을 통해 받았던 노동자들의 사랑을 바탕으로 약자를 돕는 데 최선을 다하고 싶다.

제21대 국회에서는 기획재정위원회에서 활동했지만 지금은 환경노동위원회로 옮겨 더불어민주당의 간사로 활동 중이다. 바쁜 일정 속에서 새벽부터 저녁까지 분주하게 움직이며 여러 현안을 해결하기 위해 최선을 다하고 있다. 하나하나 속 시원하게 해결하지 못한 채 해가 저물어갈 때면 아쉬움도 남는다. 아리셀 참사 피해자 유족들은 여전히 보상을 제대로 받지 못하고 있으며, 쿠팡과 같은 대규모 기업에서 일하다가 산재로 사망한 노동자들의 문제를 해결하는 과정과 한화오션의 손해배상 가압류 문제도 완전히 근본적으로 해결하지 못하고 있다. 이런 문제들을 심도 있게 다루고 있지만, 시원한 결론에 이르지 못한 점이 안타깝다.

그런 아쉬움에도 바쁜 일정 속에서 심야까지 현장을 찾아가고, 계속해서 개선안을 제시하며 조금씩 현실적인 변화와 개선을 이루고 있다. 작지만 개선 요구들이 정책이나 노사관계에 반영되고, 현실에서 성과로 나타날 때마다 작은 보람을 느끼며 활동을 이어가고 있다.

정치와 민심, 그리고 시대정신

순자(荀子)의 왕제(王制)편에는 군자주야 서인자수야(君者舟也 庶人者水也) 수즉재주 수즉복주(水則載舟 水則覆舟)라는 말이 나온다. 임금을 배에, 백성을 물에 비유해 "물은 배를 띄울 수도 있고 엎을 수도 있다."고 하는 뜻이다. 현세에도 마찬가지로 성난 민심이 대통령을 세울 수도, 끌어내릴 수도 있다는 점을 스스로 상기한다. 선출직으로 활동하는 정치인 김주영은 이 구절을 늘 가슴에 새기고 있다. "내가 하고 있는 정치는 정말 바른 정치인가?", "내가 만든 법이 국민에게 어떤 도움이 되는가?", "국가와 국민을 위해 제대로 역할을 하고 있는가?"라고 자문자답하며 스스로 경계한다.

정치인으로서 많은 일을 하고 있지만, 결국 시간에 쫓겨 모든 것을 제대로 해결하지 못한다는 안타까움과 아쉬움도 남는다. 그러나 이러한 상황 속에서도 바른 방향과 민심을 잃지 않는 것이 가장 중요하다고 생각한다. 이는 노동조합 리더들에게도 마찬가지다. 자신을 뽑아 준 조합원들을 위해 무엇을 해야 할지 끊임없이 고민해야 한다. 민심이 돌아서면 백약이 무효가 되는 것처럼, 조합원들의 신뢰를 잃으면 조직 내에서의 힘도 약화할 수밖에 없다.

노동운동은 단지 조합원의 이익을 위한 활동을 넘어, 사회적 이슈를 다루며 더 큰 보람과 의미를 찾을 수 있는 일이다. 조직 내의 이슈를 잘 선정하고, 이를 사회적 이슈와 연결해 해결한다면 노동조합 활동의 가치는 더 높아질 것이다. 나는 그런 시대정신이 가장 필요한 곳이 바로 정치라고 생각한다. 정치인 되기는 어려워 보이지만, 지역에서 자생할 수 있는 역량을 키우고 민심을 얻는다면 누구나 도전할 수 있다. 노동자들도 노동운동의 깊이를 느끼고, 점차 정치에도 더 많이 관심을 가지길 기대한다.

끊임없는 학습과 자기관리를 통해 더욱 성장하고 발전하며, 건강관리에도 소홀하지 않아야 한다. 그렇게 해서 힘들지만 '사람 냄새'가 나는 노동운동이 되면 좋겠다. 정치와 노동운동은 결국 사람들을 위한 활동이라는 공통된 목적을 가진다. 민심을 읽고 올바른 방향으로 나아가며, '함께 사는 세상'을 만들기 위해 공부하고 소통하고 열정으로 전진하는 노력이 앞으로도 계속됐으면 한다.

여러분을 늘 응원합니다.

지속가능광산의 주인은 시민(民)

박병규

기아 광주공장 노동조합 위원장을 3번 한 노동운동가 출신 행정가다. 2014년 광주광역시 사회통합추진단장을 역임했다. 광주형 일자리를 설계에 큰 역할을 했다. 2018년 광주광역시 경제부시장을 지내고, 2019년에는 광주광역시장 사회연대일자리 특보, 사단법인 광주형일자리연구원 이사장을 맡았다. 대통령 직속 일자리위원회에서 미래차TF위원과 지역일자리 특별위원을 맡아 활동했다. 2022년 지방선거에서 광산구청장으로 당선돼 현재 구청장으로 있으며, 한국인권도시협의회 회장직을 맡고 있다.

지속가능광산의 주인은 시민(民)

들어가며

 공직자들에게 항상 가장 강조하는 것이 있다. '광산구의 주인은 시민'이라는 기본 철학이다. 모든 행정은 시민이 중심이 돼야 한다. 시민의 눈높이에서 시민에게 평가받는 것이 행정이지, 우리끼리 잘한다고 자화자찬한들 아무 의미가 없다. 기업은 시장에서 평가받는다. 고객·소비자로부터 외면당하면 생산과 판매는 중단되고 사장과 직원 간의 관계도 단절된다. 정치와 행정도 스스로가 아닌 시민에게 평가받는다는 것을 망각해서는 안 된다. 나는 늘 이런 관점에서 일을 한다. 이런 철학과 가치로 광산구에서 그동안 어떤 노력을 기울였는지 소개한다.

지속 불가능의 시대

모두가 지속 불가능에 대해 자주 말한다. 지속가능성을 위협하는 문제나 위기들이 대한민국 곳곳에서 발견되는데, 광산구에서는 많은 토론을 통해 우리 사회가 마주하고 있는 복합 위기 8가지를 다음과 같이 추려봤다.

저출생, 고령화, 양극화, 지역소멸, 교육 불평등, 디지털화, 기후위기, 탈세계화. 이것들이 지속가능성을 저해하는 시대적인 문제가 아닐까 생각한다.

광산구에서 지향하는 핵심 가치 중 하나가 '지속가능성'이다. 뒤에서 다시 언급하겠지만 지속가능한 광산구를 실현하기 위해, 그리고 지속 가능한 일자리를 만들기 위해 무엇을 어떻게 해야 하는지 치열하게 고민하고 또 준비하고 있다.

해법은 민주주의

지속 불가능한 사회에서 지속 가능한 사회로 나아가기 위한 해

법은 민주주의라고 생각한다. 물론 다양한 정책이나 사업들이 있을 수 있겠지만 그것을 관통하는 건 민주주의여야 한다. 또한 민주적인 방식으로 문제들을 풀어가야 한다고 본다. 사실 민주주의는 쉬운 게 아니다. 상당히 어렵다. 그러나 어떤 문제든 다양한 이해관계자가 존재할 수밖에 없고 그 과정에서 갈등이 계속 반복된다. 갈등을 줄이고 지속가능성을 높이기 위해서 결국 민주주의를 잘 지키는 것이 제일 효과적이다.

광산의 주인은 시민

광산구가 어떤 일을 하고 있는지 본격적으로 소개하기에 앞서 광산구가 어떤 도시인지 간단히 소개를 해보겠다.

광산구 인구는 42만 명이다. 그중 내국인 인구는 약 40만 명이다. 그런데 외국인 주민이 2만 6,000명 정도 된다. 합치면 42만 명이 되는 것이다. 실제 광주광역시에 거주하는 외국인의 57%가 광산구에 거주 중이다.

특히 광산구에 월곡동이라는 지역이 있는데, 2024년 10월 중순, 월곡동에서 '광산세계야시장'이라는 축제를 했다. 행정 부서에서 참여 예상 인원을 2,000명으로 추산했는데 축제 당일 무려 3만 명이 방문했다. 그 지역 일대가 다 막혀버릴 정도로 많은 사람들이 방문했다. 그 정도로 많은 사람과 자원이 넘쳐나는 곳이 광산구다.

면적의 경우, 광주에 있는 5개 자치구 중 가장 넓다. 광산구가 광주 전체 면적의 45%, 약 절반을 차지하고 있다. 즉 큰 자치구라고 할 수 있겠고 예산은 1조 164억 원이다.

그리고 또 하나의 특징이 매우 젊은 도시라는 점이다. 광주 시민들에게 비춰지는 광산구의 이미지는 변방이자 오래된, 쇠퇴한 도시인데 실제 들여다보면 전국에서 네 번째로 젊은 역동적인 도시다. 2년 전까지만 해도 두 번째로 젊은 도시였는데 지금은 네 번째가 됐다. 특히 청소년 인구비율은 20.2%로 전국 1위다.

또한 광주 산업단지 대부분이 광산구에 위치하고 있고, KTX광주송정역과 광주공항이 있는 플랫폼 도시다. 그리고 다양성과 역사가 공존하는 도시다. 앞서 소개한 대로 외국인이 많이 거주하고 있기 때문이고, 또 하나는 광산구 신창동에서 고대 마한의 수레바퀴가 발견됐기 때문이기도 하다. 이렇듯 고대와 현재, 미래가 공존하고 다양성이 존재하는 곳이 광산구고, 이 다양성은 광산구의 경쟁력이다.

찾아가는 경청 구청장실

2022년 7월 1일 광산구청장으로 취임하고 첫 번째 결재가 바로 '찾아가는 경청 구청장실'이었다. 힘들고, 효과도 없고 표도 안 된다는 이유로 주변에서 반대가 심했다. 그럼에도 강행했다. 1호 결재라는 건 결국 민선 8기, 광산구청장으로서 4년의 임기 동안의 큰 방향성을 담고 있다.

  이것에는 나에 대한 다짐, 그리고 시민과의 약속이 담겨 있다. 대부분의 사람들은 자신의 존재를 잘 모르고 살아간다. 스스로 성찰하지 않아서다. 아무리 강한 것처럼 보여도 나약하고 부족한 게 인간이라는 존재다. 따라서 우리는 실수할 수 있고 실패할 수도 있다. 또 유혹에 빠질 수도 있다는 것을 명심해야 한다.

  특히 작은 성공이라도 경험해 본 사람들은 본인의 성공을 절대화하는 경향이 있다. 자기 확신이 너무 강하다. 자만을 넘어 교만해질 때가 있다. '다른 사람들은 나쁜 짓을 했을 때 들통이 나겠지만 나는 들통나지 않을 거야', '다른 사람들은 그런 과정을 통해 몰락했지만 나는 괜찮을 거야', 이런 생각이 성공한 사람들일수록 훨씬 강하다.

  왜냐하면 그동안 늘 성공했기 때문에 운이 좋아서 그랬다고 생각하지 못하고 나 자신은 무엇을 하든 항상 상황관리가 가능하다고 생각하는 경향이 있기 때문이다.

  시민들과 소통하지 않으면 초심을 잃고 이런 잘못된 생각과 오류에 빠질 개연성이 높다. 초심을 유지하기 위해 자신에 대한 다짐이 첫 번째 이유다.

  두 번째로는 사실 구청장이라는 자리가 대한민국 권력 서열로 보면 보잘 게 없다. 하지만 시민들에게는 꽤 높은 자리다. 시민들이 구청장 한 번 만나는 건 하늘의 별 따기다. 구청장실 문턱을 아무리 낮춘다고 하더라도 일반 시민이 구청장실까지 들어오는 일은 너무 어렵다.

　어떤 민원이 발생했을 때 행정이나 정치에서는 공평무사하게 처리해야 하지만 실제로 그러지 않는 경우가 많다. 우리 사회가 학연·지연 등에 익숙하다 보니 어딜 가든지 무엇을 하든지 내가 아는 사람들, 즉 관계를 통해서 해결하려고 한다.

　찾아가는 '경청 구청장실'은 이런 문제의식에서 시작했다. 시민들이 구청장을 찾아오는 게 아니라 구청장이 직접 현장으로 가서 구청장실에 올 수 없는 일반 시민들을 만나야 한다고 생각했다. 그래야 시민들의 생각이 바뀌고 행정이 신뢰받을 수 있다고 봤다.

　이러한 이유로 취임 직후부터 지금까지 길거리, 공원, 마트, 시장, 지하철역, 경로당 등 다양한 곳을 찾아갔다. 그 결과 시민들에게 받아온 민원이 2024년 10월 말 기준 6,000여 건이다. 민원이라는 건 공직자들에게는 어마어마한 스트레스다. 악성 민원으로 자살하는 공직자들도 있지 않나. 그런데 6,000여 건을 받아왔으니 얼마나 우리 직원들이 힘들었겠나.

　그렇지만 이런 노력이 중요하다. 탁상행정에 머무르지 않고 현장으로 직접 뛰어들어야 생활행정이 가능해진다. 사실 민원들이라고 해봐야 거창한 게 아니다. 집 지어주라, 차 사주라는 것이 아니고 생활 속 불편함 등 소소한 것들이다.

　현재 건의사항 처리율이 73%인데 나머지 처리가 안 되는 27%의 이유는 법이나 예산의 한계 때문이다. 사실 안 되는 것을 오랫동안 된다고 생각하고 살아오신 분들이 엄청 많다. 보자마자 20년 동안 얘기를 해도 안 들어준다며 화를 내기도 한다. 그렇지만 그런 분들의 이야기도 하나하나 다 경청한다. 이 과정을 통해 우리 사회의 신뢰 자본 축적과 행정에 대한 막연한 불신이 개선되고, 더 나아가 시민 스스로 자신이 광산구의 주인임을 체감하는 것이 가능해진다.

시민 중심의 행사 의전

 광산구는 거의 모든 행사를 시민 중심으로 바꾸고 있다. 광산구민의 날 행사부터 확실히 바꿔놓았다. 보통 큰 행사에 가보면 축사하는 사람이 10명은 된다. 아무리 짧게 하라고 해도 짧게 하지 않는다. 자기 자랑하느라 기본 5분은 소요된다. 5분씩 10명이면 50분 동안 축사만 하게 된다.

 그래서 '이거 아니다. 구민의 날이지 정치인의 날이 아니다' 싶어서 구청장부터 기념사를 없앴다. 작년, 올해 다 안 했다. 대신에 지역의 진정한 주인인 어르신이나 어린이에게 축사를 맡겼다. 축사하러 온 시장, 국회의원들이 서운함과 불만이 많았을 것이다.

 더 나아가 행사 정시 시작을 확립했다. 전에는 행사 시간이 오전 11시이어도, 구청장이 안 오면 오전 11시 10분이 돼도, 오전 11시 30분이 돼도 행사를 시작하지 못하는 일이 왕왕 있었다. 반면 행사에 참여한 사람들은 오전 11시 행사라면 기본 오전 10시 30분에 다 도착해서 기다리고 있다. 시민이 주인이라면 있을 수 없는 일이다. 행사는 구청장이 안 오든, 시장이 안 오든 그냥 빼고 무조건 정시에 시작하도록 확실히 했다.

한번은 우리 구 공유센터가 개소하는데 공유 공간이 크지 않아서 누구든 도착한 순서대로 앉도록 했다. 정치인 축사도 못 하게 했다. 제가 행사 시작 7분 전에 도착했는데 제 자리도 없어서 뒤에 서 있었다. 그 뒤로 도착한 사람들도 당연히 다 서 있게 됐다. 축사도 시민들만 하게끔 했다. 이런 것들을 지속적으로 반복하니 행사 시간은 무조건 준수하는 것으로 자리가 잡혔다.

다만 지금 잘 안 되는 것들이 몇 가지가 있는데 행사 중간에 오는 내빈 소개다. '그 사람을 위한 행사가 아닌데 왜 소개를 하느냐, 본인이 행사에 관심이 있으면 빨리 와서 인사하면 되는 것이지, 그리고 빨리 오면 순서에 맞춰서 소개하는데 중간에 온 사람까지 왜 소개하냐'고 해도 그 정치인이 무서워서 그런지 지금도 소개하더라.

또 하나 잘 안 지켜지고 있는 것이, 행사 시 정치인 가족 소개다. 예전엔 우리가 군주정 시대를 살았다. 그러나 지금은 헌법에 명시된 것처럼 공화정 시대를 살고 있다. 대한민국 거의 모든 영역에 공화정이 정착됐다고 생각한다. 그러나 딱 하나, 안 된 곳이 어디냐고 한다면 바로 정치나 행정의 영역에 있는 고위직들이다. 정치인들, 특히 고위 정치인과 관료들만 지금도 군주정에 살고 있다.

만약 여러분이 행사에 참석해야 하는데 못 가는 경우, 대신 가족이 가는 경우가 있을 수 있겠다. 누군가를 대리로 보내는 것. 그러나 그것은 행사의 성격에 따라서만 가능하고 지위도 그 성격에 따라서 부여되는 것이다. 예컨대 집안 대소사 참석은 가족이 대신하기도 한다. 이것은 어디까지나 사적 영역에서만 가능하다. 공적 관계와 영역에서는 절대 있을 수 없다. 이해할 수 없는 게 정치인과 관료들의 가족이 그 정치인과 관료를 대신한다는 관행이다. 어떤 국회의원을 소개할 때 국회의원이 안 오면 "그 국회의원을 대신해서 사모님이 오셨습니다. 어떤 시장을 대신해서 사모님이 오셨습니다, 구청장을 대신해 배우자가 오셨습니다." 이런 건 있을 수 없는 일이다.

그래서 공직자들에게 취임 직후인 2022년 7월부터 계속 강조했던 게 이것이다. 간부회의에 간부가 오지 못하면 다른 직원이 올 수는 있지만 가족이 대신 참석하는 것은 있을 수 없다. 학교에 갔는데 선생님이 안 오셨다고 해서 선생님 배우자나 가족이 대신 수업할 수 있느냐, 못하는 거다. 병원에서 수술하는데 의사가 없다면 의사 남편이나 자녀가 와서 수술을 대신 해줄 수 있느냐, 있을 수 없는 일이다. 만일 내가 법정에 갔는데 법관이 그날 연수를 갔다고 법관 가족이 대신 판결하는 건 있을 수 없는 일이다. 자동차가 고장났다면 기술자가 고쳐야 하는데 기술자 가족이, 아무런 기술이나 자격이 없는 가족이 와서 대신할 수 없다는 것이다.

그런데 유일하게 행사에서는 정치인과 관료 가족이라고 해서

앞자리에 앉아서 소개받고 인사까지 한다. 물론 개인으로서 올 수는 있겠으나 어떻게 그 가족이 정치인을 대신할 수 있겠는가. 우리는 정치인과 관료에게 선거와 선임으로 책임과 권한을 준 것이지 그들의 가족에게는 어떠한 권한도 주지 않았다.

그래서 나는 행사에서 대리 참석한 정치인이나 관료 가족을 소개하지 못하게 한다. 이런 걸 정치인들이 엄청 기분 나빠하겠지만 타협할 생각이 없다. 한 번만 생각하면 알겠지만 가족은 그냥 가족일 뿐이다. 이런 작은 것 하나하나부터 진정한 민주주의가 무엇인지, 그리고 시민 중심의 구정이란 무엇인지를 확립하고 있다.

동 미래발전계획

다음으로 소개할 정책이 '동 미래발전계획'인데 사실 우리 구의 가장 중요한 정책을 꼽아보자면 바로 이 '동 미래발전계획'과 '지속가능일자리특구 조성'이다.

동 미래발전계획의 구상을 쉽게 이해하기 위해 내가 느꼈던 것부터 이야기하겠다. 우리나라에 많은 정치지도자가 계셨는데, 김대중 대통령이 했던 말씀 중에 가장 기억에 남는 것은 '행동하는 양심'이었고 노무현 대통령은 '깨어있는 시민들의 조직된 힘'이라는 말이다. 깨어있는 시민의 조직된 힘. 나는 노무현 대통령을 만나서 이야기를 안 해봤으니 이 말이 너무 공허하게 느껴졌다.

깨어있는 시민은 누구고, 어떻게 만들어지는 것이며, 조직된 힘은 어떻게 만들어야 하는 것인가. 그분은 어떤 생각을 가지고 계셨는지 모르겠지만 나는 이게 구체성이 없이 그냥 말로 끝나는 것 같았다. 이 문제와 관련해 광산구 나름대로 방향성을 가지고 실현하려는 정책이 바로 동 미래발전계획이라고 할 수 있다.

우리는 주민자치회라는 조직을 만들었다. 주민자치회는 광산구에만 있는 조직이 아니라 전국 대부분의 지자체에 다 존재한다. 정부에서 주민자치회를 통해 민주주의와 자치분권을 실현하고자 했다고 생각하는데 정작 이 주민자치회는 완전히 변형됐다.

어떻게 변형됐냐면, 원래는 동마다 주민자치회가 있고 보통 기존 주민자치위원회에서 주민자치회로 전환을 해왔는데 그 과정에서 동별로 주민자치위원 20~30명을 모집해 소수의 사람들만이 주민자치회를 하고 있다. 바로 이게 잘못됐다. 주민자치회는 그 동에 있는 전체 주민들이 대상이 돼야 하는데 주민이 대상이 된 게 아니라 희망하는 몇 사람들만 주민자치를 하고 있다.

동에는 지역사회보장협의체 등 다양한 단체가 있는데 주민자치회가 이 여러 단체들을 전부 아우르는 게 아니라, 주민자치회도 여러 사회단체 중 하나가 돼버렸다는 게 문제다.

원래 취지대로라면 주민자치회는 동 주민이 전체 대상이기 때문에 모든 대상이 참여하고 그 조직을 움직일 수 있는 핵심적인 멤버를 따로 구성하는 것이 맞다. 쉽게 설명하면 우리가 어떤 학교를 졸업해 동문회를 구성한다면 동문회 대상은 학교 졸업생 모두다. 그러나 동문회 활동은 내가 그 대상이라고 하더라도 하고 싶지 않으면 안 하는 것이다. 동문이 5만 명이라고 가정해 보면 5만 명이 다 동문회 대상이지만 동문회에 가입해서 활동하는 사람은 1,000명일 수도 있고 500명일 수도 있다. 가입한 사람들이 다 모여서 의사결정하는 게 어려우니 그중에서 임원진이나 운영진을 뽑는 거다.

이런 식으로 주민자치회가 구성돼야 하는데 대한민국 주민자치회는 완전히 변형돼 버렸다. 동의 모든 주민이 대상이고, 그리고 주민자치를 하기 위해 운영위원회 또는 임원 회의를 구성해야 하는데 그게 아니라 그 몇십 명이 주민자치회고 나머지는 주민자치회가 아닌 것으로 규정을 해버리는 것이 문제다.

광주광역시에서 근무할 때 인지했던 중앙정부의 큰 문제 중 하나가 자치분권을 안 하는 것이었다. 자치분권을 안 하다 보니 거의 많은 것을 표준화해 해결하려는 경향이 있다. 지역마다 각각 특성이 있는데 중앙정부에서 어떤 지침을 확정해 일을 하다 보니 각 지역에서는 실정에 맞지도 않지만 울며 겨자 먹기로 따라가는 것이다. 왜? 단체장이 예산을 확보하지 못하면 무능하다는 소리를 듣기 때문이다. 필요 없고 우리에게 맞지 않는 사업인데도 그냥 신청하는 것이다. 신청해서 확보한 예산은 거의 국비 매칭이다. 국비를 100% 지원하는 경우는 거의 없어서 세금을 들여 매칭을 하는 것이다. 어찌어찌 예산 확보까지는 성공했는데, 사업을 완료하지 못하고 반납하는 것이 반복이다.

이런 수많은 문제들을 계속 제기하면서 강조한 것이 자치분권이

었다. 자치분권과 관련해서는 노무현 정부 때도 많이 거론됐지만 문재인 정부 들어서는 '연방제 수준의 자치분권을 하겠다'고 약속했다. 하지만 기억에 남은 건 그 말뿐이고 연방제 수준의 자치분권을 한 것이 무엇인지 말해보라 한다면 생각나는 것이 아무것도 없다.

대부분의 우리 세상과 사회가 그렇듯 어떤 것에 접근할 때 문제의 핵심을 '나', '내가'로 접근해야 하는데 거의 모두가 '네가', '너'로 접근한다. 자치분권도 똑같다. 반복해서 중앙정부에 자치분권을 해달라고 요구할 뿐이지 내가 자치분권을 할 생각은 별로 없다. 그래서 발상의 전환을 꾀했다. 중앙정부나 시에 자치분권을 주장할 게 아니라 광산구가 자치분권을 직접 하려고 나선 것이다.

지금 자치는 자치구까지 와있다. 법적으로 그렇다. 시·군·구에서 끝나 있다. 동이나 마을까지는 가지 않았다. 현재 동은 그냥 구의 출장 사무소 같은 개념이다. 시민들이 구청까지 오기는 어려우니까 만들어 둔 출장 사무소가 동 행정복지센터인 것이다. 이 상황에서 자치분권을 동으로, 마을로 내려가 보자는 취지로 동 미래발전계획을 세우고 있는데 이게 쉬운 일이 아니다.

이 이야기를 21개 동마다 돌아다니면서 설명했다. 왜 동 미래발전계획을 해야 하는지, 민주주의가 무엇인지, 우리가 민주주의를 어떻게 훈련하고 어떻게 정착시켜야 하는지, 계속 알렸지만 한번 듣고 되는 것이 어디 있겠는가.

동 미래발전계획 수립을 위해 동별로 예산도 지원하면서 자체적으로 동 미래발전계획 수립단을 구성해 계속 토론하도록 했다.

그러나 너무 아무것도 없는 상태에서 토론하면 어려움이 많으니 퍼실리테이터를 지원해 줬다. 지금 7~8개월쯤 진행이 되고 있는데 최근에 진행 상황을 확인 해봤다. 당연히 안 됐을 것이라고 생각하고 만났다. 이게 처음부터 성공한다면 기적이니까. 기적이거나 이 사람들이 천재들인 건데, 다 됐다고 하는 것이다.

그래서 "다 됐으면 한번 들어봅시다"했더니 아니나 다를까 이 퍼실리테이터들이 토론 참여자들을 큰 주제와 토론의 울타리 밖으로 튕겨 나오지 않게 지원만 해줬어야 하는데 자신들이 그냥 좌표를 찍고 '이렇게 가야한다, 저렇게 가야한다'하면서 토론을 주도해 온 것이었다. 그들이 주도하다 보니 매년 해오던 마을계획과 거의 차이가 없었다. 마을계획이란 '우리 마을에 가장 필요한 건 이거니까 해주세요'를 담고 있는 것인데 똑같이 '해주세요'라고 하고 있더라. 이러려면 동 미래발전계획을 세울 필요가 없다. 자치분권이 아니기 때문이다.

지금 거의 모든 동이 '해주세요'와 지역개발 방향으로 가고 있기에 다시 시작해야 한다고 했다. "자치분권이 되려면 가장 중요한 게 무엇일까요?" 물었을 때 아무도 몰랐다. 물론 모를 것이라고 생각했지만 이 과정이 중요하니 다시 하자고 했다.

제일 중요한 건 인사권이다. 두 번째는 재정권이다. 내가 돈을 가지고 있어야 자치분권을 할 수 있는 것이다. 동에서 인사권도 없고 재정권도 없는데 어떻게 자치분권을 할 수 있겠는가? 세 번째 중요한 의제에 대해 의사결정권이 있어야 한다. "여러분이 이

것들 없이 자치분권 되겠느냐"고 했더니 다들 말을 못한다. 그래서 이건 기한이 없다. 계속할 수 있는 데까지 해야지 하며 다시 이어가고 있다.

결국 동 미래발전계획수립이 가능하려면 엄청 오랫동안 공부해야 한다. 공부하지 않으면 불가능하다. 만약 칼이 하나 있다고 했을 때 칼을 그냥 무턱대고 줘버리면 어떻게 쓰일지 모르는 것이다. 자치분권을 해야 한다면 자치분권에 대해 충분히 교육하고 학습하고 훈련하지 않으면 자치분권을 할 수 없다. 예산 줄 수 있다. 인사권도 줄 수 있다. 중요한 의사결정도 직접 하라고 권한을 줄 수도 있다. 그렇지만 준비되지 않은 상태에서 주면 할 수 없다. 그걸로 횡령하고 비리 저지르고 서로 고소·고발에 싸움만 하게 된다. 지역주택조합만 봐도 금방 할 수 있는 일인데도 10년, 20년이 지나도 못 하는 경우가 있다. 들여다보면 매번 조합장 구속에 비대위 구성에, 비대위 위원장도 또 구속되는 경우가 부지기수다. 그래서 훈련이 중요하다. 훈련되지 않으면 자치분권은 불가능하다.

끊임없이 우리 주민들이 공부해야 하고 조사해야 한다. 현실을 알아야 계획을 세울 수 있기에. 또한 모여서 회의도 하고 연구도 하고, 계획을 세우면 수십 번 수정해야 한다. 이 과정을 통해 동 미래발전계획이 수립된다고 할 수 있겠다.

대한민국의 대통령은 5년에 한 번씩 바뀌고 단체장은 4년에 한 번씩 바뀐다. 바뀔 때마다 어떻게 되는가? 자기 마음대로 거의 모든 것을 다 바꿔버린다. 그렇지만 이런 민주적인 과정을 통한 결과물이 있다면 이는 개인이 마음대로 못 바꾸는 것이다. 우리 주민들이 학습과 토론의 과정을 통해서 의견을 모으고 구상하고 실행 방안까지 마련한 계획인데 주민들이 마음대로 못 바꾸게 할 것 아닌가. 그래서 이 과정이 매우 중요하다.

한 가지 덧붙여 얘기하자면 동 미래발전계획이 훈련되고 정착이 되면 혁신이 일어난다고 생각한다. 나는 미국 실리콘밸리를 방문했을 때 운 좋게 혁신에 대해 알게 됐다. 그전까지 혁신이라고 하면 보통 '우리가 지금 여러 가지 위기이고 문제가 있으니 혁신해보자'라며 제일 쉽게 하는 것이 TF를 구성하거나 법이나 제도를 바꾸는 것이 전부였다.

그러나 접근방식을 바꾸지 않으면 절대 혁신이 일어날 수 없다. 정부에서 위원회를 만들고 정책을 바꾼다고 해서 혁신이 되는 게 아니라는 말이다. 구글을 방문해 직원들을 인터뷰하는데 자신들은 일을 알아서 한다는 말을 많이 했다. 알아서 한다는 말이 무슨 말인지 잘 이해가 안 갔다. 수만 명이나 되는 직원들이 어떻게 일을 알아서 한다는 건지. 자꾸 질문해도 답변도 엉뚱했다. 그래도 '우리는 다 잘해요,' '재밌게 해요,' '본인들은 보고도 안 한다'고 했다. 지시하는 사람도 없고 알아서 한다고.

그럼 지시하는 사람도 없고 보고도 없이 이 큰 조직이 어떻게 운영되는 거지? 궁금증이 계속 생겨 묻고 물었더니 결국 알게 됐다. 구글은 기술자들이 팀 작업을 하고 있었다. 그 팀을 상사 등 누군가가 정해주는 게 아니라 자기들이 알아서 팀을 정하는 것이었다. 본인들이 스스로 해보고 싶은 과제를 만들어서 그것을 띄우면 선착순으로 희망자를 뽑더라. 그러니까 내가 이 과제에 필요한 사람이 세 사람이라고 한다면, 박병규라는 사람이 평소에 하는 것마다 성공하고 인성도 괜찮고 의제도 그럴싸하면 사람들이 많이 모이는 것이고 별 볼 일 없고 하는 과제마다 성공하지 못했던 사람이라면 안 모이는 것이다. 이렇게 희망자들이 모이게 되면 그 중에 팀원을 선택하는 것이고 이런 방식으로 수십, 수백, 수천 개의 팀이 만들어져 이 팀들이 전부 팀 과제를 수행하는 것이었다.

　수천 개의 팀이 과제를 수행하는데 가장 놀라웠던 건 성공률이었다. 실패율이 98%고 성공률은 2% 정도였다. 그러나 이 시스템이 왜 성공했느냐면 세계에서 단 하나뿐인 기술이 이 시스템에서 나오는 것이다. 그러니까 세계에서 들어보지 못했던 혁신적인 사례를 이 2%가 만들어 내는 것이다. 나머지 98%는 반영이 안 되고 2%만 반영이 되는 것이다. 그래서 이 혁신으로 세계 1위 기업이 되는 것이다.

　그렇다면 98%가 만들어 냈던 것은 다 사장되느냐 그것도 아니었다. 그 98%의 사례들이 다 공개되기 때문에 그중에서 또 새로운 것이 나오는 것이다. 정말 좋은 아이디어고 큰 효과를 가져올 수 있는 아이디어인데 어떤 지점에서 약간 오류가 있었다는 점을 발견하면 그것이 새로운 방향, 새로운 상품으로 갈 수 있는 것이다. 이런 게 바로 혁신이었다.

　대한민국처럼 중앙집권이 강한 국가는 운 좋게 아주 똑똑하고 대단한 천재가 나타나 권력을 쥐고 잘 운영되는 경우도 있겠지만 대부분은 다 잘할 수 없다. 오히려 이상하고 멍청한 사람들이 대통령이 될 가능성이 더 높다. 구청장이 될 가능성도 훨씬 높고. 그렇기에 이렇게 잘게 쪼개놓고 그중 한 가지가 성공한다면 파급력이 크고 혁신이라는 이야기다. 이를테면 광산구를 1,000개의 마을로 쪼갠다고 한다면 1,000개의 마을 중 몇 개만 성공한다면 그 사례를 1,000개 마을에 적용하면 된다는 이야기다. 구청장이 다 똑똑할 수 없다. 가장 일을 잘 알지도 않는다. 그렇지만 마을에서 성공적인 사례만 잘 만들어 내면 무조건 성공할 수 있다는 이야기다. 그래서 동 미래발전계획이 중요하다는 이야기다.

예산 시민 공유회

보통 예산 편성은 구 행정부가 한다. 집행부인 공무원이 하는 것이고 심의는 구의회에서 한다. 그런데 우리가 예산안을 제출하면 의회에서 삭감한다. 삭감하는데 어떻게 삭감하느냐, 시민에게 물어보고? 전혀 안 물어보고 그냥 삭감한다. 그러니까 있을 수 없는 일을 하는 것이다.

예산의 경우 물론 정책도 똑같지만 일반적인 시민이 있고 또 특정한 수혜자가 있다. 관련 전문가도 있을 수 있다. 이런 분들과 예산안을 만드는 과정에서 충분히 대화와 토론을 하고, 어느 정

도 정리가 되면 시민들에게 물었다. 이번에 예산 관련 설문조사를 해보니 3,000명이 참여했다. 설문조사를 통해 우선순위가 정해졌다. 예산을 어느 분야에 많이 투입했으면 좋겠는지 또 어떤 사업에 쓰면 좋겠는지, 시민 의견을 바탕으로 예산을 편성하는 것이다. 이런 게 바로 민주주의다.

우리는 예산을 편성하고 확정하는 과정도 민주주의로 가고 있는데 의회는 싫은 눈치다. 왜냐하면 의회 고유의 권한이라고 생각하는 것을 집행부가 자꾸 시민들과 공유하고 힘을 가지고 가려고 하니까. 그렇지만 이게 맞다.

각종 위원회 공개

또 한 가지는 위원회 회의 공개다. 광산구에는 위원회가 엄청나게 많다. 어떤 기초단체든 광역단체든 위원회가 매우 많다. 어느 정도냐면 광산구만 해도 123개나 있다. 그러나 문제는 이 위원회가 완전 굴 속이다. 시민들은 이 위원회가 어떻게 작동하는지, 위원회의 결정이 무엇인지 아무도 모른다.

그래서 광산구는 이 위원회를 PC나 휴대폰만 있으면 실시간으로 볼 수 있도록 다 공개했다. 물론 법적으로 문제가 있거나 공개가 제한되는 것, 개인정보 등을 제외하고 다 공개하고 있다.

그런데 이게 별로 화제가 안 되고 있다. 왜냐면 다른 지자체에서 시행하기 어렵거나 못하니까 별로 이슈가 안 되는 것이다. 만약 다른 곳에서도 다 할 수 있는 일이라면 전국적으로 다 따랐을 것이다. 우리 광산구만 하는 것이고 거의 못 한다. 너무 자랑 같지만 광산구가 대한민국 최초나 유일인 사례가 많다. 특히 위원회 공개는 행정의 신뢰도를 높이는 데 굉장히 중요하다. 시민들의 알 권리를 제공해 행정의 신뢰도를 높이고 신뢰 자본을 축적하는 길이기 때문이다.

지속가능일자리특구 조성

① 경제민주주의의 핵심은 좋은 일자리

경제민주주의의 핵심은 좋은 일자리라고 생각한다. 좋은 일자리를 통해 경제 권력이 재분배되고 사회적 포용성이 높아져 지속가능한 경제 성장으로 이어질 수 있기 때문이다.

② 일자리 문제, 사회적 대화로 풀어야 한다

일자리 문제는 왜 사회적 대화로 풀어야 할까? 우리는 보통 민주주의를 이야기할 때 민주주의를 정치 영역에만 가둬버리곤 한다. 생각해 보면 경제 영역에는 민주주의가 없고 작동하지 않는다. 정치 영역에서는 정치나 행정에서 어떤 일을 할 때 설문조사도 하고 투표도 하는데 경제와 관련해서는 그런 걸 하지 않는다. '어떤 일자리를 필요로 하십니까?' '어떤 일자리가 좋은 일자리라고 생각하십니까?' '좋은 일자리를 만들기 위해서 우리의 노력과 준비는 무엇이어야 한다고 생각하십니까?' 이런 게 질문돼야 하는데 아무도 묻는 사람이 없다.

우리는 일자리가 이미 만들어져 있어야 한다는 일종의 미신을 갖고 있는 것 같다. 그래서 기업이나 정부가 만든 일자리에 들어가기 위해 열심히 공부하고 자격증을 따고 스펙을 쌓고 경쟁을 통해 들어가는 것이 일자리라고 생각하는데 그렇지 않다. 어떤 일자리든 우리가 그 일자리를 어떻게 만들 것인지, 또 좋은 일자리는 무엇인지 우리가 서로 묻고 좋은 일자리를 만들어 가는 것도 얼마든지 가능하다고 본다.

일자리를 고정관념으로 대하면 안 된다. 부모 세대가 계속 이야기했던 일자리, 우리가 그냥 그렇게 알고 있는 일자리가 아니라 기존의 상식을 던져버리고 일자리 문제에 접근한다면 새로운 일자리 접근방법이 나올 수 있다. 그리고 그것을 어떻게 만드느냐고 했을 때 천재가 나타나서 해결 방안을 제시하는 게 아니라 사회적 대화로 이 문제를 풀어야 한다고 답할 수 있어야 한다. 시민들이 끊임없이 정치의 중심부로 들어가고 참여하는 것이 당연시되는 것처럼 일자리나 경제 문제도 시민들이 그 중심으로 들어갈 수 있도록 하는 것이 정상적이다.

왜 사회적 문제로 일자리 문제를 풀어가야 할까? 철학에서 선험적 명제(분석 명제)와 후험적 명제(종합 명제)를 공부하는데, 선험적 명제라는 것은 이미 규정돼 있는 것으로, 예를 들어 '10 더하기 10은 20이다' 라든가 '두 점 간 최단 거리는 직선이다' 이런 문제들이 선험적으로 규정돼 있는 것이다. 그러나 '이 건물 밖에 차가 많이 정체돼 있다.' 이것은 선험적 명제가 아니다. 많이 정체돼 있을 수도 있고 그렇지 않을 수도 있다. 확인해야 하는 문제다. 대부분 행정이나 정치에서 하는 일들은 다 후험적 명제에 속한다. 같이 조사하고 확인하고 만들어 가야 하는 과정으로, 규정돼 있지 않다. 그래서 사회적 대화가 필요하다.

물론 사회적 대화는 힘들고 어렵고 불편하다. 여러 갈등 요인도 있다. 그러나 이 과정을 통해야 지속성이 높아진다는 이야기다. 오히려 갈등을 줄이고 지속가능성을 높일 수 있기에 사회적 대화는 반드시 필요하다. 이것이 바로 민주주의다.

지속가능일자리특구 조성을 위한 부서 신설, 자문단 구성, 전문 용역, 조례 제정 등 추진체계를 구축하고 운영하는 과정은 이미 했거나 진행 중이다. 지금은 녹서를 만드는 중이다. 내가 광주시에서 '광주형 일자리 학교'라는 걸 운영했을 때 이문호 워크인 조직혁신연구소 소장이 강의를 한 적이 있는데 독일에서 공부하고 독일 상황을 잘 아시는지라 독일의 녹서를 소개했다. 그 말을 듣고 '맞아, 이거야. 우리가 해왔던 것이 바로 녹서구나!' 하고 녹서를 해야겠다고 생각했다.

좋은 정답은 좋은 질문 없이 나올 수 없다. 좋은 질문이 있어야 좋은 정답이 나온다. 그런데 우리는 항상 좋은 질문에 관심을 갖기보다 늘 좋은 정답만을 찾아다녔다. 8~9년 전 당시 이문호 소장을 통해 녹서라는 말을 처음 듣는 순간 앞으로 대한민국에서 해야 하는 일이 녹서 만들기라는 것을 한순간도 잊지 않았다.

우리는 어떤 문제가 생기면 그 문제를 어떻게 해결해야 하는지 답만 찾으려고 하는데 실제로는 그 문제를 둘러싼 수많은 질문이 있을 수 있다. 그래서 광산구에서는 일자리와 관련한 여러 문제를 쪼개고 쪼개서 계속 질문하는 작업을 하고 있다. '사회적 대화 추진단', '지속가능 일자리 의제 발굴단'에서 바로 녹서를 만드는 중이다. 지금 당장 답은 중요치 않다. 사회적 대화를 하며 답은 누구도 해서는 안 된다고 말하곤 한다. 왜냐하면 지금 우리는 질문할 시간이기 때문이다. 급하면 엉뚱하게 가고 답부터 찾으려고 하는데 질문이 없는데 답이 있을 수 없다. 지금 제대로 된 질문조차 만들지 못했는데 어떻게 답이 있을 수 있겠는가? 그래서 지금은 부지런히 질문을 만드는 중이다. 이 질문들이 만들어지면 내년부터는 백서 제작을 진행할 생각이다. 이런 전반적인 과정들을 모두 민주주의라는 핵심 가치가 관통하고 있다고 할 수 있다.

③ 왜 기초자치단체인 광산구인가?

실제 지속가능일자리특구와 관련해서 아직도 주변의 많은 사람들이 이해를 잘 못하거나, 또는 부정적인 인식을 갖고 있다. 왜냐하면 이런 행위가 선거에 표가 안 된다는 이유다. 빠르게 예산을 투입해서 눈에 보이는 성과를 내야 박병규가 한 일이라고 사람들이 알아주고 다음 선거에서 표를 찍어주지, 이건 눈에 보이지도 않는 것이라 해 봤자 무슨 의미가 있냐고 말한다.

그러나 나는 나아간 만큼 무조건 그 자리에서 다음 과정을 시작할 수 있다고 생각한다. 그리고 광산구에서 해야만 하는 일이 아니라 어디서 하든 아무 상관이 없다. 아무도 안 하니까 그냥 광산구가 먼저 시작한 것이다.

끝마치며

광산구의 핵심 가치는 민주주의, 그리고 시민이다. 즉 '광산구의 주인이 시민'이라는 것이다. 그래서 어떤 정책을 만들든 어떤 사업을 하든지 시민이 그 중심에 있어야 하고, 시민의 입장에서 문제를 바라보고, 시민이 직접 평가하게끔 해야 한다는 점을 강조하곤 한다. 우리가 어떤 일을 할 때 시민께 묻고 시민께 듣고 시민이 주체로 함께할 수 있도록 하는 것, 이 과정이 없다면 그것은 완전히 사상누각이다. 우리끼리 그냥 좋아하고 만족하는 것이며 이는 언제든지 무너질 수 있다. 민선 8기 광산구는 이를 잊지 않을 것이다.

내가 만난 민주주의, 우리가 만들 민주주의
집담회

내가 만난 민주주의,
우리가 만들 민주주의

집담회

제1회 '일하는 사람들을 위한 민주주의학교' 수강생들은 주제가 다른 여섯 가지의 강의를 통해 민주주의를 만났다. 10월 31일 집담회를 열고 못 다한 민주주의에 관한 이야기를 나눴다. 집담회 진행을 위해 질문은 미리 받았다. 노동조합과 민주주의, 산업전환과 민주주의, 정치와 민주주의, 삶 속의 민주주의, 노동자와 민주주의 등 다양한 분야의 질문이 들어왔다.

질문은 대부분 '어떻게 해야 할지', '무엇을 하면 좋을지', '역할은 무엇일지' 등 우리가 만들 민주주의에 관한 물음들이었다. 집담회 패널로 박상훈 정치학자, 이문호 워크인조직혁신연구소 소장, 김명환 전 민주노총 위원장, 박송호 참여와혁신 발행인이 참여했다. 집담회 사회는 김온새봄 참여와혁신 기자가 맡았다.

✷
제도의 유기적 작동, 의견의 조정이 부족
공유하는 목표를 세울 필요 있어

김온새봄 : 처음으로 이야기 나눠볼 주제는 '노동조합에서 어떻게 민주적 의사 결정 구조를 도입하고 현실화할 수 있을까'이다. 자유롭게 이야기해달라.

김명환 : 노동조합에는 이미 기본적인 규약, 규칙 등 제도가 있다. 인원에 비례해서 대의원을 뽑아 구성된 대의체계가 있다. 위원장을 조합원들이 직접 뽑는다. 이것을 보완하기 위한 집행 체계, 노동조합 내 소수 의견을 낼 수 있는 여성·청년·미조직 등 단위에 특화된 위원회도 있다. 의제별로 정치 사업, 통일 사업, 사회연대 사업을 한다. 의사결정구조의 여러 길이 있다. 어떤 제도를 도입할지보다도 지금 보유하고 있는 노동조합의 각종 제도를 유기적으로 작동시켜 노동조합의 목적을 달성할 수 있게 만드느냐가 중요하다. 지금 소통이 잘 안 되고 막혀 있는데 뭔가 쌈박한 제도를 제안한다면 적극적으로 고민을 해보겠다. 그러나 노동조합이 가진 민주적 소통 구조와 의견 수렴을 위한 의사결정 체계와 집행 체계를 얼마만큼 유기적으로 잘 운영할지가 핵

심이라고 다시 강조하고 싶다. 그리고 운영을 위한 리더십과 더불어 노동조합 간부들에게 제도 운영 등을 위한 교육과 훈련이 필요한 시기라고 본다.

박송호 : 노동조합에서 예전에는 비공식적으로 조정하는 과정이 있었던 것 같다. 어느 순간 비공식적 조정 과정이 거의 사라지거나 하나의 견해로 단정 짓는 것으로 변했다. 한편에서는 서로 다르다는 것을 전제로 한 배려와 염치가 증발한 것 같다. 다른 측면에서는 의견그룹이나 대의원 등의 창구를 남겨놓거나 의견을 표출할 수 있는 기구를 열어 뒀는데, 어느 순간부터 닫힌 것 같다. 대신 '투표합시다. 표결로 합시다'라는 식의 이야기가 많이 나오는 게 현재 같다.

이문호 : 유기적 작동의 문제와 조정의 문제는 전적으로 공감한다. 제도적 또는 구조적 문제라기보다는 청년위원회, 여성위원회 등 다 있지만 잘 안 움직인다. 유기적 작동이 안 된다는 뜻이다. 유기적 작동이 잘 되려면 공동의 목표가 있어야 한다. 서로가 공유하는 공동의 목표가 없으면 모두들 자기 주장만 한다. 현재 총연맹 차원, 산별 차원에서 공유된 목표가 있나. 우리에게 중요한 건 공동의 어떤 목표를 설정했고 공유했느냐다. 물론 민주주의라고 해서 모든 의제를 다 가져올 수 없기 때문에 선택할 필요가 있다. 지금 복합위기 시대라고 이야기를 하는데 기후위기, 디지털 전환

에 어떻게 대응할 것지, 저출생, 고령화 문제에 어떻게 대처할지를 총연맹 차원 또는 산별 차원에서 공동 목표로 삼는 것이 중요하다고 본다. 노동조합의 민주적 운영에 상당히 중요한 전제 조건이라 생각한다.

제도와 형식도 중요하지만, 실천력과 분별력 있는 이들이 필요하다

김온새봄 : 다음 주제로 넘어가겠다. 민주주의 체제에서 다수결은 의사결정 방식으로 자주 채택된다. 다수파와 소수파 간 갈등을 유발해 민주주의를 저해하기도 한다. 반면 당면한 과제를 결정해야 할 때는 효율성 면에서 다수결 자체를 폐기하기 어려운 측면도 분명 존재한다. 노동조합에서 기존 다수결 제도의 장점을 취하면서 소수 의견을 받아들이기 위해 어떻게 보완할 수 있을까?

박상훈 : 세 차원으로 나눠볼 수 있다. 첫째는 민주주의를 하는 '이상'의 차원이다. 구성원 모두에게 구속력 있는 결정을 내리는 일에서 모두의 의견이 평등하고 존엄하다는 것이다. 좀 더 세부적으로 이야기하면 공적 결정에 영향을 미치는 범위를 최대한 확대할 것, 그 범위 안에 있는 사람들은 동등할 것, 누구의 의견이라도 불평등하게 대우하지 않을 것이다. 이게 민주적 이상이다.

둘째는 의사결정의 규칙 차원이다. 의사결정의 규칙은 여러 유형이 있다. 예를 들어 정치 체제로 보면 대통령제로 의사결정을 할 수도 있고, 유럽처럼 최고 결정자를 직선으로 뽑지 않는, 의회에서 다수 의석을 가진 사람들이 주도해 조정하고 타협하고 연합해서 다수파의 리더를 수상이나 대통령으로 만들 수도 있다. 이런 제도를 통해 진짜 다수가 우위인 의사결정을 할 수도 있고, 소수와 조정을 강제하는 의사결정을 할 수도 있다.

장단점이 있다. 다수결이 용이하면 책임을 확실히 물을 수 있는 장점이 있다. 이전에 조직 운영이나 의사결정을 주도했던 그룹이 뭐가 문제인지를 명료하게 보여줄 수 있다. 조합장 교체를 자주 하는 경우를 생각하면 된다. 다만 의사결정을 확실히 내리는 것도 중요하지만, 의제를 얼마큼 진지하게 논의해서 결정에 도달하는지도 중요하다. 그래서 다수결은 논의의 질적 심화를 어렵게 만드는 단점이 있다. 논의, 조정, 협력을 제도적으로 강제하는 것도 단점이 있다. 소수 의견을 가진 사람들이 일종의 비토권을 발휘할 수 있다. 그래서 의사결정의 규칙은 하나의 민주적 답이 있지 않다. 각 나라의 역사적 경험에 따라 대통령 직선제를 할 수도 있고 의회중심제 즉 내각제를 선택할 수도 있다. 어떤 나라는 연정을 강제하는 제도를, 어떤 나라는 다당제를 위한 선거 제도를 선택할 수 있다. 규칙과 제도의 차원에서 장단점과 각 나라 또는 각 조직의 역사적 경험에 따라 선택이 달라진다.

셋째는 운영의 차원이다. 같은 민주적 이상, 같은 의사결정 규칙과 제도를 가지고도 운영을 어떻게 하느냐에 따라 결과가 달라진다. 똑같은 제도와 가치를 공유하고도 위원장에 따라 민주주의의 결과가 완전히 다른 경험들이 있지 않나. 민주주의를 어떻게 운영하느냐의 문제는 제도나 공유된 가치만이 아니라 사람과 그룹의 역할이 중요하다. 어떤 실천력과 분별력을 가지고 있느냐에 따라 달라진다는 것이다. 우리 사회는 대통령제에서 내각제로 바꿔야 하냐, 아니면 대의민주주의를 직접민주주의로 바꿔야 하냐 같은 차원에서 논의를 많이 한다. 그러나 그 문제는 아니라고 본다. 제도나 규칙, 이상을 어떻게 운영하고 실천하느냐에 관해 더 많이 이야기했으면 한다. 다수도 소수와 어떻게 논의하고 조정하고 타협하느냐, 소수 세력도 다수와 어떻게 지혜롭게 싸우느냐 이런 차원에서 고민하고 발전시켜야 할 게 많다. 우리 제도는 큰 문제는 없는 것 같다. 민주적 이상이나 가치도 우리 정도면 문제가 없다고 본다. 오히려 운영과 실천의 영역에서 그 동안의 경험을 돌아보면서 좀 달라져야 할 것, 지혜를 얻을 것을 찾아봐야 하지 않나 싶다. 결국 리더십, 활동가 실천 규범, 조직 운영 방식이 더 중요하다고 생각한다.

김온새봄 : 국가뿐만 아니라 앞서 이야기한 노동조합, 그리고 다른 조직에서도 중요한 이야기다. 다른 분들도 운영에 관한 고민을 말씀해주시면 감사하겠다.

이문호: 박상훈 박사가 하드웨어보다는 소프트웨어의 문제를 지적해 준 것 같다. 저도 동의한다. 다만 소프트웨어 변화가 굉장히 힘들다. 스스로 성찰해야 하고, 나뿐 아니라 상대도 변하는 상호작용이 일어나야 한다. 노사관계도 마찬가지다. 어떠한 수단을 통해 변화할 수 있을지 고민이 필요하다. 긍정적으로 생각해볼 것은 요즘 이런 저런 교육이 참 많다는 점이다. 아마도 지금이 성찰할 시점이라는 것을 말해주는 현상 아닌가 싶다. 교육을 잘 활용하면 좋을 것 같다.

박상훈: 세계적으로 민주주의를 하고 있는 나라는 120개 정도 된다. 그중 한국은 시민의 민주 의식이 강한 나라다. 제도나 형식으로의 민주주의도 어느 정도 수준이 있다. 그러나 누가 하느냐의 문제를 따지지 않을 수는 없다. 그 변수도 민주주의 운영에서 생각해볼 부분이다.

다음으로 '직선이 민주주의이고 간선은 민주주의가 아니다.' '직접민주주의가 민주주의고 대의민주주의는 민주주의가 아니다.' 이렇게 생각하면 곤란하다. 먼저 선거라는 개념을 냉정하게 이해할 필요가 있다. 선거는 민주적인 제도가 아니다. 영어 election(선거)의 어원은 elite(엘리트)의 어원과 같다. 직선을 하면 대개 약자들이 대표되지 않는다. 옛날 이론가들은 직선을 귀족정의 제도라고 생각했다. 직선은 엘리트가 뽑히기 쉬운 구조다. 어느 조직에서나 학벌 좋고 말 잘하는 사람이 직선으로 뽑힐 확률이 높다. 직선이 민주적이고, 꼭 선거를 많이 해야 민주적이라는 건 생각해볼 문제다. 세계에서 선거를 가장 많이 하고 직선이 가장 많은 나라가 미국이다. 그런데 미국이 평등한 민주주의 국가냐는 질문에 유럽보다 못하다는 이야기를 많이 한다. 유럽은 정치, 노사관계 등에서 투표보다는 조정이나 교섭이 더 일상적이라는 점을 생각해봐야 한다. 그리고 모든 걸 공개해야 한다는 것도 민주주의와 어울리지 않는다. 다 공개하면 자원을 많이 가진 사람들이 유리한 경우가 생긴다. 민주주의를 고민할 때 꼭 직선을 해야 한다, 모두 공개해야 한다는 점에 관해 균형감을 가질 필요가 있다. 실제로 논의의 질과 의제의 질을 어떻게 높이고, 다양한 목소리가 배제되지 않고 토론 과정에 들어오게 할 수 있을지를 더 고민해봐야 한다.

김명환 : 지난 강의에서 말씀드렸던 민주노총 위원장 직선제도 같은 맥락이다. 당시 총연맹 위원장 직선제 도입 목표는 세 가지였다. 조합원의 직접 참여로 ▲노동조합 혁신 ▲지도부의 지도력 높이기 ▲노동조합 민주주의를 획기적으로 발전시키기 등이다. 세 가지를 달성했냐고 아주 박하게 물었을 때 아직 그대로 과제로 남았다고 답해야 할 것 같다. 1년에 1번 있는 정기대의원대회에서 대의원들에게 의견을 가져오게 하자는 것도 안 되고 있다. 정책 역량을 강화하자는 부분에서도 지금 정책노총이라는 평가를 못 듣고 있다. 내부 의견 그룹 간 충돌로 의사결정의 지체와 집행력 저하 문제도 남아 있다. 노동의 고민을 사회연대로 확장

하지 못하는 문제도 그대로다. 결국 직선이냐 간선이냐 형식보다 중요한 지점을 놓치고 있는 셈이다.

의사결정의 질적 향상을 위해 다수결주의를 돌아봐야

김온새봄: 다음 질문으로 넘어가겠다. 국회의원 선거를 보면 다수 의석 확보가 최우선이어서 선거마다 정책보단 흑색선전에 집중하는 것 같다. 물론 다수 의석 확보와 정책 중심 정치의 상관관계가 없다곤 할 수 없다. 여기에 관해 고민을 들어보고 싶다.

박상훈: 국회 안에 몇 가지 의견이 경합하느냐가 전체 구조에 영향을 미친다. 제 생각엔 현재(2024년 10월 31일 기준) 국회에는 의견이 하나밖에 없는 것 같다. 심하게 말하면 한국 정치를 지배하는 의제는 김건희 씨 하나밖에 없다는 생각이 들 정도다. 모든 정당이 하나를 가지고 이야기하는 건 문제가 있다. 이게 다수결주의와 관련이 있다. 한국 사회 역대 국회를 칭하는 말 중 여소야대라는 말이 있다. 과거의 야는 하나의 당이 아니었다. 몇 가지 정당이 야를 구성했다. 그때가 한국 사회 국회의 전성기였다. 그때는 야당도 다수의 당으로 구성됐고, 여당도 소수 정당이기 때문에 합의를 해야 했다. 지금은 한쪽이 행정부를 독점하고 한쪽이 입법부를 독

점하기 시작하면서 의제의 진전이 없다. 고민해야 할 지점이다.

양질의 국회를 위해서는 국회를 지배하는 의견의 개수가 중요하다. 세계에서 가장 행복한 나라로 알고 있는 핀란드나 덴마크를 보면 우리 식으로 계산했을 때 10석 이상 가진 정당이 핀란드는 7개 정도, 덴마크는 11개 정도다. 우리가 매일 전쟁한다고 하는 이스라엘도 11개 정도다. 정당이 많으면 우리는 안 될 거라고 생각한다. 하지만 국회에는 많은 의견이 있어야 한다. 종류가 다른 정당이 있어야 한다. 대개 덴마크와 같은 곳을 보면 정당 유형이 크게 4~5개다. 오랫동안 종교의 영향이 있었기 때문에 가톨릭 정당, 개신교 정당이 있다. 그리고 자유주의 정당, 사회민주주의 정당, 공산주의 정당 등이 있다.

다수결주의가 다른 목소리를 낼 수 없는 구조를 만든다는 것이 우리 국회의 문제다. 거기에 국회를 지배하는 정책 의제가 몇 개 안 되기 때문에도 문제다. 정책 의제가 많아야 서로 패키지를 만들고 자신들의 이해를 걸고 조정의 게임에 들어갈 수 있다. 다수와 소수의 협상이 가능하다. 최종적으로 다수결은 불가피하지만 다수결주의가 의사결정의 질적인 심화, 논의의 확대를 막을 수 있다는 점을 생각해봐야 한다.

김온새봄 : '교육과 민주주의', '학교와 민주주의' 이야기를 해보겠다. 많은 사람들이 민주주의를 위해 교육을 강조한다. 한편으로는 학교 현장이 민주적인가라는 의문도 던진다. 어떻게 생각하

는지 의견이 궁금하다.

김명환 : 학교 현장에서 일하고 있는 노동자들이 학교 현장의 민주주의와 결부돼 있냐에 대한 고민이다. 학교 현장에는 정규직, 비정규직이 함께 있고 교사, 행정 직원, 급식노동자, 환경미화노동자 등이 함께 있다. 다른 지위의 학교를 운영하는 주체들, 학교 내에 존재하는 여러 노동자들이 어떻게 소통하면서 차이의 문제와 차별의 문제를 극복할 것인지가 학교 운영의 민주주의와 연결돼 있다고 본다.

박상훈 : 모든 것이 민주주의 문제가 아니라는 것부터 이야기를 해봤으면 좋겠다. 교육 문제 안에도 권력 관계가 있고 학교 현장 종사자들의 권리 문제가 있기 때문에 학교 현장에서 민주주의는 중요한 주제인 것은 틀림없다. 다만 교육 현장에는 사람을 변화시키는 영역의 과업이 있다.
장 자크 루소가 <사회계약론>과 <에밀>을 썼다. 흥미롭게도 1762년 두 책을 한 달 만에 연달아 냈다. 두 책은 같은 권에 담을 수 없기 때문에 따로 냈다. <사회계약론>의 시작은 인간은 바꿀 수 없다고 가정하는 내용이다. 법을 바꿔 사회를 어떻게 좋게 만드는지의 논의를 담은 책이 <사회계약론>이다. <에밀>은 사람을 바꾸는 문제를 다룬다. 그만큼 교육 현장에서는 분리해서 생각해야 할 것이 있다는 것이다.

인간이 가진 욕구와 욕망을 모두 인정하고 좋은 사회를 만들긴 어렵다. 아이들에게 어른은 먼저 이 행성에 온 선발대로 아이들에게 할 이야기가 있고, 선생이라는 직업의 이름으로 그 역할을 하도록 권위를 부여했다. 지금 학교 현장을 보면 권력 관계는 목소리 큰 사람들이 우위에 있다. 특히 학부모들의 목소리가 너무 커졌고, 학교장은 책임감이 없어지거나 또는 문제만 안 일어나게 관리한다. 어떻게 보면 교사는 소명 의식도 낮아지고, 학생과 관계에서 애정과 신뢰를 가지고 역할을 할 수 있게 하는 권위도 바닥으로 떨어졌다.

존경과 권위가 신장되는 것, 평등한 권리가 발전하는 것. 두 가지가 자율적 원리로 병행됐으면 좋겠다. 이것이 병행되는 학교 모델이 만들어지길 기대한다. 평교사나 기간제 교사의 권리와 권익도 보호하고, 교사의 역할을 학교 운영자들이 뒷받침 해주는 모델 같이 말이다. 학교 노사가 함께 학교를 어떻게 운영하고 교육 내용은 어떻게 할지 고민하고, 학교 운영자들이 긴밀한 대화로 만들어보면 어떨까 생각해본다. 그러면서 우리 안에서도 '학교 제도가 좋아질 수 있구나' 하는 다양한 사례가 나와야 현재 심각하다는 교육 문제를 풀어볼 수 있지 않을까.

박송호 : 가장 중요한 것은 학생이다. 그런데 우리 교육은 학생들이 참여하거나 학생이 무언가를 할 수 있는 구조가 아니다. 학생위원회를 만든다고 하지만 교육감 또는 관료 조직의 들러리로 활

용된다. 부모들에게는 학교가 욕망의 사다리다. 부모가 이루지 못한 꿈의 대리가 이뤄지는 공간, 부모가 생각하는 '우리 아이는 어떻게 됐으면 좋겠다'고 하는 것의 출발점이 학교다. 그러면서 학생들은 방치되거나 보호되거나 하면서 다양한 사회적 욕망에 그대로 노출된다.

한편으로는 교육에서 담당해야 할 영역, 사회에서 담당해야 할 문제, 학교 공동체를 운영하기 위해 구성원이 같이 해결해야 할 문제가 있다. 그런데 이런 문제들이 모두 권리와 의무 관계로 변질됐다. 그러면서 어떻게 힘을 조직하느냐로 학교가 정치화되고 있다. 교사들은 서로 책임을 회피하고, 관리는 붕괴되고, 서로 다시 각자도생하는 구조로 가면서 피해는 다시 학생들에게 돌아가는 과정이 되풀이되고 있다고 본다.

느려도 괜찮아, 빨라서 치르는 비용 있어
노동자에게 더 중요해진 숙련도

김온새봄 : 다음은 '민주주의와 속도'에 관한 질문이다. 산업전환 과정에서 속도가 곧 경쟁력인 경우가 많다. 자동차산업에서 중국이 대표적인 예다. 독일의 경우 노사 공동결정제도가 경쟁력 저하의 원인이 될 수 있단 우려도 다시 제기되고 있다. 노동의 인간화, 민주주의가 후순위로 밀려나는 압박이다. 어떻게 노동의 인

간화와 민주주의를 지속적으로 추구할 수 있을까?

이문호 : 굉장히 까다롭고 심각한 주제다. 우리가 유럽 모델을 많이 봤던 이유는 민주주의와 경제 성장 두 가지를 결부시킨 모델이기 때문이다. 그런데 현재 중국의 등장으로 모델이 깨지고 있다. 유럽도 굉장히 고민에 빠져 있다. 폭스바겐이 그 예다. 공장을 폐쇄하고 2만~3만 명까지 해고 가능성이 있다고 공표했다. 아주 큰 위기다.

중국은 기술력에서도 밀리지 않고 가격은 저렴하다. 우리의 관점에서 중국은 민주적 체제가 아니다. 비민주적 또는 강제 체제에서 나오는 경쟁력에 대응할 수 있냐의 문제다. 유럽 모델은 끝날 것이라는 자극적인 보도도 많이 나오고 있다.

유럽 모델로 대표되는 공동결정은 느리다. 같이 결정해야 하기 때문이다. 위에서 결정하고 밑으로 전달하는 우리나라 재벌 체제 같은 것이 훨씬 빠르다는 이야기도 많다. 다양한 이해관계자의 참여라는 민주주의의 문제기도 하다. 그래서 폭스바겐 모델이 어떻게 해나갈지가 초미의 관심사다.

1993~1994년 폭스바겐이 일본에게 경쟁력이 밀려 경영 위기에 빠졌다. 그때도 3만 명 구조조정 위기가 있었다. 당시 공동결정으로 만든 해결 방안은 임금 보전 없는 노동시간 단축이었다. 주4일제로 바꾸고, 비용은 절감하고 고용은 안정시키는 모델을 만든 것이다. 전 세계적으로는 유연안정성 모델로 확산됐다. 몇 년 후

물량이 안정적으로 회복됐고, 구조조정하지 않고 보유했던 숙련 인력이 있었기 때문에 신규 채용의 필요가 없었고, 품질 보증도 됐다. 이번에도 그런 모델이 나올지 안 나올지는 모르겠다.

강조하고 싶은 부분은 성장과 발전, 민주주의를 결부시키는 모델을 만들 수 있다는 것이다. 다만 참여가 중요하다. 노동조합의 참여도 중요하다. 참여를 위해서는 학습과 자기가 기여할 수 있는 것을 찾아야 한다. 한편으로는 지금 모두가 빠른 성장에 익숙해져 있다. 성장을 하지 않으면 큰일 나는 줄 안다. 기후위기와 여러 문제를 생각해보면 성장주의적 관점을 고민해볼 필요도 있다.

박상훈 : 민주주의는 단점도 많고 장점도 많은 체제다. 장기적으로 보면 느린 민주주의가 분명 장점이 있다. 그래서 장기적 관점에서 중국 모델은 아니라고 생각한다. 역사적으로 보면 전체주의 국가와 전쟁에서 민주주의 국가가 초반 밀렸지만 승리를 거뒀다. 사회적 평등과 성장의 과실을 분배하는 것도 느린 민주주의 사회에서 성취한 결과라는 것을 부정할 수 없다. 빠른 성장은 단점이 있다. 행복할 수 없다는 것이다. 우리는 지금 너무 빠른 속도의 사회에서 개인은 내면의 어려움을 겪고 있다. 일례로 자살률이 세계에서 가장 높다. 그런데 빨리 해야 할 것이 있다. 산업전환 의제 '논의'가 빨라져야 한다. 논의는 제대로 안 이뤄지고 결정만 빨리하려고 하는 문화를 우리가 돌아봐야 하지 않을까 싶다. 정책 결정에 들어가는 비용은 두 가지다. 하나는 정책의 논의 과정에서 충분하게 합의하

는 데 투여되는 비용이다. 다른 하나는 집행 과정에서 쓰는 비용이다. 우리는 결정은 빨리하지만 집행을 할 때 제도와 법을 계속 바꾼다. 유럽의 장점은 산업전환을 오랫동안 논의하면서 합의가 이뤄진 후에는 변화가 빠르고 집행 과정에 불필요한 비용이 들어가지 않는다는 것이다. 빨리 결정하는 것보다 느린 민주주의 장점을 끝까지 사회 구성원이 공유해야 하지 않을까 싶다.

박송호 : 제조업 완성차 공장에서는 부재율이라고 하는데, 결근율이 10%대로 높다. 그 땜빵(부재 대응)을 위한 파트타임을 구한다. 그리고 조장·반장은 관리 업무를 하거나 보전 업무를 해야 할 사람인데 땜빵을 한다. 화이트칼라라고 하는 사무직도 우울증이라는 문제를 겪고 있다. 높은 결근률, 우울증 환자 발생은 직업으로 인한 사회적 문제다. 현재 우리 사회는 이를 개인의 능력 문제로 치환하고 있다. 사회적 비용 낭비다. 이런 측면에서 빠르냐 느리냐의 문제뿐 아니라 사회의 문제로 볼 것인지 개인의 문제로 치환할 것인지도 고민해봐야 할 것 같다.

김명환 : 중국의 산업 정책은 최고위층부터 결정되는 방식, 흔히 우리가 이야기하는 시장사회주의라고 하는 방식이다. 그 거대한 나라를 움직이는 방식이다. 독일 경우 사회적 시장주의라고 이야기한다. 정책 결정의 국가별 작동 방식이 다르다는 것을 전제로 해야 한다.

노동의 이야기를 해보겠다. 과정이 느리더라도 노동자들이 살아남을 수 있는 지점이 무엇일까. 노동자들의 숙련도다. 노동 계급이 가지는 힘은 두 가지다. 하나는 쪽수다. 쪽수가 없더라도 자신의 고용을 유지할 수 있는 다른 하나는 숙련도다. 이런 관점에서 먼 이야기일 수는 있지만 산업 생태계가 변화하면 가장 위협받을 조직은 거대 산별노조라고 본다. 도리어 직업별 조직으로 충분히 조직된 노동조합은 조직력과 숙련도로 버틸 수 있다고 생각한다. 노동조합이 임금의 최대화와 임금의 평등화라는 것을 만들어내면서 기술의 숙련도에 관한 과정은 부재한 상태다. 현장 노동자의 숙련도는 임금 정액 인상 주장 속에서 사라졌고, 그 숙련도는 AI와 디지털 기술을 구사할 수 있는 기획 단위로 갔다. 자동차를 디자인하고 기획할 수 있는 고학력 인력에게로 숙련도가 가고, 사실상 현장은 숙련의 상실로 찍어 내는 기술과 기능 정도만 가지고 있다. 여기서 남는 것은 하나다. 그럼 누가 빨리 이걸 찍어 낼 수 있느냐의 속도 경쟁이고, 속도 경쟁은 곧 단가 경쟁이다. 이 구조의 굴레를 깨기 위해서 노동 계급이 숙련에 관한 고민을 할 시점이라고 본다.

위기의 시대, 더 나은 사회적 대화를 위한 제언

김온새봄 : 우리 사회 여러 위기가 있었을 때마다 위기 극복의 지

렛대로 역할을 했던 것은 노사정위원회나 경제사회노동위원회를 통한 사회적 대화와 타협이다. 다중 위기 시대다. 더 나은 사회적 대화는 어떻게 가능할까.

김명환 : 실패 사례 얘기는 할 수 있을 거 같다.(웃음) 다중 복합 위기라고 이야기들을 많이 한다. 기후위기, 저출생, 고령화, 디지털화, 노동시장 이중구조 등이 복합적으로 맞물려서 위기 양상이 나타난다고 한다. 이런 상황을 봤을 때 단순히 사회적 대화가 노사정의 노동 의제로만 국한되는 것으론 위기의 해결책을 찾기 어려울 것이라고 생각한다. 다중 복합 위기의 의제는 무엇이고 우선순위를 정하는 것만으로도 대단히 큰 성과다. 이 이야기를 한 이유는 노동이 우선순위가 아닐 수도 있기 때문이다. 그러나 이걸 노동조합이 인정할 수 있는가. 그리고 이걸 인정하기 위한 많은 고민과 토론을 해야 하고, 그 과정에서 걸릴 시간을 각오할 수 있는가가 큰 부분이라 생각한다.
그럼에도 사회적 대화는 우리 내부의 민주주의를 더 성숙시킬 것이고 노동의 민주주의, 우리 사회의 민주주의를 더 확장하는 지렛대 역할을 할 것이라 본다. 내셔널센터(총연맹)는 어떠한 조건에서든지 사회적 의제를 풀기 위한 대화의 공간에 참여해야 한다. 정의로운 전환을 외친다고 해서 정의가 실현되고 전환이 되지 않는다. 논의에 참여하고, 논의 과정에서 결과물을 다시 확인하고 평가하고 책임지는 과정까지 해봐야 한다. 정부의 성격과

대화의 조건과 환경이 어떠하든 간에 다중 복합 위기 문제를 해결하는 데 실마리를 찾을 수 있지 않을까 한다.

박상훈 : 위기라는 말은 두 가지 의미가 있다. 옛 그리스 사람들은 위기는 기회고, 전환점이라는 의미로 썼다. 우리는 권위주의 시대 때 위기라는 말을 활용해 협박하는 단어로 많이 썼는데 이번 기회에 수정했으면 좋겠다. 위기라는 말이 나오면 '논의의 종결'과 '무조건 따르라'는 것이 아니라 '논의를 시작해야 한다'와 '이해당사자들이 참여해 의제를 다룰 능력을 키워야 한다'는 개념으로 바꿨으면 좋겠다.

민주주의를 앞서 실현했던 나라들을 보면 자율적 결사체가 많아야 민주주의 수준이 높아진다는 것을 알 수 있다. 사회적 대화도 다양하고 많은 자율적 결사체가 있는 사회를 기반으로 하지 않으면 튼튼하지 못하다. 우리 사회가 소위 조직하고 결사하는 노력에 긍정적 의미를 부여해야 한다. 결사가 정말 우리에게 필요하다. 민주주의는 'association'과 'aggregation' 두 종류가 있다. 전자는 결사와 과정의 의미로, 후자는 투표와 빠른 결정의 의미로 사용한다. 후자는 권위주의적 민주주의 시대에 볼 수 있는 것이다. 사회적 대화의 노력이 뿌리를 내릴 수 있기 위해서는 다양한 형태의 결사체를 인정하고 존중하고 강조하는 쪽으로 민주주의관이 바뀌어야 한다는 이야기를 강조하고 싶다.

이문호 : 더 나은 사회적 대화를 위해 두 가지를 말하고 싶다. 첫째는 중앙 차원보다는 지역별, 산업별, 의제별 차원의 사회적 대화가 이뤄져야 한다. 중앙 차원에서는 추상적 언어의 합의문 내지는 권고문만 나온다. 그러나 그것이 얼마나 실천력을 가진지는 의문이다. 노사가 여기에 집중하면서 구체적 의제로 문제를 해결한다기보다는 과잉 정치화돼 문제 해결이 공전하는 것 같다. 지역, 산업, 의제 차원으로 들어가면 참여율도 높다. 한 가지 경험을 이야기하겠다. 지금은 내연기관차에서 전기차로 전환해야 할 시기이고, 결국 내연기관차를 기반으로 한 부품사와 그 안에서 일하는 사람들이 위기에 처한다. 부품사들이 모여 있는 지역의 위기이기도 하다. 해당 지역이 경주다. 경주에 노사정이 해법을 찾기 위해 모였다. 민주노총은 사회적 대화에 공식적으로 참여 반대 입장을 밝혔기 때문에 경주 지역의 민주노총 소속 노동계가 대화에 참여할 수 없는 상황이었으나 양해를 구하고 대화에 들어왔다. 지역이나 산업 차원에서는 상당히 급한 문제기 때문이다. 중앙 차원의 사회적 대화보다 지역, 산업, 의제 차원의 사회적 대화가 활성화되기 쉽고 실효적이다. 둘째는 사회적 대화라는 형식적 틀도 중요하지만 내용이 중요하다. 지금 의제를 논의하기 위한 거버넌스 체제는 굉장히 많다. 그러나 내용과 모델이 없으면 대화에 참여해도 할 일이 없다. 그러다보면 참여자들의 신뢰도 쌓이지 못한다. 내용에 대한 고민도 필요하다.

이제는 현명한 정치의 시간
증오와 청산은 또 다른 복수 낳아

김온새봄 : 2016년 당시 촛불민주주의라는 말과 함께 개혁적 주장과 사회적 의제들이 많이 나왔다. 희망도 가졌다. 그런데 시간이 지나고 정권 창출이라는 결과만 중요했던 건지 의문을 표하는 사람들이 많아졌다. 무엇이 문제였을까. 미래를 위해 뭘 더 고민하면 좋을까.

김명환 : 고령화, 기후변화, 도시화, 디지털화, 불평등은 다중 위기 시대를 상징하는 키워드들이다. 모든 인류가 당면한 숙제라고도 한다. 한국도 마찬가지다. 도리어 한국적 상황은 언급한 위기들의 복잡성을 더욱 심화시킬 수 있다고 본다. 8년 전 연인원 1,000만 명에 가까운 국민들이 추운 겨울 전국에서 촛불을 들고, 임기 중 대통령을 끌어내리고 새로운 정부를 세웠다. 그러나 권력을 쥔 세력은 새로운 사회를 만들어내는 데 실패했다. 물론 '문재인 정권의 실패'라는 테두리 안에는 촛불 항쟁의 성과가 사라지고, 문재인 정권 기간 조직을 확대하고 사회적 영향력을 확장해오던 '노동운동'으로 대변되는 사회개혁 세력이 자신들의 역량을 제대로 발휘하지 못하고 실패했다는 것도 포함돼 있다. 현재 윤석열 검찰 정권의 퇴진을 주장하고 있는 상황에서 '어게인

2016'만 반복하는 것만으로 희망과 비전을 줄 수 있을지 의문이다. 다시 기회를 만들어 가자는 의미에서, 노동운동의 역할을 보다 구체적으로 고민하는 것이 필요하다. '퇴진 광장'에 울려 퍼졌던 비정규직, 여성, 청년 등 우리 사회가 가진 잘못된 구조에서 힘들어하는 사람들이 목소리를 낼 수 있는 공간을 만들어야 한다.

박상훈 : 민주주의는 정치의 역할에 의존하는 체제다. 계급과 신분, 세습과 혈통의 원리로 통치권을 부여하는 군주정이나 귀족정과는 다르다. 민주주의는 선출직 시민대표, 우리가 정치가라고 부르는 이들에게만 통치를 허락한다. 정치가들이 어떤 실력을 보여주느냐에 따라 체제의 운명이 크게 영향 받는 게 민주주의다. 그런데 우리는 민주주의를 정치가 아닌 운동의 일로 이해할 때가 많다. 촛불혁명, 촛불민주주의라는 용어가 시사하듯 시민 참여나 시민 혁명에 가까워야 진정한 민주주의인 것처럼 오해한다. 여기서부터 예기치 않은 문제가 시작됐다고 본다.

역사 속 수많은 혁명에서 보듯 시민들의 용기는 위대하다. 하지만 모든 혁명은 상처를 동반한다. 충족할 수 없는 기대를 키우고, 과거의 압제 못지않게 새로운 압제를 불러들일 수 있는 것이 혁명이다. 혁명이 전체주의로의 퇴락을 가져온 경우도 있었고, 반대로 더 나은 발전으로 이어진 경우도 있었다. 두 경로의 차이를 만든 것은 정치였다. 정치의 역할이 발휘된 곳에서는 혼란과 공포를 딛고 전보다 더 나은 질서를 만들어 갈 수 있었다. 반면 전체주의로 퇴락한 곳은 한결같이 혁명의 영속화를 앞세워 정치의 기능을 없앰으로써 더 큰 공포와 억압을 낳았다.

시민 참여의 열망은 혁명의 연속보다 정치를 통해 구현돼야 했다. 우리는 그렇게 하지 못했다. 2016년 촛불집회 이후 한국 민주주의가 '촛불혁명의 완수'로 나아가지 않고 '정치의 회복'으로 나아갔어야 했다. 그렇지 못한 결과가 지금 우리가 만나고 있는 현실이다. 혁명도 정치도 권력투쟁에서의 승리를 추구한다. 하지만 혁명은 승리에 만족하지 않고 패배자를 실패자로 만들 때까지 추궁한다. 정치에서의 승자는 패자와의 공존을 선택하는 반면 혁명의 승자는 패자를 재기할 수 없게 만든다. 패자와의 공존과 경쟁은 정치를 활성화시키지만 패자를 청산해야 할 적폐로 몰아가면 정치의 기능을 발휘해야 할 자리에 처벌과 복수의 열정이 들어선다. 지금 우리가 겪고 있는 혼란은 촛불집회의 열정을 정치가 아닌 혁명의 열정으로 이어간 것이 가져온 고통이라고 본다. 촛불혁명을 완수하자는데, 적폐를 철저하고 완전하게 청산하자는데, 시민이 어떻게 대화와 타협과 조정이라는 정치의 미덕을 존중할 수 있겠나.

일이 그렇게 돌아가면 국회나 여야 같은 민주주의의 핵심 제도들을 의심하고 그들 가운데 배신자를 찾아내고 자아 비판하게 만드는 게 낫다고 여기는 사람들이 목소리를 높인다. 적폐와 싸우고 반대파를 토착왜구나 친일파의 후손으로 몰아붙이고자 하는 팬덤 전사들의 출현도 막을 수 없다.

촛불혁명, 촛불세상, 촛불민주주의 같은 완전한 질서를 만들겠다는 헛된 약속은 하지 않았어야 했다. "적폐의 철저하고도 완전한 청산"을 제1호 국정 과제로 삼는 무모한 일을 하지 않았어야 했다. 불완전하더라도 정치의 미덕을 회복하고 패자에게 협력을 구해 비가역적 변화를 조금씩 일궈 갔어야 했다.

급진과 반동을 반복하는 일은 세상을 비인간적인 열정으로 지배하게 만든다. 동의와 타협을 통해 느리지만 앞으로 나아가는 사회, 점진적인 변화를 추구하며 협동의 가능성을 키우는 사회, 증오보다는 신뢰를 쌓아 갈 수 있는 사회가 우리에게는 필요하다. 정치는 바로 이런 사회를 위한 인간 활동이다. 혁명보다는 정치가 훨씬 더 인간미 있는 미래를 만든다.

노동운동도 마찬가지라고 생각한다. 투쟁으로 일관하는 노동운동은 역설적이게도 노동조합 내 권력 싸움과 대의 없는 실익추구 문화만 키운다. 내부의 이견과 불만을 힘으로 제압하려는 열정을 억제하지 못한다. 경쟁하는 상대를 혐오하게 만들려는 사악한 마음도 키운다. 실제는 권력 싸움인데 말로는 촛불혁명을 말하는 일과 다를 바 없다. 촛불세상을 말하는데 실제로는 모두가 자신의 이익이 침해되는 것을 용납하지 못하는 시민사회가 되는 것과 같은 이치다.

민주주의는 혁명과 투쟁의 방법으로 운영할 수 없다. 투쟁과 혁명을 입에 달고 사는 사람들은 경계해야 한다. 그들은 자신을 돋보이게 하기 위해 스스로를 기만하는 사람일 가능성이 높다. 끊임없이 교섭하고 조정하고 증오 없는 논쟁을 이어가고 좀 더 신뢰할 수 있는 협동의 문화를 조금씩 진작시켜 가는 것을 중시하는 사람이 진짜 민주주의자다. 민주주의자는 평화를 사랑하는 사람이고 이견과 차이를 통해 배울 줄 아는 사람이다. 혐오와 경멸을 불러일으키는 말과 행동을 줄여가며 일을 이끌어가는 실력을 지도부도 활동가도 조합원도 키워가야 노동운동도 민주적으로 발전해 갈 수 있다.

김온새봄 : 한국 민주주의는 과잉인가 아니면 빈곤인가, 인터넷 또는 광장에서 표출되는 극단적인 모습을 완화할 수 있는 방법을 어떻게 찾을 수 있을까?

박상훈 : 과잉이다. 모든 것을 국민, 당원, 조합원이 원하는 대로 해야 한다는 잘못된 생각이 많다는 점에서 그렇다. 다른 측면에서 보면 빈곤이다. 이견과 차이, 토론, 숙고를 싫어한다는 점에서 그렇다. 두 현상은 같은 원인에서 발생하는 것이라 본다. 그것은 민주주의를 인민주권이나 시민직접 정치로 단순화해서 이해하는 것에서 기인한다.

이런 민주주의관을 갖고 있는 사람들은 조급하고 사납다. 그들은 정치나 정치가들로부터 민주주의를 빼앗아 사회로 가져가서 시민들에게 나눠주고 싶어 한다. 그들에게 정치는 잠재적 부패세력이고 기득권이다. 개혁의 주체가 아니라 대상이다. 공통적으로 그들은 정치나 정치가, 정당과 국회를 싫어한다. 그들은 국민주권을 일상적으로 실현하는 직접민주주의를 좋아한다.

이런 생각이 민주주의가 아닌 것은 아니지만 문제는 권위주의자나 전체주의자의 생각과 그리 멀리 떨어져 있지 않다는 점이다. "나는 일관성 없는 약속, 실현 불가능한 요구, 근거 없는 생각, 현실성 없는 계획, 기회주의적인 주장, 가장 저급한 본능의 악용, 사실의 왜곡 등이 난무하는 정치를 가슴 깊은 곳으로부터 혐오합니다." 이 말을 했던 포르투갈의 전설적인 독재자 살라자르는 직접민주주의를 내세웠다. 의회나 다당제를 싫어하는 사람일수록 인민주권과 직접민주주의를 좋아한다. 리비아의 독재자 카다피가 그랬고 지금 유럽의 극우 정당들 대부분 역시 직접민주주의를 강령에 표방한다.

민주주의를 시민과 대중의 참여로만 이해하는 관점은 전체주의 앞에서 무기력하다. 전체주의는 언제나 대중운동에 의해 인도된다. 전체주의는 대중을 동원하고 대중의 지지에 의존하는 체제다. 역대 전체주의 국가들 가운데 대중의 광범한 지지로 수립되지 않은 사례는 없다. 인민의 열정, 대중의 동원 없이 유지된 전체주의는 없다. 자발적이든 강제된 것이든 전체주의는 대규모 참여와 동원을 통해 작동한다.

우리가 모든 일을 직접 해결하려 하면 우리의 마음은 지옥이 된다. 모든 갈등을 직접 다루려면 거의 전사가 돼야 한다. 늘 싸우려드는 사람의 말과 표정을 가지고 세상을 좋게 만들 수 없다. 우리는 다른 사람의 도움이 필요해서 사회를 만들었다. 우리는 국가라는 합법적 폭력을 통해 나의 생명과 자유, 재산을 지키고자 한 만큼 불완전한 존재다. 조합원과 활동가 그리고 지도부가 서로 신뢰하는 노동운동이 중요하듯 정치가와 시민이 협력할 수 있는 민주주의의 길을 발전시켜야 한다. 정당은 지금보다 수가 늘어야 하고 국회는 권한이 더 커져야 한다. 그들은 적법하게 주권을 위임받은 시민의 대표자들이고, 우리는 그들을 존중하고 그들이 자율적으로 일할 수 있게 해야 민주주의의 주인이 될 수 있다.

누군가를 공격하고 비난하고 야유하는 일로 몰려다니는 민주주의는 최악이다. 우리는 시간을 기다릴 줄도 알아야 하고 생각이 다르다고 무례해도 된다는 듯 행동하지 말아야 한다. 냉소와 야유는 인간 사회를 병들게 하는 질병이다. 그런 사람들이 세상을 호령하고 다니지 못하게 해야 민주주의도 살고 우리 삶도 안정감을 찾을 수 있다.

차이를 인정하고 따뜻한 민주주의로

김온새봄 : 민주주의자로 산다는 것은 무엇일까? 직장에 다니면서, 일할 때도 그렇고 회의할 때도 그렇고, 동료들을 만나면서도 그렇고, 때론 '그냥 해'라든지, 아예 그런 고민할 시간조차도 없이 살기도 한다. 토론자분들은 자신의 삶 속에서 그럴 때를 마주하

면서 고민하신 적은 없는지 궁금하고, 민주주의자로 산다는 것에 대한 생각도 듣고 싶다.

김명환 : 일터와 집에서 또는 사회적 관계망 속에서 항상 '정치적 올바름'만을 주장하는 것으로 일관하기는 솔직히 어렵다. 또한 그것이 항상 옳은 것도 아닐 거라고 여겨진다. 도리어 가족들, 동료들과 대화를 나누며 공통적으로 느끼는 것은 공감하고 상대의 이야기를 들어주는 것이 필요하다고 본다. 그 과정이 전제될 때 나의 주장과 다른 이의 주장에서 차이를 발견하고, 충돌과 중단이 아닌 해결을 위한 대화와 소통으로 이어진다.
넓게 보면 노동계와 사용자 진영 모두 힘과 논리의 우위를 점하려 고민하는 만큼, 서로가 무엇을 이야기하고 있는지 이해하려는 노력도 결합돼야 해결의 실마리가 나타날 것이라 본다.
나아가 노동운동의 진보성이 가정과 생활의 공간에서 멈춰 버리거나, 극심한 경쟁 사회에서 미래의 생존을 위한 각종 대비책(부동산, 사교육 등)을 내세우는 모습 앞에서 멈추는 것에 대한 진지한 고민을 해야 한다고 본다. 그리고 민주주의적 형식과 절차, 내용을 통해 무엇을 이루고자 하는지 목표와 목적을 항상 염두에 둬야 한다.

박상훈 : 모든 것이 민주주의의 문제는 아니다. 모든 것을 정치화해서도 안 된다. 가정도 학교도 회사도 교회도 절도 성당도 모

두 민주화하려 해서는 안 된다. 무엇보다도 그런 인간 조직은 다른 수단이 실패했을 때 강제력을 사용할 법적 권리가 결여돼 있기 때문이다. 인간에게는 우정과 애정, 경배와 겸손의 힘만으로도 해결할 수 있는 관계들이 많다. 민주주의나 정치는 그것이 아니면 해결할 수 없는 폭력을 불러일으킬 문제를 다룬다. 조세, 재정, 형법, 선거법 등 적법한 공적 규칙과 절차를 정해 주지 않으면 누군가 총칼이라도 들게 될지도 모를 중대한 사안을 다룬다.

이런 문제를 다루는 사람을 민주주의자라고 한다면 여러분이 다 민주주의자가 돼야 하는 것은 아니다. 좋은 친구, 좋은 동료, 좋은 조합원으로 충분하다. 모두가 정치를 하거나 정치가가 돼야 하는 것이 아니듯 모두가 민주주의를 책임져야 할 일은 아니다. 다만 민주주의라는 가치나 이상을 중시한다면, 그런 민주적 신념이나 이상을 존중한다면 먼저 뭐든지 빨리 많이 하려 하거나 성급하지 않아야 한다.

우린 너무 빠르다. 한국사회는 거의 속도전 사회다. 민주주의도 그렇게 운영하고 있다. 멈춰야 한다. 멈춰서 돌아보면 눈에 들어오는 것들이 많다. 보살펴야 할 것들도 많다. 그들에게 눈길과 관심을 나누는 것이 민주주의자의 자세다. 민주주의는 타자 의존적이다. 홀로 자유로운 것은 자유가 아니다. 그것은 다른 사람 없이 혼자만 사는 사막을 만들어놓고 천국이라고 우기는 것과 같다. 우리는 협동의 힘을 믿고 노동조합을 만들었지 싸우는 삶을 위해 노동조합을 만든 것이 아니다. 그렇듯 민주주의자도 사람들을 괴롭힐 수 있고, 반대로 서로 다른 것들과 공존으로 이끄는 평화로운 민주주의자가 될 수도 있다.

누구도 다른 사람의 인생에 답을 줄 수는 없지만 그래도 가능한 선택지는 말해줄 수 있을 것이다. 저는 부디 평화로운 민주주의자, 느린 민주주의자가 됐으면 한다. 그리고 늘 웃음이 좋은 민주주의자가 됐으면 한다. 확신에 찬 주장은 절제하고 과도한 자기 확신으로 세상을 기만하지 않는 것도 필요하다. 민주주의는 서로 잘 지내는 것, 다르고 이질적인 것들에 불편해하지 않는 것, 그런 마음 넓은 사람에게 잘 맞는 공동체 운영 원리다.

유능하고 책임 있는 지도자를 잘 추종하는 것도 민주주의자고 헌신적인 활동가를 존경하는 것도 민주주의자다. 조직이나 단체에 필요한 여러 자질, 특징과 장점이 조화롭게 공존할 수 있도록 관용적인 사람도 필요하다. 싸워야 할 때를 알고 또 그만큼 물러설 때도 알아야 민주주의자다. 사람들을 불모의 흥분 상태로 이끌어 가고 대의를 위해서는 상처나 고통 따위는 어쩔 수 없다고 말하는 핏기 없는 냉혈한만 아니라면, 우리는 여러 차이가 있지만 우리 모두는 따뜻하고 다정한 민주주의자가 될 수 있다. 우리 모두 여러 민주주의자의 모양새를 개성 있게 발전시켜 가면서 잘 지내보자. 그러면 된다.

맺음말

우리가 만들 민주주의: '어떻게 노동할 것인가? 어떻게 살아갈 것인가?'

박송호 참여와혁신 발행인

  '일하는 사람들을 위한 민주주의학교' 1기 과정을 마무리했다. 교육에 참여했던 강사들과는 몇 달 동안 수차례 논의를 했다. 세계적으로 화두인 '민주주의의 위기'에서 과연 '민주주의는 뭘까'라는 의문이 있었던 것도 사실이다. 참여와혁신이 민주주의를 고민했던 이유는 두 가지다.

  첫 번째는 우리 일터의 위기 때문이다. 사회가 양극화된 모습 중 하나는 노동시장의 양극화다. 비정규직, 저임금, 장시간 노동도 문제지만 양질의 일자리에 종사하는 노동자들 역시 상당한 위기에 직면해 있다. 단순 반복 작업을 하는 컨베이어벨트 위의 많은 노동자가 우울증 문제를 겪거나 게임·도박 중독 등에 노출돼 있다. 노동환경이 좀 더 나은 장치산업 노동자, 사무직 노동자들 역시 크게 다르지 않다. 노동을 통하기보다 소비나 과시 같은 사회적 관계에서 자신의 존재를 확인한다. 당연히 노동조합과 회사는 요구를 대신하거나 더 많은 돈을 주는 존재 이상이 되지 못하고 있다. 일을 통해 자신을 확인하지 못하고, 일을 만들어가는 과정 자체가 부재한 현실의 반영이다. 노동은 그리고 회사는 돈을 버는 수단과 장소 이상이 되지 못하고 있다. 지금의 노동과 현실의 일터는 노동자에게 의미를 주지 못하고 있다.

현대 사회는 오랜 시간에 걸쳐 자동화와 체계화를 이뤄 왔다. 기본적인 접근법은 구상과 실행의 분리를 통한 근면한 노동자의 양산이었다. 하지만 한계에 도달했다는 징조가 곳곳에서 나타나고 있다. 거대 담론으로서 경제민주주의를 이야기하는 것이 아니다. 권리로서 민주주의를 이야기하는 것도 아니다. 한국 사회는 더 이상 노동자의 단순 반복 작업으로, 장시간 노동으로, 시키는 대로 일하는 방식으로 성장할 수 없다. 이렇게 해서는 세계 속 경쟁에서 고품질의 제품을 만들어 내기 어렵다. 또 그런 일자리가 양질의 일자리가 되지도 않을 것이다. 이미 사회 곳곳에서는 숙련과 지식노동자를 이야기해 왔다. 참여와혁신 또한 우리 사회의 패러다임 이동과 노동자의 노동과 삶의 질을 개선할 대안으로 숙련과 참여를 고민했다.

우리 사회에 절차적 민주주의가 이뤄졌다는 사실을 부정하기는 어렵다. 내가 생각하는 이상향, 꿈꾸는 민주주의를 내세우며, 나의 주장은 다르다는 것을 표현하기 위해 '참'민주주의 같은 갖가지 수식어를 붙인 ○○민주주의가 유행한 적도 있다. 분명 '다르다'는 '틀리다'가 아님에도 불구하고 선언적인 규정으로 논리적이고 객관적인 입증을 대신했다. 이런 현실을 성찰할 출발점이 '일하는 사람들을 위한 민주주의학교'였다. 노동자의 노동과 삶의 질을 높이는 방안으로 민주주의에 대한 개념 정의를 시작으로 노동을 둘러싼 의회·정당·정부 등을 다뤘고 일터민주주의 강의까지 이어졌다.

참여와혁신은 '참여'라는 생각하는 노동을 매개로 "의미를 잃어버린 일터에서 의미 있고 경쟁력 있는 노동이라는 '혁신'이 가능할까"라는 질문을 던져왔다. 해답 찾기는 여전히 계속되고 있다. 양질의 일자리 창출은 어렵다. 지역에서 양질의 일자리를 만들기는 더욱더 어렵다. 그렇기 때문에 우리는 지금 참여를 이야기한다. 또 함께 바꿔나갈 것과 방향을 논의해야 한다고 말한다. 참여와혁신 역시 그 이야기와 질문을 계속 이어갈 것이다.

두 번째는 우리 일터와 생활에서 민주주의에 관한 고민이다. 많은 경우 우리는 언론의 왜곡 보도, 가짜뉴스를 이야기한다. 사실에 기반하지 않고 일부의 사실에 자신의 주장을 교묘하게 섞어 왜곡하는 내용이 넘쳐난다. 저는 87년 6월 민주화 투쟁이 일어나는 과정을 기억하고 있다. 신민당 현판식과 6·10 민주화 과정은 보도지침, 언론통제로 인해 제대로 알려지지 않았다. 우리 사회의 민주주의 상황은 좋지 않았다. 권위주의 정권의 힘에 의해 언론이 통제, 왜곡되는 게 다반사였다. 하지만 전 국민의 참여로 투쟁은 확대됐다. 시민의 참여 열기는 언론의 보도 방향을 바꿔 냈

다. 사실이 조금씩 드러났다. 어느 절대권력이 갑자기 언론의 방향을 바꾼 것이 아니다. 온전히 시민의 힘이었다. 그런 참여의 열기는 노동 현장으로 이어졌다. 자신의 일터를 바꾸려는 7·8월 노동자 대투쟁으로 민주노조가 만들어졌다. 그 과정에서 대통령 직선제 개헌을 주 내용으로 하는 6·29 선언이 나왔다.

분명히 그 시대는 정보와 지식의 접근이 제한됐다. 정당성을 갖지 못한 정권은 감추기에 급급했고 진실을 왜곡해 시민을 우민화하려 했다. 불신과 폭력의 시대에 힘을 발휘한 것이 '카더라'다. '카더라'의 추측과 유추는 진실과 진실, 지식과 지식 사이의 빈 공간을 채웠다. 그리고 어느 순간 진실로 나타나기도 한다. 또한 원인과 과정이 다르지만 나의 추측이 맞았다고 생각하는 경우가 많다.

우리는 일상에서, 회의에서 쉽게 법대로 하자고 한다. 토론이 길어지면 투표하자며 힘의 우위를 배경으로 분위기를 바꾸는 발언을 많이 듣는다. 박상훈 박사의 강의에 따르면 법과 투표는 민주주의의 전부가 아니라고 한다. '투표'의 어원은 '엘리트'와 같다. 현실에서 사회적으로 유리한 이들이 형식적인 민주주의를 증명할 때 사용하는 언어가 되기 십상이다.

굳이 노동조합과 정당에서 찾지 않더라도 우리의 일상에서 민주주의가 형해화되는 경우가 많다. 우리끼리, 우리 편끼리라면서 나와 다른 사람이 의견을 말할 기회를, 그리고 들어볼 기회를 박탈한다. 이러한 기술을 마치 능력인 양 과시하기까지 한다. 조합원의 참여라는 대의를 위한 관리능력의 부재로 '통돌이(투표함을 들고 다니며 투표를 독려하는 방식)'가 이뤄진다. 서로 다른 이야기를 한 공간에서 한다. 주장이라는 이름으로, 원칙이라는 이름의 우기기로 다른 이의 많은 시간을 빼앗는다.

우리 사회는 형식과 절차라는 민주주의가 이뤄졌다. 통신이 발달하고 독점됐던 언론은 다양한 형식으로 내용을 전달하고 있다. 지금은 정보 접근이 용이하고 더 습득하려는 노력만 있으면 가능한 것이 많아졌다. 이제는 추측과 추론, 당위를 주장하기보다는 그것을 증명하고 설명하려는 노력, 그리고 동의와 인정이 필요해졌다. 그래서 민주주의 사회에서는 언론의 자유를 보장하기 위해서 노력한다. 또한 자신의 생각을 표현하고 다른 시민의 생각을 존중하는 교육과 훈련을 사회적으로 실시한다.

우리 사회는 신고리 5,6호기의 건설여부를 놓고 국민숙의단을 운영했다. 충분한 정보와 토론, 자신의 참여가 원전 건설을 결정한다는 사명감이 참여자들을 집중시켰다고 한다. 또한 토론의 중재자는 논의의 본질을 지키기 위한 관리자 역할을 했다고 한다. 이미 우리 사회 곳곳에는 민주주의가 얼마나 값진 결과를 만들어내는지를 보여주는 사례가 많다.

물론 늘 성공하는 것은 아니다. 광주광역시 광산구의 경우 21개 동을 '마을정부'로 만드는 '동 미래발전계획'을 수립했다. 주민자치를 기반으로 토론을 통해 미래 비전을 수립하고, 실천 계획을 세우겠다는 자치분권 실험이었다. 박병규 광산구청장은 토론을 원활하게 지원하도록 했던 전문가 자문단이 패착이었다고 말한다. 공론의 장이 낯선 주민들을 대신해 이들이 모든 의사결정 과정을 주도했기 때문이다. 하지만 거기에 머물지 않았다. 문제점을 찾아내고 다시 원점에서 숙의를 시작했다.

참여와혁신은 2024년 창간 20주년을 맞아 제1회 '일하는 사람들을 위한 민주주의학교'를 열었다. 강사들의 오랜 연구와 해박한 지혜가 노동조합 간부들에게 많은 영감을 줬다는 평가를 받았다. 많은 이들의 참여와 열정이 이런 좋은 과정을 만들어 냈다. 부족한 시간으로 '일본 노동조합의 참여'를 견학할 기회를 놓친 아쉬움은 있다.

2025년 3월에 시작하는 제2회 '일하는 사람들을 위한 민주주의학교'에서는 1회의 경험을 살려 더 발전한 모습을 보일 것이라 믿는다. 일터와 사회에서 의미 있는 노동을, 생각하는 노동을 위한 참여와 혁신을 위해 <참여와혁신>의 노력은 계속될 것이다. 대상이 아닌 동료로서 시민으로서 서로를 바라보고 격려하는 사회가 되길 염원한다.

최근의 위기에서 볼 수 있듯 시민의 동의와 반대는 민주주의 생존과 발전에 중요한 역할을 한다. 하지만 우리가 놓치고 있는 것은 우리의 일터와 일상에서 시민과 노동자의 참여가 중요하게 다뤄지고 보장되느냐다. 이제까지 우리 사회의 노동운동은 사람으로 대우할 것, 그리고 나아가 보상과 안전에 초점을 맞췄다. 요구자의 역할이었다. 절차적 정당성을 위한 동원의 대상이었다.

이제 요구자로서, 반대자로서 참여뿐 아니라 지역과 현장에서 일하는 방식과 방향을 둘러싼 일상의 혁신과 작업장 혁신으로 참여, 즉 노동의 인간화가 이뤄져야 한다. 노동은 나의 삶이다. 내 삶의 중심축은 지역과 일터다. 나의 노동, 일터를 포기할 순 없다. '어떻게 노동할 것인가? 어떻게 살아갈 것인가?' 자기 고민과 행동이 우리의 민주주의를 키울 것이다. 우리의 일상에서 민주주의는 훈련되고 실천돼야 한다.

내가 만난 민주주의, 우리가 만들 민주주의
민주주의는 무엇이고 누가 어떻게 지키는가?

글쓴이 박상훈, 고병국, 박선민, 김명환, 이문호, 김주영, 박병규, 박송호
펴낸이 박송호
펴낸곳 ㈜레이버플러스

편집 박완순, 김온새봄
디자인 서유진, 하승연

사진 천재율

등록 2002년 7월 25일
주소 (우 03966) 서울시 마포구 월드컵북로 131 SKSW빌딩 4층 참여와혁신
전화 02-2068-4187
홈페이지 www.laborplus.co.kr

1판 1쇄 인쇄 2025년 1월 2일
1판 1쇄 발행 2025년 1월 10일

ISBN 979-11-978798-5-2 (03300)
가격 20,000원